本书为教育部人文社会科学青年基金项目：幼儿教育软件发展适宜性评价研究（11YJC880002）的研究成果

● 教育技术学元研究系列丛书

# 幼儿教育软件评价研究

蔡建东　等著

中国社会科学出版社

**图书在版编目（CIP）数据**

幼儿教育软件评价研究 / 蔡建东等著. —北京 ：中国社会科学
出版社，2014.5

ISBN 978 - 7 - 5161 - 4302 - 5

Ⅰ.①幼…　Ⅱ.①蔡…　Ⅲ.①幼儿教育 - 教育软件 - 评价 - 研究
Ⅳ.①G434

中国版本图书馆 CIP 数据核字（2014）第 106505 号

---

| | | |
|---|---|---|
| 出 版 人 | 赵剑英 | |
| 责任编辑 | 宫京蕾 | |
| 责任校对 | 曹占江 | |
| 责任印制 | 何　艳 | |

---

| | | |
|---|---|---|
| 出　　版 | 中国社会科学出版社 | |
| 社　　址 | 北京鼓楼西大街甲 158 号　（邮编 100720） | |
| 网　　址 | http：//www. csspw. cn | |
| | 中文域名：中国社科网　　010 - 64070619 | |
| 发 行 部 | 010 - 84083685 | |
| 门 市 部 | 010 - 84029450 | |
| 经　　销 | 新华书店及其他书店 | |

---

| | | |
|---|---|---|
| 印刷装订 | 北京市兴怀印刷厂 | |
| 版　　次 | 2014 年 5 月第 1 版 | |
| 印　　次 | 2014 年 5 月第 1 次印刷 | |

---

| | | |
|---|---|---|
| 开　　本 | 710×1000　1/16 | |
| 印　　张 | 15.5 | |
| 插　　页 | 2 | |
| 字　　数 | 258 千字 | |
| 定　　价 | 47.00 元 | |

# "教育技术元研究"丛书总序

2010 年教育部颁布的《国家中长期教育改革和发展规划纲要(2010—2020)》把教育摆在了国家总体发展的战略位置,并指出:"信息技术对教育发展具有革命性影响,必须予以高度重视"。在国家宏观战略、信息化浪潮的大背景下,教育技术学科面临着实现跨越式发展的历史机遇,同时也面临着从传统向现代转型的多种挑战。在这样一个重要的发展机遇期,如何继承我国早期电化教育(教育技术)学者的学术思想、如何描述我国教育技术学知识图谱的现状、如何才能更清晰认识教育技术的本质、如何实现教育技术的以人为本等重要问题都亟待展开研究。"教育技术元研究丛书"在系统梳理国内外教育技术理论研究成果、总结我国教育技术实践经验的基础上,对上述问题进行了系统深入探讨,以期推动教育技术理论的进一步发展,推进教育信息化建设。

"教育技术元研究丛书"采取统一策划、集中讨论、分头研究、定期交流的模式,既发挥了编撰团体的集体智慧,又充分尊重每位作者的研究兴趣与学术观点。"丛书"的撰稿人员大多数为河南大学教育科学学院具有博士学位的专业教师,他们长期关注教育技术的基本理论研究,对教育技术的基本问题有深入的理解与认识。"丛书"中的大部分内容是建立在省部级以上课题研究成果基础上的,其中包括 2011 年河南省哲学社会科学规划项目"我国早期电化教育人物学术思想研究"(2011GJY007)、2012 年教育部人文社科项目"中国教育技术发展的历史分期与基本轨迹研究"(12YJA880110)和 2010 年度教育部人文社科青年基金项目"网络对青少年发展的影响研究"(10YJCXLX004)等。这在一定程度上保证了"丛书"的学术水平。

　　"教育技术元研究丛书"可以供教育技术学专业的教师、学生以及关注教育信息化的人员参考。在"丛书"撰写过程中,作者虽然注重收集国内外最新研究资料和相关领域的最新研究成果,然而,由于教育信息化发展迅猛,作者能力所限,疏漏或贻误之处在所难免,还请广大读者批评指正。

　　最后,感谢河南大学教育科学学院和中国社会科学出版社对"丛书"出版的大力支持和帮助。

汪基德

2013 年 9 月

# 目　　录

**第一章　幼儿教育软件评价概述** …………………………………（1）

　第一节　幼儿教育软件的概念与分类 …………………………（1）

　　一、幼儿教育软件概念 …………………………………………（1）

　　二、幼儿教育软件分类 …………………………………………（4）

　　三、幼儿教育软件对幼儿的影响 ………………………………（6）

　第二节　幼儿教育软件研究的理论演进路径与前沿热点 ………（8）

　　一、研究工具与数据来源 ………………………………………（8）

　　二、幼儿教育软件各国研究的情况分析 ………………………（11）

　　三、幼儿教育软件关键主题词的分析 …………………………（13）

　　四、幼儿教育软件的理论演进 …………………………………（15）

　　五、幼儿教育软件研究的前沿与热点 …………………………（25）

　第三节　幼儿教育软件评价的概念、特点与功能 ………………（30）

　　一、评价与教育评价 ……………………………………………（30）

　　二、幼儿教育软件评价的概念界定 ……………………………（32）

　　三、幼儿教育软件评价的性质与特点 …………………………（32）

　　四、幼儿教育软件评价的功能 …………………………………（33）

　第四节　幼儿教育软件评价研究的现状与价值 …………………（34）

　　一、幼儿教育软件评价研究的现状 ……………………………（34）

　　二、幼儿教育软件评价研究的价值 ……………………………（37）

**第二章　幼儿教育软件评价的相关理论** ……………………（39）

　第一节　幼儿教育软件评价的相关理论基础 ……………………（39）

一、发展适宜性理论 ……………………………………… (39)

二、发展性教育评价理论 ………………………………… (40)

三、多元智能理论 ………………………………………… (41)

四、人本主义理论 ………………………………………… (41)

五、建构主义理论 ………………………………………… (42)

第二节　苏珊·霍兰德幼儿教育软件评价思想 …………… (44)

一、苏姗·霍兰德其人及其对幼儿教育技术的贡献 ……… (44)

二、苏姗·霍兰德的幼儿教育软件评价思想 …………… (45)

第三节　丽莎·格恩西幼儿教育软件质量反思 …………… (49)

一、丽莎·格恩西其人及其对幼儿教育技术的开拓性贡献 …… (49)

二、丽莎·格恩西关于利用幼儿教育软件提高幼儿读写

能力的思想 ……………………………………………… (51)

三、丽莎·格恩西对于提高幼儿教育软件质量的反思 ………… (54)

第三章　幼儿教育软件评价机构 ……………………………… (56)

第一节　幼儿教育软件评价机构的界定与相关研究 ………… (56)

第二节　中外幼儿教育软件评价机构发展概况 …………… (59)

一、我国幼儿教育软件评价机构发展概况 ……………… (60)

二、国外幼儿教育软件评价机构发展概况与典型国家选择 …… (64)

第三节　美国幼儿教育软件评价机构 ……………………… (70)

一、美国幼儿教育软件评价机构概述 …………………… (70)

二、美国幼儿教育软件评价机构相关研究 ……………… (71)

三、美国幼儿教育软件评价机构典型代表分析 ………… (74)

四、美国幼儿教育软件评价机构运营模式及其特点分析 …… (99)

五、美国幼儿教育软件评价机构发展经验 ……………… (101)

六、美国幼儿教育软件评价机构发展趋势 ……………… (102)

第四节　英国幼儿教育软件评价机构 ……………………… (104)

一、英国幼儿教育软件评价机构概述 …………………… (104)

二、英国幼儿教育软件评价机构相关研究 ……………… (106)

三、英国幼儿教育软件评价机构典型代表分析 ………… (107)

四、英国幼儿教育软件评价机构运营模式及其特点分析 …… (117)

五、英国幼儿教育软件评价机构发展经验 …………………（121）

六、英国幼儿教育软件评价机构发展趋势 …………………（122）

第五节　新西兰幼儿教育软件评价机构 …………………………（125）

一、新西兰幼儿教育软件评价机构概述 …………………（125）

二、新西兰幼儿教育软件评价机构相关研究 ……………（127）

三、新西兰幼儿教育软件评价机构的典型代表分析 ………（128）

四、新西兰幼儿教育软件评价机构运营模式及其特点分析 …（132）

五、新西兰幼儿教育软件评价机构发展经验 ……………（133）

六、新西兰幼儿教育软件评价机构发展趋势 ……………（135）

第六节　国外幼儿教育软件评价机构发展趋势及启示 …………（136）

一、应重视我国幼儿教育软件评价机构的理论构建 ………（136）

二、应实现我国幼儿教育软件评价主体多元化的互动发展 …（137）

三、应加强我国第三方幼儿教育软件评价机构的建立 ………（138）

四、应建立我国幼儿教育软件的发展性评价机制 …………（139）

五、应注重我国幼儿教育软件评价机构的内外部审核的

结合 …………………………………………………（139）


第四章　幼儿教育软件评价机制 ……………………………………（140）

第一节　幼儿教育软件评价机制的界定 …………………………（140）

一、评价机制 ………………………………………………（140）

二、幼儿教育软件评价机制 ………………………………（141）

第二节　中外幼儿教育软件评价机制发展概况 …………………（142）

一、我国幼儿教育软件评价现状以及存在的问题 …………（142）

二、我国幼儿教育软件评价机制存在的主要问题 …………（143）

三、国外幼儿教育软件评价概况 …………………………（145）

第三节　美国幼儿教育软件评价机制 ……………………………（146）

一、美国幼儿教育软件评价目的和功能 …………………（146）

二、美国幼儿教育软件评价主体 …………………………（147）

三、美国幼儿教育软件评价方法/标准 ……………………（149）

四、美国幼儿教育软件评价方式与过程 …………………（151）

五、美国幼儿教育软件评价监督 …………………………（153）

第四节　英国幼儿教育软件评价机制 ……………………（154）

　　一、英国幼儿教育软件评价组织和主体 ……………（154）

　　二、英国幼儿教育软件评价方法/标准 ……………（156）

　　三、英国幼儿教育软件评价过程 ……………………（158）

　　四、英国幼儿教育软件评价关注特殊教育 …………（160）

第五节　新西兰幼儿教育软件评价机制 ………………（160）

　　一、新西兰幼儿教育软件评价目的和功能 …………（161）

　　二、新西兰幼儿教育软件评价主体 …………………（161）

　　三、新西兰幼儿教育软件评价标准和过程 …………（162）

　　四、新西兰政府重视幼儿教育软件评价和信息共享 …（163）

第六节　国外幼儿教育软件评价机制对我国的启示 ……（164）

　　一、评价主体：建立幼儿教育软件多元评价主体 ……（164）

　　二、评价标准：制定适合我国国情的评价标准 ………（165）

　　三、评价过程：评价过程规范化和透明化 …………（166）

　　四、设立幼儿教育软件奖项 …………………………（167）

　　五、其他方面：政府支持、少数民族和软件评价导航网站 …（168）


第五章　幼儿教育软件评价标准 ………………………（170）

第一节　幼儿教育软件评价标准概述 …………………（170）

第二节　多维视角下幼儿教育软件质量模型的构建 ……（176）

　　一、多维对象的确立 …………………………………（176）

　　二、面向开发者的幼儿教育软件价值 ………………（177）

　　三、面向决策者的幼儿教育软件价值 ………………（181）

　　四、面向指导者和学习者的幼儿教育软件价值 ………（185）

　　五、模型构建及要素定义 ……………………………（187）

第三节　幼儿教育软件评价指标体系初步构建 ………（190）

　　一、指标体系构建面临的问题 ………………………（190）

　　二、评价指标体系的初步构建与内涵分析 …………（193）

第四节　幼儿教育软件评价指标体系的探讨与修订 ……（202）

　　一、研究目的与方法 …………………………………（202）

　　二、第一轮专家咨询结果分析与讨论 ………………（204）

三、第二轮专家咨询结果分析与讨论 ……………………（212）

四、专家意见综合讨论 …………………………………（217）

第五节　幼儿教育软件应用价值评价及测试 …………………（220）

一、基本评价方法 ………………………………………（220）

二、权值的确定 …………………………………………（221）

三、评价过程 ……………………………………………（224）

四、实例测试 ……………………………………………（226）

附录　全国幼儿园网站绩效评估指标体系 ……………………（232）

后记 ……………………………………………………………（235）

# 第一章

# 幼儿教育软件评价概述

本章首先厘清了幼儿教育软件的概念与分类，并运用知识图谱分析工具对幼儿教育软件的理论演进路径和前沿热点问题进行了分析。在明确幼儿教育软件发展情况的基础上，对幼儿教育软件评价的概念、特点与功能进行了讨论。

## 第一节　幼儿教育软件的概念与分类

### 一、幼儿教育软件概念

软件是一系列按照特定顺序组织的计算机数据和指令的集合。从功能上分，可分为系统软件和应用软件。系统软件主要是指面向硬件或者开发者所设立的软件，如操作系统、编译系统、数据库系统等面向开发者的软件；而应用软件是指针对某种应用目的所撰写的软件，包括游戏软件、教育软件、办公软件等等。

教育软件以教育为主，它必须要适应特定知识领域和特定文化层次的各类普通用户，因此所开发的教育软件应具有界面简易、操作方便、价格低廉的特点，而且教育软件是通过市场销售推广应用的商品化软件，教育软件的科学性、权威性与实用性对于教育软件是否适应市场需求尤为重要。①

教育软件是进行教育的工具，是用正确思想教育人的载体。它必须

_____

① 王丽莎：《软件工程与教育软件开发的思考》，《中国教育信息化》2008 年第 5 期，第 16—17 页。

是融先进的教育理论（经验）和软件开发技术于一体，在成熟的技术中找到能为教育服务的最合适的部分，并加以整合。①

陈俊良则认为，教育软件是利用计算机和网络帮助教育管理者提高效率和能力，充分利用和共享教育信息，帮助教师、学生提高教和学的效率、深度与广度。②

方海光博士（2006）认为，教育软件应从广义和狭义的两个方面来定义，"从广义上讲，教育软件是基于计算机多媒体技术以服务于教育为目的的软件产品，包括计算机知识教育软件、语言教育软件、科普教育软件以及与学生课本内容紧密结合的学生教育软件等。此外，还包括为实现教育信息化、数字化开发制作的校园管理教学软件、学校行政办公软件等与教育行业相关的各类软件产品的总称。"③ "狭义上的教育软件是指根据教学目标设计的表现特定的教学内容反映特定教学策略的计算机教学程序。它可以用来存贮、传递和处理教育的信息，教师用这些程序进行教学时称为教学辅助软件，当学习者使用它来达到学习目的时称为自学辅助软件。"④ 从这一定义可以知道，广义教育软件的定义不但包括教学辅助和自学的软件还包括一些辅助管理的软件。

这里我们使用方海光博士的狭义定义，教育软件一般包括助教和助学两个类型的教育软件。

那么如何理解幼儿教育软件呢？有研究表明，"有关 3 岁以下儿童能不能使用计算机，根据霍兰德（Haugland）和怀特（Wright）（1997）的观点，计算机与该年龄段儿童的学习方式不匹配"。⑤ "确实，迄今还没有任何证据表明 3 岁前儿童学习计算机对其将来的发展有何助益，相反，可能还有潜在的危害。"⑥ 因此，本研究中的幼儿指的是处于前运算阶段的 3—8 岁的儿童。根据教育软件的定义，幼儿教育软件是把使

---

① 黄爱明：《国内教育软件质量现状及对策研究》，《煤炭技术》2010 年第 6 期，第 216—217 页。

② 陈俊良：《教育软件市场的困惑》，《教育信息化》2006 年第 20 期，第 23 页。

③ 方海光：《我国教育软件价值评测研究》，博士学位论文，中国科学院成都计算机应用研究所，2006 年，第 13 页。

④ 同上书，第 14 页。

⑤ 郭力平编著：《信息技术与早期教育》，华东师范大学出版社 2007 年版，第 43 页。

⑥ 同上书，第 43 页。

用对象或者教学对象限定在了3—8岁的幼儿，设计软件时考虑到幼儿的心理特点以及幼儿学习理论。"幼儿教育软件以早期儿童为服务对象，是在一定学习理论指导下，为儿童提供内容、活动以及针对某项专门的知识或技能的工具。"①

幼儿教育软件有以下几个特性，一是教育属性，即幼儿教育软件的作用是为了更好地教幼儿或让幼儿学，是智能化的工具，其内容是适合幼儿学习的教育内容，体现一定的教育理论；二是软件属性，即具有一般软件的特性、技术特性和结构特性；三是幼儿教育软件所普遍具有的娱乐性，幼儿阶段学习与其他年龄段学习的最大区别就是幼儿根据自己的兴趣来进行学习，幼儿时期儿童的游戏热情是最高的。

我们通过案例做进一步说明。Riverdeep是全美国市场占有率排行第一的教育软件品牌，产品畅销全球20多个国家和地区，被45000多所学校所使用，权威实用性经广泛验证，屡获国际大奖。下面以Riverdeep公司的Kid Pix Deluxe 4校园版为例，简单介绍一下这款发展适宜性教育软件。

**图1－1　Kid Pix Deluxe 4 界面**

Kid Pix Deluxe 4是一款以4岁以上儿童为使用对象的绘图软件。该软件为儿童提供了一个绘画与创造的平台，设置了丰富的绘画相关工具

---

① 郭力平编著：《信息技术与早期教育》，华东师范大学出版社2007年版，第125页。

与资源。此外还设置了教师工具功能，教师可以通过灵感机器创建并调控学习内容。从软件的整体设计风格来看，色彩丰富，形象生动，配以动画、音效以及大量矢量图，能够激发儿童使用和探索的兴趣。这款软件为使用者提供了一个开放式平台。通过这个平台，使用者可以根据自己的意愿确定如何使用软件，从而使得技术能力不再成为儿童使用软件的限制性因素。Kid Pix 的图片处理工具更适合幼儿，使他们在作画过程中可以得到适宜的支持和帮助。此外，这款软件还提供了专门的教师模式，使儿童与成人都能有效地使用。

结合我国教育部与 IBM 公司合作开展的"KidSmart 小小探索者"项目，介绍一下在"小小探索者"项目中推荐使用的幼儿教育软件——Edmark 幼儿教育软件。这款软件包括数学（米莉数学屋、朱迪时空屋）、科学（塞米科学屋）、语言（贝利的书屋）、艺术（"思维"［第一集］、"思维"［第二集］）等几个部分。这些内容与幼儿园现有的课程内容紧紧相关，其层次性、互动性也充分尊重了幼儿学习特点。幼儿园教师在上课的时候，让幼儿自由探究，将软件结合课程，生发出新的教育活动，这其中既有系列主题活动，如：电脑游戏大家玩、虫子的梦想等，也有独立的教育活动，如：蚂蚁找豆、奇妙的节奏等。

## 二、幼儿教育软件分类

幼儿教育软件分类由于分类标准的不同而不同。根据传播媒介的不同，可以将幼儿教育软件分为单机版幼儿教育软件和网络版幼儿教育软件；根据"娱乐—教育性"维度，可以将幼儿教育软件划分为娱乐性幼儿教育软件、娱乐—教育幼儿教育软件和教育性幼儿教育软件；根据软件设计指导思想的不同，可以将幼儿教育软件划分为以行为主义学习理论为指导的训练—练习软件和以建构主义学习理论为基础的发展适宜性软件。

我们根据软件设计指导思想的不同，对训练—练习性和发展适宜性幼儿教育软件做进一步讨论。

训练—练习性幼儿教育软件是以行为主义为指导思想来设计软件，强调的是强化，表现在软件设计上就是让幼儿不断地点击鼠标或者敲打键盘这些输入设备来加强练习、记忆。比如说一些练习打字的软件，如果打字正确的话就会有相应的奖励。

　　发展适宜性幼儿教育软件的指导思想是建构主义学习理论，认为学习是知识的建构，通过新旧经验的互动来建构。发展适宜性软件的作用是为儿童提供适宜的探索、操作甚至玩耍的机会。"优秀的学前教育软件能让幼儿'主导控制'，从而帮助其发展这些新出现的特征。对学龄前儿童来讲，最好的程序应当便于操作，并赋予他一种成就感和控制感。此外，伴随着儿童的成长，适宜的软件在各方面也都相应的有所升级，能使儿童在更加熟练的同时找到挑战。"① 发展适宜性的软件更适合幼儿的发展，对他们的认知，身心都有益处，但是也并不是说训练—练习性的软件没有一点好处，在刚开始操作软件的时候，教师或者家长如果以这种类型的软件作为幼儿学习起点，幼儿学习相对更容易些，幼儿对软件的学习更加有信心。

　　我们还可以从"娱乐—教育性"维度进行进一步探讨。美国有许多著名公司都致力于儿童学习和游戏软件的开发。软件开发行业经过二十多年历练、积淀，形成了一些理念清晰、有代表性的专业化企业。按照娱乐—教育的维度，可以将目前主要的儿童软件开发企业分类（见图1-2）。

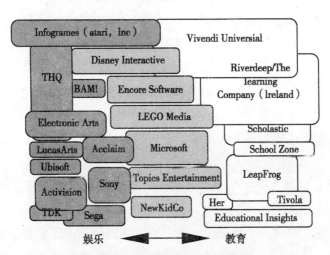

**图1-2　按娱乐—教育分类的主要儿童软件开发企业**

**（取自 2002 年行业统计数据）②**

---

　　① ［美］阿林·普拉特·普莱瑞：《幼儿园科学探究教学——科学、数学与技术的融合》，霍力岩等译，教育科学出版社 2009 年版，第 165 页。

　　② 冯晓霞：《计算机与幼儿教育》，人民教育出版社 2010 年版，第 33 页。

如图 1 - 2 所示，按照从左至右的顺序，这些儿童软件开发企业从偏向娱乐慢慢过渡到偏重于教育。图 1 - 2 左侧的企业，如 THQ 公司、Ubisoft 公司、Infogrames 公司等，以开发带有娱乐色彩的儿童软件为主，大多为纯娱乐性软件。Disney Interactive 公司和 Encore Software 公司等开发的儿童软件，介于娱乐和教育之间。而在右侧的公司，如 Riverdeep 公司、LeapFrog 公司等，开发的软件带有明显的教育导向，旨在为儿童提供学习的经验，是典型意义的儿童教育软件。

**三、幼儿教育软件对幼儿的影响**

幼儿是幼儿教育软件应用的主体，由于幼儿自身的特点，对新奇事物有着强烈的兴趣。幼儿教育软件通过听觉、视觉、触觉等多种感官的协同作用，可以使幼儿获得不一般的体验；幼儿通过使用幼儿教育软件，可以在亲手操作的过程中体验到快乐，收获成就感；通过色彩丰富的画面以及优美的音乐可以在玩乐中学习、掌握一定的知识；幼儿教育软件的使用有利于儿童良好个性的发展。

1. 幼儿教育软件可以开阔幼儿的视野、充实幼儿的想象空间

幼儿教育软件所涉及的内容很丰富，包括自然、语言、生活、算数等常识性的内容。幼儿教育软件所涉及的题材在幼儿的游戏世界里能够充分展示，从而能够开阔幼儿视野、充实儿童想象空间。例如，幼儿教育软件《漫步生活奇境》（如图 1 - 3），就是让孩子在虚拟的校园中，了解学校值日工作的内容和意义，还可以学到环境保护和资源回收等科学知识。

2. 幼儿教育软件可以提供虚拟环境，从解决简单问题入手，增强幼儿的信心

幼儿教育软件为了能够让儿童解决简单的问题，通常是设置一个虚拟的情景，使幼儿在这个情景中解决问题，愉快地展开学习，使学习变得容易、有趣、丰富多彩。如《语文智慧谷》这款幼儿教育软件（如图 1 - 4），让小猴子把背筐里带有汉字的水果进行分类，使具有相同汉字结构的水果放到一起，虽然汉字结构跟水果并没有任何关系，但是幼儿教育软件把这个对于幼儿来讲有难度的问题放到了幼儿喜欢的环境中去解决，能增强幼儿解决问题的信心。

图 1 - 3 《漫步生活奇境》

图 1 - 4 《语文智慧谷》

3. 幼儿教育软件可以促进幼儿学习兴趣，增强其探索能力

幼儿活动通常以兴趣而非任务为中心，哪里吸引他们的注意，哪里就有他们的活动。幼儿教育软件首先以生动的画面和动听的声音吸引幼儿的注意，不同教学内容的设计促使幼儿参与进来，与计算机进行交互。交互过程就是幼儿探究新问题的过程，幼儿教育软件告诉幼儿怎样操作，同时根据教学内容，从不同角度考察与锻炼幼儿思维、记忆、操作能力。

## 第二节  幼儿教育软件研究的理论演进路径与前沿热点

### 一、研究工具与数据来源

幼儿教育软件是教育技术与学前教育结合的产物，面对两个交叉学科知识与不断创生的新理论和新方法，对幼儿教育软件理论进行分析是十分复杂的事情。因而我们借助信息可视化工具，通过对文献的可视化分析来考察幼儿教育软件理论的演进路径。

2004 年，在作者共被引分析的发源地——美国德雷克塞尔大学信息科学与技术学院，陈超美博士基于引文分析理论，应用 JAVA 计算机编程语言开发了 Information Visualization-CiteSpace 信息可视化软件。它是近年来在全美信息分析中最具有特色和影响力的信息可视化软件。软件自研发开始，其版本不断升级和更新，本研究使用版本为 CiteSpace 3.0. R5 和 CiteSpace 3.0. R2。

CiteSpace 可以在陈超美的个人网站上免费使用。[1] CiteSpace 输入的数据文件格式就是下载数据的输出格式，即从 Web of Science 下载的文献保存格式。与其他同类信息可视化软件不同的是，CiteSpace 软件可以将从网络上下载的数据格式直接进行转换，不需要将下载的原始文献数据进行相关矩阵的转换，[2] 节省了进行相关矩阵转换的复杂步骤和处理过程，这也是 CiteSpace 软件的优越性之一。

CiteSpace 软件的主要应用是探测和分析学科研究前沿随着时间的变化趋势以及研究前沿与其知识基础之间的关系，发现不同研究前沿之间的内部联系。通过对学科领域的文献信息可视化分析，使研究者能够直观地辨识出学科前沿的演进路径及学科领域的经典基础文献。

CiteSpace 是一种使网络数据可视化的实用软件，它可以探测科学学科突现趋势和时态模式的变化。CiteSpace 基于两个基本的概念，一是

---

① Chaomei. Chen. http：//www. pages. drexel. edu/—cc345. 2007.

② Chen C. Searching for intellectual turning points：Progressive knowledge domainvisualization. Proceedings of the National Academy of Sciences of the United States of America（PNAS），2004：5303—5310.

"研究前沿"，定义为基于研究问题的突现的概念群组。研究前沿的概念和科学知识如何增长有关系。研究前沿由某一科学领域中最近最多被引文献形成的过渡性聚类组成。[①] 研究前沿代表一个学科领域的每个发展阶段最先进的水平，并随着科学领域潜在的新文献代替旧文献而变化。CiteSpace 绘制的可视化科学知识图谱是由不同颜色的节点和连线组成的共引网络。其中不同的颜色是 CiteSpace 软件本身根据所输入数据的时间范围以及使用者设定的时间间隔而自动生成的不同年份的代表。节点采用了引文年轮的表示法，节点向外延伸的圆圈描述了其引文的时间序列。圆圈的厚度与相应年份的引文数成正比。节点的大小是和最近的时间间隔的标准引文数成正比的，节点上标示的数字是文献被引用次数，因此节点大的就表示其被引次数多。节点相应的颜色的宽度代表了相应年份节点文献被引次数的多少。连线的长度、宽度和其相应的共引系数成正比，连线的颜色代表共引值首次达到所设定的阈值的时间年份。

科学学科知识领域演进的可视化图谱的绘制是 CiteSpace 软件的主要功能。首先由连续的等距离时间段序列得出一系列单独的共引网络，再将这些以时间为标记的共引网络组合成一幅整合图谱，重要的知识文献可以基于它们在图谱上的突出特征而得以辨识。探测知识拐点（Turning Points）可以简化为寻找可视化网络上突出的关键节点。通过关键节点进而探测和监视学科知识领域的演进。[②] 学科知识领域的渐次可视化特别关注可以辨识与重大贡献有关的时态模式的技术，而这些重大贡献的节点则说明了学科的演进过程。科学领域的很多特征都可以通过科学网络的形式展现出来。

本研究应用 CiteSpace 软件的引文分析方法，尤其是通过软件中的 Path Finder 算法，简化与辨识科学学科知识领域关键节点演化有关的复杂性。同时，为了简化算法运算的复杂性，CiteSpace 软件在设计和运行过程中采用了"分治策略"原理：时间间隔被分成很多时间段，每个时间段都能形成一个独立的共引网络；再将单独网络按时间序列合并在一起，从合并网络的可视化图谱上显示出了相邻时间段的主要变化，进

① Price D. Networks of scientific papers. Science，1965，149：510—515.

② Chen C. *Mapping Scientific Frontiers：The Quest for Knowledge Visualization*. New York：Springer，2003.

而找出学科领域的关键文献，由此探寻在可视化视觉上的突出特征。如可视化网络图上标识的中心点、关键点等，可以对学科演进的关键路径和学科发展脉络进行清晰的梳理，探测学科知识领域在发展演进过程中的动力因素和背景。

本研究数据均来自美国科学情报研究所（Institute for Scientific Information, ISI）的 Web of Science（WOS）数据库和 SSCI（Social Science Citation Index）数据库，它们是目前国际上最重要的引文信息源，也是最具有学术权威性的引文索引数据库。在这个巨大的关系数据库中，约 8500 份科学期刊的引文都被视为数据期刊源，其中有关自然科学和技术科学的专业期刊有 5500 多种，覆盖了数学、物理学、化学、生命科学、地球科学、农林科学以及环境科学等主要科学领域。其余 3000 多种为人文社会科学类期刊。我们运用 SCI（Thomson-ISI）网络版——Web of Science 检索系统，以"education software" or "childhood software" or "children's software" or "software for young children" or "infants' software" or "kindergarten students' software" or "preschoolers software"为主题词进行检索，文献类型设定为"article"，检索时间为所有年份，以"education educational research"、"computer science"和"psychology"等相关学科进行精练。共得到 1579 份记录，每条记录包含作者、机构、摘要、关键词、年份、期（卷）、参考文献字段，得到的数据中最早的文献始于 1982 年。

CiteSpace 软件要求下载数据以纯文本文件保存在同一个文件夹内。进行分析时，在创建项目（Project）过程中可以直接选中保存数据的文件夹路径；在对数据进行时间分段处理上，设置时间间隔（Time Slicing）的值为 2，即选择每两年为一个时间间隔。因此在时间分段时，我们选择 1982—2011 年的 30 年，共分成 15 个时间段。对数据进行时间分段处理主要考虑以下几个方面：一是 CiteSpace 软件在设计和运行过程中采用了"分治策略"原理，将数据进行时间分段处理有利于软件的运行速度和准确度；二是采用数据分段处理有利于辨识学科演进的关键节点和时态模式。

本研究利用前述下载的数据，绘制基于文献共被引网络的幼儿教育软件理论演进的知识结构图谱和基于 PathFinder 算法的关键演进路径图谱，展示幼儿教育软件理论知识结构的动态演化过程。

### 二、幼儿教育软件各国研究的情况分析

在幼儿教育软件理论演进发展可视化分析之前，首先对各国的研究实力进行可视化分析，目的是更好地了解各国幼儿教育软件研究情况，为我国幼儿教育软件研究与发展提供参考。

我们将数据导入 CiteSpace 3.0. R5，相关参数设置如下：Node type 选项选择"Country"，阈值为 Top 30（即每年文献数据中被引频次最高的前30项节点为分析对象）。运行软件，得到关于各国幼儿教育软件研究情况的图谱，如图1-5。（频次＞20）

**图1-5　各国研究幼儿教育软件情况**

**表1-1**　　　　　　　　　**各国研究幼儿教育软件情况**

| Citation counts | 国家 | Citation counts | 国家 |
| --- | --- | --- | --- |
| 457 | 美国（USA） | 37 | 荷兰（NETHERLANDS） |
| 134 | 英国（ENGLAND） | 34 | 意大利（ITALY） |
| 125 | 西班牙（SPAIN） | 32 | 德国（GERMANY） |
| 68 | 希腊（GREECE） | 32 | 中国台湾（TAIWAN） |
| 64 | 加拿大（CANADA） | 29 | 法国（FRANCE） |
| 44 | 澳大利亚（AUSTRALIA） | 25 | 中国（PEOPLES R CHINA） |
| 44 | 巴西（BRAZIL） | 25 | 日本（JAPAN） |

　　根据图 1-5 和表 1-1 可以清晰地看出各国研究幼儿教育软件的水平。美国处于首位，而且有着绝对的优势，文献被引用的次数高达 457 次。英国处在第二位，文献被引用的次数达到了 134 次，但是比第一位的美国仍有一段差距。第三位的西班牙，与英国基本一致，与美国有差距，明显高于后面的国家。位于第四的有希腊、加拿大。第五位的有澳大利亚、巴西。第六位的有荷兰、意大利、德国、中国台湾。第七位的是法国、中国和日本。除了在前三个位置的国家遥遥领先之外，其余国家的差距也存在，但是相互之间没有那么明显。

　　处于首位的美国早在 1996 年就发表了第一份有关信息技术教育的正式报告——《让美国学生为 21 世纪做好准备，迎接技术素养的挑战》，提出在初等和中等教育中有效使用技术的远景规划。近年来，其各州政府出台的《早期学习标准》中也对 0—5 岁的儿童提出更明确的"技术"标准。因此，各个幼儿园加大了信息技术的运用。此外，企业以及一些非营利性机构也十分重视信息技术在教育中的运用，通过资金支持、捐赠教育物资、提供教育软件等方式支持信息技术教育的发展。根据美国国家教育统计中心（NCES）至 2003 年的数据，美国中小学信息技术教育基础设备基本普及，网络教育资源十分丰富，幼儿园各类基础设施齐全，计算机通常放置在计算机活动区，有多种类型的教育软件供儿童选择，计算机在幼儿园得到了较为充分的运用。

　　美国关于幼儿计算机活动的目标可以分为两种取向，即教育取向和技术取向。教育取向的代表是全美幼教协会，该取向从幼儿的发展出发，认为计算机活动会对于幼儿的发展带来好处，能为幼儿提供诸多学习的机会，但是只能扮演"辅助"的角色，不能完全代替那些颇有价值的早期教育活动和材料，如：艺术活动（各种艺术品）、建构活动（积木）、沙土游戏（沙子）、玩水游戏（水）、阅读活动（图书）、利用书写工具进行的探索活动、表演游戏，等等。技术取向则是从信息技术本身出发，提出学习者必须达成与信息技术设备紧密关联的目标，重点是培养具有信息素养的人，把信息技术能力的培养作为核心的目标从而为培养信息技术人才奠定基础。由美国教育技术国际协会（International Society for Technology in Education，ISTE）项目组牵头编写的《美国国家教育技术标准》将技术（包括信息技术）看作提高学习效率的工具、交流的工具、研究的工具、进行问题解决和决策的工具。该标准提出了幼儿园到小学二年级应达到的教育技术标准。①

我们认为：首先，要明确不能只是为了使用计算机或教会儿童使用ICT 设备这个目的去运用信息技术，而是应该对信息技术有一个深层次的了解，包括运用的目的、如何运用、所处的社会环境，以及对当前的科学研究有一个清晰的理解和认识；其次，在思考信息技术运用的基本取向时，明确 ICT 不是对传统游戏为核心的早期教育的威胁，而是幼儿探究和解决问题的另外一种媒介，计算机扮演的角色只能是辅助性的，不能完全代替那些颇有价值的早期教育活动和材料，强调运用计算机来学习，将计算机作为学习的工具而非学习的内容；第三，在运用信息技术的时候，应强调遵从幼儿身心发展的规律，重视运用过程中的健康和安全问题，确保所有使用者尤其是幼儿可以安全、放心、合理地利用信息技术。同时需要特别注意的，一是幼儿教育软件的选择尤其关键，如果选择了适宜的、高质量的幼儿教育软件，那么计算机活动就能够扩展幼儿的思维、促进幼儿以多种方式理解观念并和别人交流；二是美国与英国在探讨幼儿教育问题时，教育对象即幼儿的年龄起点都是 5 岁，并没有涉及更低年龄段的孩子。全美幼教协会认为，在任何既定的条件下，由教师来作出专业化的判断和评价都是必要的。因为只有教师才能决定具体使用一项计算机技术的年龄适宜性、个体适宜性和文化适宜性。② 英国国家课程中把是否对 5 岁以下儿童运用 ICT 的决定权交给教师，由教师根据具体的情况进行决策。

### 三、幼儿教育软件关键主题词的分析

设置"Time Slicing"为"1982—2011"，时间分区为"4"年一个分区。在主题词类型"Term Type"面板中选择"Noun Phrases"进行"Cluster"（聚类）分析，同时设置阈值为（3.3.16）、（3.3.16）、（3.3.16），运行软件，得到幼儿教育软件理论文献共被引——主题词混合网络图谱（图 1-6），其中包括节点 155 个，连线 343 条。分析的数据

---

① 转引自王吉庆《信息技术课程论》，河北大学出版社 2004 年版，第 42 页。
② Natiional Association for the Education of Young Children（1996）.

信息（表.1 - 2）记录了文献共被引网络在各时间段的节点、连线情况。

**表1 - 2　幼儿教育软件理论文献共被引——主题词混合网络数据分布**

| Year slices | C ∣ CC ∣ CCV | Space | Nodes | Links |
|---|---|---|---|---|
| 1982—1985 | 3 ∣ 3 ∣ 0.16 | 107 | 0 | 0 |
| 1986—1989 | 3 ∣ 3 ∣ 0.16 | 79 | 1 | 0 |
| 1990—1993 | 3 ∣ 3 ∣ 0.16 | 2297 | 5 | 2 |
| 1994—1997 | 3 ∣ 3 ∣ 0.16 | 3766 | 5 | 1 |
| 1998—2001 | 3 ∣ 3 ∣ 0.16 | 8925 | 22 | 24 |
| 2002—2005 | 3 ∣ 3 ∣ 0.16 | 11680 | 30 | 25 |
| 2006—2009 | 3 ∣ 3 ∣ 0.16 | 22463 | 66 | 126 |
| 2010—2011 | 3 ∣ 3 ∣ 0.16 | 16711 | 78 | 165 |
| Total | | | 155 | 343 |

图 1 - 6 是利用 Citespace 可视化软件绘制的文献共被引——主题词混合网络图谱，其中有三个关键节点（中心度大于 0.15）的标签主题词，分别是教育软件（educational software）、软件工程（software engineering）、学习环境（learning environment）。

**图1 - 6　幼儿教育软件理论文献共被引——主题词混合网络图谱**

教育软件：在图谱中"教育软件"这个主题词中心度是 0.28，是四个关键节点中心度最高的节点。幼儿教育软件是教育软件的一类，有着独特的目的和用途。首先要有教育的属性，要能够对使用者进行教育，是一种工具；其次还要有软件的属性，包括可靠性和构造性等特性；最后还要注意教育内容，即意识形态属性，就是如何用正确的方法、合适的思想去教育使用者。幼儿教育软件、教育软件有别于其他的软件，因为它们是教育信息的载体，在信息化的表现手段下蕴含着以教学思想为核心的设计思想。教育软件可以集成文本、图形信息、视频媒体、声音与视觉信息以及隐藏在数据内的隐形信息这些元素，从而可以系统准确地反映使用者的目的并做及时反馈，幼儿教育软件只是面对的对象不同，但是也应该关注这些问题，满足使用者的个性化需要。

软件工程：中心度 0.26，仅次于"教育软件"。软件工程学和教育学交叉融合，为幼儿教育软件的开发提供了一种相适应的开发方法。软件工程学是研究运用工程的技术和方法，指导计算机开发和维护作为工程化产品的学科。幼儿教育软件理论文献共被引——主题词混合网络数据分布图谱中出现这个主题词，就说明幼儿教育软件的开发和维护也要遵循软件工程学的基本原理和发展规律。软件工程在幼儿教育软件的开发过程中具有指导作用，尤其是关于需求分析的任务、步骤、原则、方法等。软件工程学中的面向对象法，即从现实世界中存在的事物出发来构造软件系统，这也是幼儿教育软件开发者需要思考的。软件工程学和教育学交叉融合形成新的交叉领域使得幼儿教育软件的产品可以从教育和软件两个视角来分析和处理，对于幼儿教育软件产品决策和幼儿教育软件产业分析具有重大的意义。

学习环境：中心度 0.16，幼儿教育软件的使用本身需要一个适宜的学习环境，包括在幼儿园的使用环境和在家庭中的使用环境。例如，如何将幼儿教育软件跟幼儿园的课程整合起来，使幼儿教育软件成为幼儿学习环境的一部分，作为软件载体的计算机在幼儿园中的使用就是幼儿教育软件使用的学习环境，同时，教师的指导也是幼儿教育软件使用的"软"环境；此外，使用幼儿教育软件可以将教学内容的各个因素集于一体，直接作用于幼儿的视、听觉，能够为幼儿提供一个生动、友好、有趣的人机互动的学习环境，使幼儿可以进行自由的探索，成为自己知识建构的参与者，有足够的空间进行自主学习。

### 四、幼儿教育软件的理论演进

在 CiteSpace 中进行相关参数设置，由于在 WOS 数据库中检索到最早的幼儿教育软件的论文出现在 1982 年，所以，我们设置"Time Slicing"为"1982—2011",时间分区为"2"年一个分区。在语词来源"Term Source"中选择"Title"、"Abstract"、"Descriptors"和"Identifiers"。在节点类型"Node Types"中选择"Cited Reference",三个阈值引文数量（C）、共被引频次（CC）、共被引系数（CCV）分别设定为(2.2.16)、(2.3.16)、(2.3.16),共生成554个节点,900条连线。

Citespace可以显示聚类视图（Cluster-View）、时间线视图（Timeline）和时区视图（Time-Zone View）三种不同的视图方式。时区视图可以显示出共引网络中节点随时间变化的结构关系。依照上述设置,运行Citespace,绘制出幼儿教育软件研究领域文献共引网络图谱的时区视图（图1-7）。

共引网络图谱中的关键节点是图谱中连接两个以上不同聚类,且中心度和被引频次相对较高的节点。这些节点可能成为网络中由一个时段向另一个时段过渡的关键点。在图谱中所有中心度大于0.1的文献节点都会以紫色的圆圈显示,可以通过关键节点进而探测和监视学科知识领域的演进。在文献共引网络谱图中,中心度大的节点文献往往被视为具有在领域知识发展过程中起到知识"拐点"作用的关键文献。通过梳理分析某知识领域的关键节点文献的演进,在某种程度上可以代表该知识领域核心理论的演进路线。

**图1-7　幼儿教育软件研究领域文献共引网络时区视图**

根据所得到的知识图谱,以中心度由高到低得到幼儿教育软件理论文献共被引网络中关键文献的演化脉络的信息列表（表1-3）。

表 1 - 3　　　　　幼儿教育软件文献关键节点文献（1982—2011）

| 作者 | 出版年 | 题目 | 来源 | 中心度 |
|---|---|---|---|---|
| 尼尔森<br>（NIELSEN J） | 1993 | A mathematical model of the finding of usability problems | USABILITY ENG | 0.24 |
| 米尔斯<br>（MILES MB） | 1994 | Qualitative Data Analysis：An Expanded Sourcebook | QUALITATIVE DATA ANA | 0.20 |
| 斯奎尔斯<br>（SQUIRES D） | 1999 | Predicting quality in educational software：Evaluating for learning, usability and the synergy between them | INTERACT COMPUT, V11, P467 | 0.18 |
| 梅耶<br>（MAYER RE） | 2001 | The Case for Social Agency in Computer-Based Teaching：Do Students Learn More Deeply When They Interact With Animated Pedagogical Agents？ | MULTIMEDIA LEARNING | 0.17 |
| 盖瑞森<br>（GARRISON DR） | 2008 | Developing a community of inquiry instrument：Testing a measure of the Community of Inquiry framework using a multi-institutional sample | BLENDED LEARNING HIG | 0.17 |
| 卡梵<br>（KAFAI YB） | 1996 | Learning Design by Making Games：Children's Development of Design Strategies in the Creation of a Complex Computational Artifact | CONSTRUC-TIONISM PRAC | 0.17 |
| 维果斯基<br>（VYGOTSKY LS） | 1978 | Mind and society：The development of higher mental processes | MIND SOC DEV HIGHER | 0.16 |
| 舍恩<br>（SCHON DA） | 1983 | The reflective practitioner：How professionals think in action | REFLECTIVE PRACTITIO | 0.16 |
| 唐纳<br>（DONKER A） | 2007 | Young children's ability to use a computer mouse | COMPUT EDUC, V48, P602 | 0.13 |
| 库班<br>（CUBAN L） | 2001 | Oversold and underused：Computers in the classroom | OVERSOLD UN-DERUSED C | 0.11 |
| 巴拉克塔尔<br>（BAYRAKTAR S） | 2002 | A Meta-Analysis of the Effectiveness of Computer-Assisted Instruction in Science Education | J RES TECH-NOLOGY ED, V34, P173 | 0.11 |
| 阿尔蒂盖<br>（ARTIGUE M） | 2002 | Learning Mathematics in a CAS Environment：The Genesis of a Reflection about Instrumentation and the Dialectics between Technical and Conceptual Work | INT J COMPUT-ERS MATH, V7, P245 | 0.11 |
| 戴·约翰<br>（DE JONG T） | 1998 | Scientific Discovery Learning with Computer Simulations of Conceptual Domains | REV EDUC RES, V68, P179 | 0.10 |
| 贾马<br>（GAMMA E） | 1995 | Design Patterns：Elements of Reusable Object-Oriented Software | DESIGN PAT-TERNS ELEM | 0.10 |

共被引网络图谱中共包含 14 个关键节点，这些节点文献是连接各

文献聚类的"知识拐点"，分析关键节点文献信息，可以进一步理清各文献聚类间知识的转移和流通路径，对知识领域结构的划分和幼儿教育软件主干理论演进的分析，具有重要作用。

结合图1-7和表1-3，我们根据各节点文献的中心性与时间分布结合各节点文献的内容分析，可以梳理幼儿教育软件理论演进的路径，具体来说分为三个阶段：理论酝酿期、技术思想准备期、初步应用及反思期。

第一阶段，理论酝酿期。

图谱中出现最早的两个关键节点文献是幼儿教育软件的理论根源。出现最早的关键节点文献是1978年维果斯基（Lev Semenovich Vygotsky）的 *Mind and Society：The Development of Higher Mental Processes*，该节点文献的中心度是0.16。运用 CiteSpace 软件对于关键节点可以查看"Citation History"的功能，可以知道这篇文献共被引用过18次，其中2008年至2011年共被引了11次，2001年到2007年共被引了7次。该文献虽然出现的时间比较早，但是被引却是从2001年开始。维果斯基在全世界产生了极大的影响，他是卓越的心理学家，主要研究社会和文化因素在人类意识里所起的作用。他强调幼儿在学习过程中积极参与，强调历史、文化和社会因素在认知中的作用，并认为语言是社会中最具有代表性的交流工具。同时强调个体心理发展的社会文化取向，其社会建构主义学习理论强调人与人在交互过程中建构自己的知识。维果斯基社会建构主义思想显然与幼儿教育软件设计开发的理念不谋而合，当前幼儿教育软件的教育应用都是基于社会建构主义学习理论。从某种意义上说，维果斯基关于个体发展的社会历史文化理论、社会建构主义理论以及最近发展区是当前幼儿教育软件教育应用的重要理论基础。

同样出现比较早的关键节点文献是1983年舍恩（Donald Alan Schön）的 *The Reflective Practitioner：How Professionals Think in Action*，该节点文献的中心度是0.16。运用 CiteSpace 软件查看该节点的"Citation History"，得知这篇文章共被引用过12次，其中2003年、2008年、2010年、2011年分别被引两次；1997年、2002年、2003年、2009年分别被引一次，从2008年开始，被引用越来越多，该文献中的理论越来越得到重视。唐纳德·艾伦·舍恩是20世纪"反思性实践"的重要倡导者。他在耶鲁大学取得学士学位后又陆续获得哈佛大学的哲学硕士和博士学位。他主张实践者在专业知识方面重新考虑技术知识与"艺术化"。这个主张深刻影响着教师教育、医疗卫生、建筑设计方面的研究。该关键文献的核心问题就是"专业工作者如何在行动中思考",在面对实践中独特的、不确定的情境时,他们不是用现成的公式、理论、计划来解决问题,而是调动经验所赋予的心智,在情境的对话中展开反思性思维,推动实践。这不仅仅涵盖思维,也涵括了思想、情感与行动的对话活动(自己与自己以及自己与他人);也不单指事后的思考、总结,也蕴含在行动现场的双向建构过程之中。

社会建构主义、"反思性实践"更多地将独立的学习、单向的学习转变为协作学习、双向的学习,它们在强调人的主体性、人与人之间的交互、知识共享等方面与幼儿教育软件的核心理念相吻合。当人们接受幼儿教育软件的理念的同时,就会自然而然地从这些理论中寻求理论支持。从这个角度讲,社会建构主义、"反思性实践"就可以看作是幼儿教育软件的思想根源。

第二阶段,技术思想准备期。

尼尔森(Jakob Nielsen)与兰道尔(Thomas K. Landauer)在 1993 年合著的论文 "A Mathematical Model of the Finding of Usability Problems" 是中心度最高的关键节点文献,中心度为 0.24。尼尔森(Jakob Nielsen)是尼尔森—诺曼集团的主要负责人之一,他被《美国新闻与世界报道》杂志誉为 "Web 可用性方面的世界顶尖专家",被《纽约时报》称为 "Web 可用性大师",被 Internet Magazine 称为 "可用之王",其 1983 年就进入"可用性"这个领域了。他获得过丹麦科技大学人机交换技术的博士学位,早期曾供职于 Bellcore 实验室、丹麦科技大学与托马斯·沃森研究中心的 IBM 用户界面研究所。该论文通过了 11 项研究发现,作为一个功能测试用户,采用启发式评估的模式,是一个泊松过程式的模式。例如"媒介"的例子,我们估计 16 次的评价就达到最大的效益/最大的成本比值为 4。Jakob Nielsen 认为可用性涉及两个方面:第一,谁是使用者;第二,使用者想实现什么目的,所以就不适合做出一个普适的设计,如果数量有限,我们还可以全部列出使用者,但是如果需要展示的内容是海量的,就需要做出一些功能供使用者进行排序、选择。同样，对于一些在某个领域很精通的用户，相对于一般的用户，我们则需要根据需求提供不同的设计。比如，教学信息，对教师和对学生需要提供的东西就不同。而且他还认为简明扼要是比较好的选择。这篇文章共被引用20次，并呈现递增的趋势。

1994年米尔斯（Matthew B. Miles）与休伯曼（A. Michael Huberman）合著的 *Qualitative Data Analysis：An Expanded Sourcebook* 一书，中心度为0.20，居第二。米尔斯是一位社会心理学家，始终关注着教育改革及成功之道，对来自教育研究、企业研究、人类学、社会学、政治科学、心理学、犯罪学、组织研究、评估等方面的实例进行研究分析，认为方法是通用的，不受领域、学科的限制。休伯曼则长期关注科学论—科学理论是怎样被发展与被证明的。此外，他对成人的认识与知识的运用也有兴趣。该书增加了数百种新技术和新思路，而且还涵盖了过去十年发达国家的经验，尤其是在这本书内增加了关于使用计算机的质性研究，同时也提供了可供分析的软件包。此书的被引用次数超过11次，而且大多在2004年之后，由此可以看出质性资料的分析方法越来越被幼儿教育软件的设计者、开发者重视。

贾马（Erich Gamma）与里查德·赫尔姆（Richard Helm）、拉尔夫纳森（Ralph Johnson）、约翰·威利斯迪斯（John Vlissides）1995年合著的 *Design Patterns：Elements of Reusable Object-Oriented Software* 一书，中心度为0.10。贾马在苏黎世大学获得计算机博士学位，是瑞士计算机科学家和有影响力的软件工程教材《设计模式：可复用面向对象软件的基础》的合著者。该著作具有里程碑式的意义，也使得贾马跃上软件业界的舞台，他与肯特贝克合作写了JUnit的软件测试框架，并领导Eclipse平台Java开发工具（JDT）的设计，他还参与了IBM Rational Jazz项目。他在2011年加入微软的Visual Studio团队，同时领导一个在瑞士苏黎世的开发实验室。他在接受采访时曾提到：模式作为一个整体可以帮助人们学习面向对象的思想。相对于把对象应用到绘画图形（graphical shape）的例子（有一个关于图形的类层次和一些多态性的抽签方法），模式要更深入一些。当你理解了模式以后，你就真正理解掌握了多态性。所以通常来说模式对于学习和设计是有好处的。这本书凝聚了软件开发界几十年的设计经验，是引导开发者走出软件设计迷宫的灯塔，四位专家精心选取了最具价值的设计实践，进行分类、整理和命名，定义了 23 个模式及特定的解决方案。该著作在 2004 年之后被引用的频率直线上升，对于幼儿教育软件如何设计模式提供了重要参考。所有结构良好的面向对象软件体系结构中都包含了很多的模式，在系统开发阶段强调这种机制的优势在于，它能使所生成的系统体系结构更加精巧、简洁和易于理解。在设计时要经过深思熟虑，灵活的应用模式，也要重视模式的扩展性和复用性。

在这一时期，从图谱中提取出三篇关键文献。人们对应用到幼儿教育软件中的技术思想有了初步的觉醒，是幼儿教育软件发展的一个思想准备期。"UI 可用性"、质性资料分析法、设计模式的复用性和扩展性都成了这一时期的核心思想。

第三阶段，初步应用及反思期。

1996 年卡梵（Yasmin B. Kafai）"Learning Design by Making Games: Children's Development of Design Strategies in the Creation of a Complex Computational Artifact" 节选自 *Constructionism In Practice——Designing*, *Thinking*, *And Learning In A Digital World* 一书，中心度为 0.17。Kafai 出生于德国，曾在德国、法国和美国学习，曾任美国宾夕法尼亚大学研究生院教授，国际学习科学学会的前任会长，学习科学杂志的优秀主编。在美国，曾与西蒙·帕伯特（Seymour Papert）一起在麻省理工学院媒体实验室工作，是加州大学洛杉矶分校研究生院教育与信息研究学院的教员。卡梵是电子游戏、学习和性别研究的先驱者。卡梵利用建构主义理论探讨技术设计和文化，并帮助设置游戏和学习的纲领性基础。卡梵是 Scratch 的早期开发者和研究者，教育的编程语言家。她允许学生作为程序员创造性地参与虚拟项目的开拓。卡梵在女孩们的游戏设计与编程中也发出积极的声音，号召在虚拟游戏中用积极的行为来对现实生活中的青少年社会行为产生影响。本篇文章被引次数虽然少，但是中心度较高，可以看出幼儿教育软件设计开发关注建构主义理论和性别的因素。

荷兰特文特大学的戴约翰（Ton De Jong）和凡·学林根（Wouter R. Van Joolingen）于 1998 年合著的论文 "Scientific Discovery Learning with Computer Simulations of Conceptual Domains" 是中心度为 0.10 的关键节点文献。这篇文章主要讲科学发现学习是一个高度自我导向和建构

主义的学习形式。计算机模拟是一种以适合发现学习为基础的环境类型。通过实验来推断学习者在相关的仿真模型中所要完成的主要任务的特点。在该文中，作者对学习者在模拟环境中学习可能会遇到的问题进行审查。为了克服这些问题，作者讨论了如何获得教学的支持。这篇文章在 2007 年之后持续被引用，可以看出幼儿教育软件更多地把目光投向使用软件带来的仿真学习的有效性和效率，以及作为学习者、软件使用者的幼儿是怎样进行自主学习和建构学习的。

国王学院的斯奎尔斯（David Squires）和马里兰大学信息研究学院院长普利斯（Jenny Preece）1999 年合著的 *Predicting Quality in Educational Software：Evaluating for Learning，Usability and the Synergy Between Them* 在图谱中的中心度是 0.18。这篇文章主要是讲教师要能够评估教育软件，这使得他们能够决定购买什么软件和如何在教学中使用软件。预测评价的传统方法是使用一个清单，作者认为，清单有严重的缺陷，因为它们不考虑学习的问题，尤其是它们没有采取社会建构主义观点的学习概念。作者提出了从社会建构主义的学习角度来采用一个启发式的方法，这将导致一系列的启发式软件。这些启发式软件的一个显著特点是倾向于学习和运用的一体化。该文从 1999 年发表以来一直被引用，可见幼儿教育软件领域关注教师在软件的购买、使用中的作用，注重教师评价软件和使用软件的能力，同时教师要灵活地把建构主义观点应用到实际的教学中，更多进行启发式学习。

美国教育心理学家梅耶（Richard. E. Mayer）与莫里诺（Roxana Moreno）、斯派尔斯（Hiller A. Spires）、莱斯特（James C. Lester）在 2001 年合著的 *The Case for Social Agency in Computer-Based Teaching：Do Students Learn More Deeply When They Interact With Animated Pedagogical Agents?* 中心度为 0.17。梅耶在认知与学习理论方面取得了卓著的成绩，尤其是关于解决问题和多媒体学习理论方面。梅耶在教育心理学领域最突出的贡献是多媒体学习理论，它指的是最佳的学习发生在视觉和口头材料一起出现的同时。他于 2000 年获得桑代克职业教育心理学的成就奖，在 2008 年获得美国心理协会颁发的应用心理学教育与培训奖和杰出贡献奖。1991—2001 年他被评为世界最多产的教育心理学家，有 23 本关于教育和多媒体的著作。他于 1973 年获得美国密歇根大学心理学博士学位，在 1973 年至 1975 年期间担任美国印第安纳大学的客座心理学教授助理。梅耶自 1975 年以来，一直担任美国加州大学圣巴巴拉分校（UCSB）的心理学教授。这篇文章讲述大学生和七年级学生通过计算机多媒体基础课学会了如何设计 8 种不同生长环境中的植物的根、茎、叶，并对两组学生进行了对比研究。研究结果显示，交互教学法对多媒体课程的有意义学习具有明显的促进作用。

库班（Larry Cuban）于 2001 年出版的著作 *Oversold and Under-used：Computers in the Classroom*，中心度是 0.11。库班客观地叙述了教师和儿童使用计算机的情况、高中和大学在课堂使用计算机的现状，即要么过多的依赖，要么就是不能完全开发使用。作者结合学校中使用技术的历史，根据数据统计和课堂实践最后得出结论："没有一个目光长远的社会，没有一个能在民主社会中享有权利的学校，如果我们过多地关注技术在学校中的运用，那么将导致整个国家的核心教育理念发生混乱。"

巴拉克塔尔（Bayraktar）在 2002 年的文章 "A Meta-Analysis of the Effectiveness of Computer-Assisted Instruction in Science Education"，中心度为 0.11，该文研究与传统的指令教学相比，如何有效地运用计算机辅助教学（CAI）系统评估中学生和大学生所取得的成就。结果显示，在模拟或教程模式中使用电脑辅助教学和运用个人电脑作为传统教学的补充都可以发挥积极的作用。该文在 2006 年以后开始被引用。

阿尔蒂盖（Michele Artigue）在 2002 年的 "Learning Mathematics in a CAS Environment：The Genesis of a Reflection about Instrumentation and the Dialectics between Technical and Conceptual Work"，中心度为 0.11。文章讲述在过去的十年里，法国一个重要研究机构着手在 CAS（Computer Algebra System，是一种简化符号数学的软件程序）环境中发展数学的教学和学习。作者简要地介绍了在法国研发和运用的主要理论框架以及已经进行的研究开发，主要包括由切瓦劳德（Chevallard）运用人类学的方法发起的教学法和认知工效学理论对于仪器仪表的发展。谈到 CAS 的研究，作者展示了如何在使用 CAS 教育技术时套用这些理论的框架来研究重要问题。作者提出要注意以下几点：工具起源的复杂性，数学检测所需要的仪器，仪器的技术，机构管理的状态等。该文在

2008 年被引用。

荷兰阿姆斯特丹自由大学的唐纳（Afke Donker） 2007 年与莱兹玛（Pieter Reitsma）合著的论文 "Young Children's Ability to Use a Computer Mouse" 是中心度 0.13 的关键节点文献，该研究探讨幼童如何更好地使用鼠标。该文章使用实证试验方法对 104 名幼儿园和小学一年级的学生在通过软件进行学习时使用鼠标（对幼儿来说最常用和最有优势的输入设备）的情况，分析了三种使用鼠标的动作以及错误次数，结果显示幼儿园孩子移动鼠标速度要高于小学生，几乎所有的学生都可以点击 3mm 宽和 6mm 高的目标物。研究发现，鼠标使用的方式（如拖放式、点击移动式）、软件图标大小、需要儿童移动物体的方向等都会影响年幼儿童操作软件的准确性和速度。因此，幼儿教育软件必须充分考虑儿童使用的输入设备的工效学特点。该文在 2010 年、2011 年被引用。

卡尔加里大学的盖瑞森（D. Randy Garrison） 和威斯康星大学商学院的阿尔马 （J. B. Arbaugh） 合写了 "Developing a Community of Inquiry Instrument：Testing a Measure of the Community of Inquiry Framework Using a Multi-institutional Sample"，中心度是 0.17，该文献讨论了一个社区调查工具。研究结果表明，该工具是社会的存在和认知维度有效、可靠、高效的手段，为构建有效的在线学习环境框架和社区调查的有效性提供了额外的支持。文章最后对社区调查的研究人员、设计师、管理员和指导员的潜在影响进行了探讨。

经过这些关键节点的文献分析，我们梳理出一条幼儿教育软件理论发展的演进过程。为了能够清楚的说明，我们将整个演进过程从三个角度来进行分析：幼儿的需要，教师的需要，幼儿教育软件本身的技术特征。

1. 幼儿教育软件与儿童的需要

儿童是幼儿教育软件应用的主体。考虑到儿童的特殊需要，高质量的幼儿教育软件应当具备年龄适宜性、可控制性、清晰的指导性、可延伸的复杂性、操作的独立性、无暴力性、过程导向性、互动性、模拟真实性及可变换性等十个方面的特点。

2. 幼儿教育软件与教师的需要

从教师的角度来看，幼儿教育软件的评价主要有两点内容：软件与课程的整合以及软件的管理。教师准备把一个幼儿教育软件投入到幼儿园使用，首先应该考虑软件的内容与当前课程的主题关系是否密切，是否能够整合到课程中；其次要考虑对软件的控制和管理，能够根据幼儿的反馈及时对软件进行调整，实现一些功能的开放和关闭。

3. 幼儿教育软件的技术特征

软件技术特征的评价主要包括四个方面：软件的运行特点、人机界面设计、软件与输入设备的适配性以及软件操作结果的输出。首先，软件必须安装便捷、儿童容易掌握操作规则；其次，用户界面必须符合儿童的特点，主要是考虑视觉效果和听觉效果的协调性和友好性，不仅要符合多媒体设计的基本原则，还要为儿童带来充分的学习享受；再次，由于幼儿身体发育情况的特殊性，要考虑软件与输入设备的适配性；最后，软件要设置保存和打印功能，以有利于儿童与同伴、教师、家长分享学习经验，这些内容也可以成为儿童成长的重要资料。

**五、幼儿教育软件研究的前沿与热点**

CiteSpace 可视化软件的另一个主要功能是辨识和探测学科知识领域研究的热点，预测知识领域发展的前沿趋势。主要通过考察词频的时间分布，将那些频次变化率高、频次增长速度快的"突变词"（burst term）从大量题录的常用词中检测出来，用词频的变动趋势，而不仅仅是词频的高低，来分析科学的前沿领域和发展趋势。

1. 幼儿教育软件研究的热点

研究热点是在某一时间段内，有内在联系的、数量相对较多的一组论文所探讨的科学问题或专题。从文献计量学的角度看，在某学科领域内被引频次最高的研究型文献通常是该领域研究热点的集中体现。关键词共现网络可以展现一段时间内相关文献集中反映出的研究热点词汇。

通过对幼儿教育软件理论研究热点的了解，可以更好地把握幼儿教育软件理论发展中所关注的焦点。Citespace 主题词类型为名词短语时可以探测研究热点，主题词类型"Term Type"中选择"Noun Phrases"，节点类型"Node Types"中选择"Terms"，三个阈值分别设置为（3.2.14）、（4.2.17）、（4.3.16）。运行 Citespace 信息可视化软件，得到主题词网络时区视图（图1-8），对全部主题词进行 EM 聚类，得到了全部主题词的年度变化分布表被引频词≥10 的名词短语。

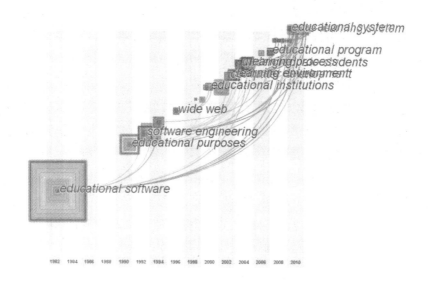

**图 1 - 8　幼儿教育软件研究领域主题词网络时区视图**

从图 1 - 8 中可以看出，1982 年出现了被引用频率最高的主题词
"Education Software"，因为我们搜索数据的时候，该主题词是检索词，
同时幼儿教育软件是教育软件的一个分支，所以 "Education Software"
是第一个热点词汇。1990—1991 年出现的主题词是 "Education Purpo-
ses"；1992—1993 年 "Soft Engineering"；1996—1997 年 "Wide Web"；
2000—2001 年 "Education Institutions"；2002—2003 年 "Learning Envi-
ronment"；2004—2005 年 "Design"、"Learning Process"；2006—2010
年 "Education Program"、"Educational System"、"Teachers"、"Open—
Source Software"、"Overweight"。

从这些关键词我们可以探究出幼儿教育软件的研究热点。幼儿教育
软件是以教育为目的，这个目的不仅是学习计算机，而是要如何利用计
算机达到教育的目的，借助软件工程的 "东风" 壮大幼儿教育软件的
规模，提高质量。网络的可用性也是幼儿教育软件要考察的一个重要指
标。接着幼儿教育软件就把眼光放在了设计上，如何设计出适宜的软
件，以适合幼儿的发展。同时，也较为关注学习过程，关注幼儿学习过
程中对知识的掌握和建构。从 2006 年开始，越来越系统地关注幼儿教

育软件，从工程和系统的视角来更科学地研究幼儿教育软件，同时也关注幼儿教育软件的另外一个操作者——教师，关注教师的信息化素养、培训以及教师应如何引导、教导儿童使用软件。同时，专家学者也在关注幼儿教育软件会给幼儿带来的一些不利影响，例如导致幼儿肥胖，这就对幼儿教育软件的设计提出了新的、更高的要求，要适合儿童使用。幼儿教育软件的目的就是与幼儿园开设的课程进行整合，即软件的内容与当前班级开展的主题关系是否密切，是否容易变成课程的有机组成部分。幼儿教育软件的开发和维护也要遵循软件工程学的基本原理和发展规律。在幼儿教育软件的开发过程中软件工程具有指导作用，尤其是关于需求分析的任务、步骤、原则、方法等。软件工程学中软件开发的方法中有一种是面向对象法，即从现实世界中存在的事物出发来构造软件系统，这也是幼儿教育软件开发者需要思考的。软件工程学和教育学交叉融合形成的新的交叉领域使得幼儿教育软件的产品可以从教育和软件技术两个视角来分析和处理，对于幼儿教育软件产品决策和幼儿教育软件产业分析具有重大的意义。"Learning environment"、"Wide web"这些都是幼儿教育软件关注的使用环境，每个幼儿园使用软件的环境不尽相同，这对于使用效果是有影响的，网络环境也越来越多地进入开发者和使用者的视线，正是因为网络环境的出现，更有利于幼儿学习经验的分享，也给幼儿使用环境从单纯的幼儿园扩大到家庭提供了条件。"Teachers"，从教师的角度看，幼儿教育软件主要涉及软件与课程的整合以及软件的管理。教师首先考虑就是软件的投入使用是否能切合自己班级的主题，能否对自己课程内容进行深化。其次要考虑对软件的管理，是不是可以根据不同幼儿的特点，对软件进行调整，使其符合幼儿的发展规律；同时，教师也应该享有权限控制软件的开放和关闭，利用软件提供的反馈信息了解幼儿的学习进度。"Overweight"这个热点是对软件的硬件提出的要求，这个时期对于幼儿发育成长是很重要的，那么软件的使用，是否会对幼儿的成长构成影响，也是当下研究的热点问题，输入输出设备的问题越来越得到设计者和使用者的重视。

2. 幼儿教育软件的前沿问题研究

研究前沿最早由普赖斯（D. Price）于1965年引入，是用来描述一个研究领域的过渡本质的概念。普赖斯观察到利用他定义的即时指数的概念，可以看出科学家引用最近发表文章的趋势。在特定领域，一个研究前沿指的是科学家积极引用的文章的主要部分。根据普赖斯所说，一个研究前沿大概由 40—50 篇最近发表的文章组成。

　　研究前沿是科学研究中最先进、最近、最有发展潜力的研究主题或研究领域。Citespace 所定义的研究前沿强调的是新趋势和突变的特征，并用 Kleinberg 突现检测算法获取的突现词来表示研究前沿。对于研究前沿的把握，可以使我们掌握幼儿教育软件目前以及未来发展方向。

　　在 Citespace 主题词类型"Term Type"中选择"Burst Terms"，节点类型"Node Types"中选择"Cited Reference"和"Terms"，选择 Pathfinder 算法，三个阈值分别设置为（2.2.14）、（4.2.13）、（3.2.12）。得到的突现词也就是幼儿教育软件研究前沿主题词，如图 1 - 9。

**图 1 - 9　幼儿教育软件理论研究文献共引——突现词混合关键路径网络图谱**

　　从图 1 - 9 中可以看出幼儿教育软件关注的前沿问题，有 10 个关键词，分别是：电脑科学（computer-science）；教育内容（educational-content）；信息挖掘（information-seeking）；应用软件（based-software）；实证研究（empirical-studies）；实时（real-time）；学习经验（learning-experiences）；远程学习（distance- learning）；幼儿（early -childhood）；协作学习（collaborative-learning）。

随着计算机技术的发展，幼儿教育软件会更依赖 computer-science，会更多以计算机技术为依托，完善幼儿教育软件各项指标系数。软件设计要考虑操作上的独立性，使用过程中的互动性，软件是否与操作系统兼容，是否安装方便，是否运行快捷，界面是不是友好，在视听觉效果上是否把儿童的特点放在首位考虑，还要考虑输入输出设备的适配性，是否考虑了儿童使用的工效学特点。这些都是幼儿教育软件关注的前沿问题。幼儿教育软件，不只是一种软件产品，在具有软件属性的同时更应该具备教育的属性，是一种教育产品。之前的幼儿教育软件产品更多关注的是软件属性，我国目前幼儿教育软件开发商以技术型厂商为主，大多仅仅从技术角度进行软件设计和开发，对幼儿特点的了解不甚深入，对幼儿园课程的理解不够全面，因此 educational-content 这个前沿问题是否得到解决就关系到是不是能引导开发商的思维转型，使幼儿教育软件能够更好地整合软件功能和教育内涵。information-seeking、based-software、empirical-studies 在实证研究的基础上分别从技术上和研发设计的角度对幼儿教育软件提出了要求，对未来的幼儿教育软件提出了新的要求，幼儿教育软件要从应用的角度出发，更利于教师与幼儿的使用，通过使用软件可以对信息进行一个剖析。real-time、learning-experiences，幼儿的读写能力有限，因此幼儿教育软件应避免用文本说明，主要是通过口语指令和视觉图标实时指导、提示，幼儿的学习经验也要通过软件实时进行分享，及时记录下幼儿的使用情况。early-childhood，这是幼儿教育软件应用的主体，本身具有很多特殊性，幼儿教育软件是否成功就要看这个软件能不能考虑到幼儿的特殊性。软件设计要遵循幼儿的年龄特点，内容要适合幼儿的学习与生活，要考虑幼儿的读写能力，软件要提供清晰的指导。distance- learning、collaborative-learning，这是幼儿教育软件功能的实现方式，不仅仅在幼儿园可以使用，最好在幼儿其他的生活环境中也可以使用的终端，同时老师也能进行指导。随着计算机技术的发展，协作学习和互动性都是软件需要考虑的重要因素，通过软件与计算机的互动，幼儿之间的互动，幼儿与教师之间的互动，在几者之间进行信息交换。在高质量的协作学习中，具有开放性和互动性的幼儿教育软件，允许幼儿将游戏活动的背景、人物角色、物体进行个性化的装饰，按照自己的步调进行操作，又能根据个别化特点进行学习。这些前沿问题，恰恰是幼儿教育软件未来要发展的方向，也是我国幼儿教育软件的发展趋势，只有更多地从幼儿的需要、教师的需要、幼儿教育软件本身的技术特征出发，才能把握幼儿教育软件发展的走向，设计出适应市场需要的软件。

## 第三节　幼儿教育软件评价的概念、特点与功能

### 一、评价与教育评价

本质是事物内部的必然联系，是影响和决定事物性状、特征、属性和功能的内在机制。[①] 本质具有内隐性、深刻性、稳定性和复杂性。

关于评价的本质，学术界大多从两个维度[②]进行理解。

第一个维度是情感态度维度，侧重于主体的主观需要与情感。该维度认为评价本质是主体对客观对象的态度、情感、意向、判断、选择，认为评价是一种主观性极强的活动，其与主体的主观需要与情感极具相关。

第二个维度是认识维度，强调主体对客观对象的价值认识与判断。该维度认为评价是人们对价值关系的现实结果或可能后果的认识，其本质是认识，是精神对物质、意识对存在的反映，是人对客观对象的价值的认识。这个维度强调唯物主义原则和评价的客观性。

大多数学者从第二种维度对评价本质进行理解与解释，肯定了评价是一种特殊形式的认识活动，是评价主体依据一定标准衡量客体的意义和价值的活动。简言之，就是主体对客体是否具有价值、具有何种价值以及价值大小进行判定。[③] 从质的角度看，它常常以肯定的或否定的方式来表达；从量的角度看，它表现为大小、程度和深度。评价在不同领

① 邓睿、王健：《关于教育评价本质与目的的探析》，《教育测量与评价》2011 年第 3 期，第 4—7 页。

② 乔志勇：《评价问题的研究述要》，《哲学动态》1992 年第 9 期，第 13—17 页。

③ 陈金安：《也谈评价的本质与功能》，《温州大学学报》2000 年第 2 期，第 17—18 页。

域有不同的表达方式，如在道德领域以善恶及其大小来表达，在美学领域以美丑及其程度来表达，在科学领域则以真假来表达。

评价的结构包括评价者、评价对象和评价手段等基本要素。[①] 评价者是评价的主体要素，可以是个体，也可以是群体。在评价活动中，评价主体要确立评价目的、设定与价值客体相关的参照客体，选取恰当评价标准进行评价。评价对象是评价的客体要素，是评价性认识所指向的客体，是评价主体依评价目的而设定的。评价手段是评价的中介要素，是把评价主体与评价对象联系起来使之相互作用的中间环节，它包括各种评价方式、评价方法以及评价参照客体、评价程序等。评价方式主要有测验、考验、行动观察记录、问卷等，评价方法有相对评价法、绝对评价法、分析评价法和综合评价法等。在评价结构中，各要素不是彼此孤立存在的，而是相互联系和相互作用的。评价是这些要素协同作用的结果。

评价既是终点，也是起点，它一方面是反映过程的终点，另一方面又是一定创造活动的起点。正因为有了评价，主体才可以产生新的目的、设想、方案和决策，从而从认识向实践飞跃。当然，评价也是从实践转化为认识的必要中介和环节。

教育评价是由美国教育家泰勒（R. W. Tyler）1929 年提出的，学者们从不同的角度进行了阐释。笔者赞成陈玉琨教授[②]在其著作《教育评价学》中的阐释：评价是一种价值判断活动，是对客体满足主体需要程度的判断；教育评价是对教育活动满足社会与个体需要的程度作出判断的活动，是对教育活动现实的（已经取得的）或潜在的（还未取得，但可能取得的）价值作出判断，以期达到教育价值增值的过程。教育评价的目的一般来说有两个：一是从价值判断的角度来看，教育评价的目的在于检验目标的达成度；二是作为为决策咨询服务的教育评价，则主要着眼于促进教育过程的改进。

幼儿教育软件评价作为教育评价的一部分，既具有教育评价的本质与特点，又因其特殊的评价对象而具有独特的目的、方法与手段。下文

---

① 秦越存：《价值评价的本质》，《学术交流》2002 年第 2 期，第 1—6 页。
② 陈玉琨：《教育评价学》，人民教育出版社 2005 年版，第 7—8 页。

将做详细阐释。

## 二、幼儿教育软件评价的概念界定

与幼儿教育软件评价相关的概念有课件评价、教育游戏软件评价等。有学者认为，"课件评价即依据明确的目标，按照一定的评价标准，采用科学的方法，测量课件的功能、品质和属性，并做出价值性的判断，从而衡量课件的好坏，是课件开发和使用过程中不可缺少的重要环节"。① 一般而言，软件评价的内容有功能性、可靠性、方便性、经济性、维护性、移植性和发展性，课件评价通常强调功能性、可靠性和方便性。教育游戏软件是一种目的性和应用性都较强的教育软件，而教育游戏软件评价则是指"使用编制完成的游戏软件，并搜集有关的数据资料进行统计分析，对学习效果进行评价，发现问题以改进游戏设计制作过程"。根据教育游戏软件的特点，评价内容可分为：道具和规则、方向性、变化性、交互性、竞争性、安全性、教育性、艺术性。

根据对相关概念的理解，本研究认为，幼儿教育软件评价是指依照一定的评价标准，采用科学的方法，对适用于幼儿阶段的教育软件进行价值判断的活动。幼儿教育软件评价的目的在于判断幼儿教育软件的质量（主要是教育性和技术性两个方面），分析对幼儿教育的影响，最终促进幼儿的发展。其本质是一种基于教育软件与幼儿交互作用活动的价值判断。软件评价活动由评价者、评价工具和评价对象三个基本要素构成。② 幼儿教育软件评价离不开教育理论、教学设计理论等基础理论的指导，常用的理论基础有人本主义学习理论、儿童认知发展理论、建构主义学习理论等。目前，美国学者普遍采用的幼儿教育软件评价指导理论思想是全美幼教协会（NAEYC）提出的"发展适宜性实践"思想，我国对"发展适宜性"的幼儿教育软件评价指导思想也取得了较强的共识。

## 三、幼儿教育软件评价的性质与特点

前文我们在讨论教育评价等相关概念的基础上分析了幼儿教育软件

---

① 张豪锋、孔凡士：《教育信息化评价》，电子工业出版社 2005 年版，第 289 页。
② 同上书，第 315 页。

评价的概念。不难看出，幼儿教育软件评价是教育评价与教育软件评价的下位概念。幼儿教育软件评价不仅具有教育评价与教育软件评价的共通性质，也因其对象的特殊性具有一些特殊性质与特点。

第一，幼儿教育软件评价是以促进幼儿身心全面和谐发展为基准的价值判断。

教育评价的本质是价值判断，是对教育现象的价值做出判断。[①] 幼儿教育软件评价就是以是否促进幼儿身心全面和谐发展为基准进行价值判断。一般从健康、语言、社会、科学、艺术等领域对幼儿身心发展进行综合判断。

第二，幼儿教育软件评价是教育性与技术性判断的统一。

幼儿教育软件评价不仅仅体现以促进幼儿身心全面和谐发展为基准的价值判断，同时体现对软件技术特征的评价，如软件运行特点、人机界面设计、软件与输入设备的适配性与操作结果的输出。具体来说，软件操作应当容易被儿童掌握，其界面应该是友好的，符合儿童特点与认知能力，输入输出应考虑儿童的动手能力与审美需求。[②]

第三，幼儿教育软件评价是整体性与个性化的和谐统一。

幼儿教育软件评价关注幼儿学习与发展的整体性，因为儿童发展是个整体，不能片面追求某一方面或某几方面的发展，要注重各领域之间的相互渗透与整合。同时，要尊重幼儿发展的个性化需求与个体差异，不能形成标准的生产线，用一把尺子进行衡量。

### 四、幼儿教育软件评价的功能

所谓功能是指一定材料按一定结构组成之后所具有的工作能力。[③] 认识幼儿教育软件评价功能的目的是要更好地推动幼儿教育软件发展。幼儿教育软件评价具有以下功能：

第一，导向功能。

由于教育价值趋于多元化，所以评价导向尤为重要。幼儿教育软件

---

① 王景英：《教育评价》，中央广播电视大学出版社 2004 年版，第 7 页。
② 郭力平：《幼儿教育软件的评价研究》，《幼儿教育》（教育科学）2009 年第 1、2 期，第 20—25 页。
③ 王景英：《教育评价》，中央广播电视大学出版社 2004 年版，第 7 页。

评价要以促进幼儿身心健康与全面和谐发展为导向，不能拔苗助长或追求片面发展。要通过比较规范的幼儿软件评价指标体系规范引导幼儿教育软件的发展。

第二，诊断与改进功能。

幼儿教育软件评价通过获取幼儿教育软件发展的实际状态信息，发现幼儿教育软件哪些地方欠缺或偏离目标，从而有针对性的进行改进。幼儿教育软件发展是不断变化的过程，需要不断完善和改进才能持续进步。改进功能与诊断功能密切相连，而且要求评价者深入实际，与被评者相互沟通，帮助被评者研究提高的途径与改进的策略。

第三，鉴定功能。

鉴定是指对幼儿教育软件成效优劣的判定，同时具有分类、选拔等效能，一般分为水平鉴定、评优鉴定与资格鉴定。鉴定时要关注对象的特点，注意教育性与技术性的统一，以及整体性与个性化差异的统一。

第四，激励功能。

激励就是激发动机或调动积极性。合理恰当的评价有利公平竞争，调动多方的积极性。通过科学评价，既可以为决策者与管理者提供决策服务，又可以为生产者提供反馈信息，促进生产者自觉地、有针对性地改进不足，提高软件质量。此外，还可以为用户提供选择软件的依据与信息。激励功能要求评价者公平公正，及时灵活反馈信息。[①]

## 第四节　幼儿教育软件评价研究的现状与价值

### 一、幼儿教育软件评价研究的现状

（一）幼儿教育软件评价的基本理论研究

美国的幼儿教育软件评价研究起步较早，兴起于 20 世纪 80 年代，其相关理论研究成果也较为丰富。涉及幼儿教育软件评价的定义、评价的目的、评价的理论价值取向、评价主体、评价方法以及幼儿教育软件评价历史等基本问题。从文献上看，研究者争论的焦点主要集中在评价

---

① 王景英：《教育评价》，中央广播电视大学出版社 2004 年版，第 7 页。

过程中的理论指向问题与评价的方法问题等。① 目前大多数研究者趋向于建构主义理论指向的发展适宜性幼儿教育软件②以及评价中多种方法的综合应用，并强调儿童应参与软件评价的过程，③ 在幼儿教育软件的多重属性中把教育性放在首要位置。④

（二）幼儿教育软件评价组织机构与评价机制研究

西方发达国家幼儿教育软件发展相对成熟，出现了诸如多媒体学校（MultiMedia Schools）、儿童软件杂志（Children's Software Revue）等专门幼儿教育软件评价组织机构。另外，一些软件公司以及非营利组织协会建立了一系列诸如儿童软件工作坊（Chileren's Software Work-Shop）等包含幼儿教育软件评价的主题网站。相应地逐渐形成了以主体多元、渠道多元、价值多元等为特点的多元评价机制。为保证儿童教师与家长选择软件的适当性，一些研究者开展了评价组织机构的分类研究与特点研究。⑤ 我国教育软件评价研究起步较晚，目前用于教育软件评价的权威机构包括"中国软件测评中心"，"教育部教育管理软件测评委员会"，但尚没有形成专门的幼儿教育软件评价机构。郭力平在综合考虑我国教育背景与文化特点的基础上，认为构建以大学科研人员为核心的第三方独立软件评价学术组织是一个便捷的途径。⑥

（三）幼儿教育软件评价标准研究

评价标准问题是幼儿教育软件评价研究的焦点。在多元评价机制下，西方国家大多幼儿教育软件评价组织机构或软件公司都设计了自己

①　Warren Buckleitner. The State Of Children's Software Evaluation-Yesterday, Today and In the 21st Century. Information Technology in Childhood Education Annual, 1999（1）：211—220. Servet Bayram. Evolution of educational software evaluation：instructional software assessment. The Turkish Online Journal of Educational Technology, 2004（2）：21—27.

②　Quynh Le, Thao Le. Evaluation of educational softwae：Theory into practice. Nova Science Publishers, Inc., 2007.

③　Allison Druin. The role of children in the design of new technology. Behaviour and information technology, 2002, 21（1）：1—25.

④　Said Khalifa, Chris Bloor, Walter Middelton, Chris Jones. Educational computer software, technical, criteria, and Quality. In The Proceedings of the Information Systems Education Conference 2000, v17（Philadelphia）：402.

⑤　Warren Buckleitner. The State Of Children's Software Evaluation-Yesterday, Today and In the 21st Century. Information Technology in Childhood Education Annual, 1999（1）：211—220.

⑥　郭力平：《幼儿教育软件的评价研究》，《幼儿教育》（教育科学）2009 年第 1、2 期，第 20—25 页。

的评价标准，如 High/Scope 早期儿童软件手册等。从总体上看，目前"发展适宜性"作为设计标准的核心指导思想已经得到了普遍的认同。其中有代表性的是 1986 年全美幼教协会制定了以"发展适宜性"为出发点的 4—5 岁幼儿教育软件选择十条指导意见。1988 年美国幼儿教育软件评价专家霍兰德（Susan W. Haugland）和希尔德（Daniel D. Shade）在上述研究基础上设计了 Haugland/Shade 发展性软件标准，并于 1990年和 1996 年两次修订。该标准从儿童、教师和技术三个方面提出了发展适宜性幼儿教育软件评价的十条评价指标。① 之后不少研究者以此为蓝本进行修订。在我国有代表性的是台湾学者邱淑惠，② 大陆学者冯晓霞与郭力平合作的修订研究。③

（四）幼儿教育软件应用评价研究

软件设计开发完成之后往往需要在实践应用中评估其质量，所以幼儿教育软件应用评价研究在研究数量上占有很大的比重。其中最多的是那些商业幼儿教育软件的应用评价研究。虽说此类研究与教育技术早期"媒体对比研究"类似，很多具有商业利润的目的，但此类研究在一定程度上还是丰富了人们对"好的幼儿教育软件"的认识，实现了幼儿教育软件评价从最开始仅仅关注有效性到综合考虑易用性、可接近性、儿童倾向性等多种因素；④ 软件内容也从最初仅仅关注儿童狭义的知识学习到关注情感、动作技能、合作能力、言语表达等综合能力的发展。⑤

（五）存在的问题

首先，从研究视角上看，国外相关研究虽具有幼儿教育、教育软件工程、国际质量标准等多元视角。但从评价受益者的角度看却过于局限

---

① Susan W. Haugland. how teachers use computers in early childhood classrooms. Journal of computing in childhood education, 1997, 8（1）：3—1.

② 邱淑惠：《听他们在谈些什么？探讨儿童在操作不同学习软件时的谈话差异》，《国立台湾师范大学学报》2008 年第 8 期。

③ 冯晓霞：《计算机与幼儿教育》，人民教育出版社 2010 年版；郭力平：《信息技术与早期教育》，华东师范大学出版社 2007 年版。

④ Scaife Michael, Bond. Developmental changes in children's use of computer input devices. Roderick Early Child Development and Care, 1991（69）：19—38. Bowman B. Equity and young children as learners. Proceedings of the Families Technology, and Education Conference, Chicago, IL, USA, 1998.

⑤ Norshuhada Shiratuddin, Monica Landoni. Evaluation of content activities in children's educational software. Evaluation and Program Planning, 2002, 175—182.

于面向受用者、使用者的评价，面向交付者、生产者的幼儿教育软件评价研究也相对薄弱，不利于软件的动态维护与整体体系内的良性循环发展。我国的相关研究刚刚起步，受个别国外知名研究者与机构影响较大，视角较为单一，主要停留在对个别成果的引介与修订上。

其次，从研究过程与内容上看，西方国家对评价项要求的精度高，对评价项的证据要求高，但主要是对幼儿教育软件本身的评价，较少将"如何更好地使用软件指导"纳入软件评价研究的范畴。[①] 我国在引介国外相关成果的过程中，虽然认识到本土化的重要性，但由于刚刚起步，较少对一些依赖教育文化背景的因素在中国是否有效及特点的实证研究。

最后，从研究主体来看，我国尚缺乏学前教育、教育技术、发展与教育心理学等领域研究者稳定的合作机制。

## 二、幼儿教育软件评价研究的价值

### （一）有利于促进我国幼儿教育软件规范化发展

由于缺乏相应的指导规范，我国幼儿教育软件市场较为混乱。大量低质甚至是反教育的幼儿教育软件流向市场，无疑对儿童的身心健康发展是潜在的威胁。对企业而言，由于开发工作无章可循，开发质量、进度、效益得不到保障。不少幼儿教育软件公司生存艰难。本课题所开展的幼儿教育软件发展适宜性评价研究，兼顾了儿童发展适宜性与企业发展适宜性，可以有效引导幼教软件开发的"发展适宜性"走向，减少低水平重复开发，对幼教软件行业的规范化也可起到一定的促进作用。

### （二）有利于引导幼儿园教师与家长选择适当的幼儿教育软件

很多幼儿园教师和家长已经意识到幼儿教育软件对于儿童发展所起的重要作用。然而，面对市场上参差不齐的幼儿教育软件，幼儿园教师往往只能依赖直觉经验来选择幼儿教育软件，幼儿家长选择幼儿教育软件的盲目性则更大。其主要原因在于可供参考的标准较为贫乏。本课题的研究通过制定相关评价标准，提供可供参考的指导意见。以丰富幼儿

---

① Warren Buckleitner. What should a peschooler know about technology? Early Childhood Today. Retrieved from: www2. scholastic. com/browse/article. jsp? id = 3751484.

教师与家长幼儿教育软件相关知识，提高他们的幼儿教育软件选择判断的能力。

（三）丰富我国幼儿教育软件评价理论成果

我国幼儿教育软件评价尚处于起步阶段，幼儿教育软件评价的基本理论建设、相应评价体系与机制的建立与完善等工作都亟待开展。本课题在系统整理国外相对成熟的幼儿教育软件评价理论的基础上，借鉴吸收，通过实证研究，探索本土化的幼儿教育软件评价理论，将在一定程度上丰富我国幼儿教育软件评价的理论成果。

# 第二章

# 幼儿教育软件评价的相关理论

本章首先讨论了幼儿教育软件评价的理论基础，包括发展适宜性理论、发展性教育评价理论、建构主义理论、人本主义理论等；之后，对国外幼儿教育软件评价的两位代表性人物进行了深入的研究与解读。

## 第一节　幼儿教育软件评价的相关理论基础

### 一、发展适宜性理论

发展适宜性评价思想可溯源于皮亚杰的儿童认识发展理论，在后来的不断演化中，更直接的思想来源是全美幼教协会1986年发布的发展适宜性实践思想。它是幼儿教育软件面向学习者评价时遵循的主要原则。

"发展适宜性实践"由美国幼儿教育协会（National Association for the Education of Young Children，NAEYC）在学前教育出现严重的小学化倾向的背景下提出的，提倡尊重儿童的基础上促进儿童发展的一套价值理念。发展适宜性实践理论兴起之后开始指导美国儿童早期教育实践，成为美国儿童早期教育教学模式的主导理论之一，也成为幼儿教育软件设计和评价中的主流理念，它同时是全美幼教协会关于学前教育的基本立场，是学前教育实践的行动指南以及全美儿童早期教育协会所有活动的基础。经历了1987、1997、2009年三个版本的变化，秉承美国早期教育传统思想的同时，以皮亚杰的建构主义思想和儿童认知发展阶段理论为基础，在游戏与学习、儿童自我探索与教师教学之间进行了权衡。

其主要观点认为早期教育相关人员应当运用儿童发展的有关知识，在教育实践中作出最适宜于儿童发展的决策，即为儿童提供与其发展水平相适宜的教养环境、材料、教育内容和方法，教育者在决策过程中应充分考虑儿童的年龄适宜性、个体适宜性、社会和文化适宜性。[①]

发展适宜性软件评价思想的创始人是苏姗·霍兰德（Susan W. Haugland），后文将对霍兰德及其思想进行详细讨论。

## 二、发展性教育评价理论

发展性教育评价，是指在先进教育发展理念的指导下，以教育的发展为评价对象，又以促进教育的持续发展为目标的评价。它是 20 世纪 80 年代以来形成的一种关于教育评价的新理念，针对以分等奖惩为目的的终结性评价的弊端而提出，主张面向未来，面向评价对象的发展，是形成性评价的深化与发展。与形成性评价强调对工作的改进不同，发展性评价更强调对评价对象人格的尊重，强调以人为本的思路。这是一种主体取向的评价，主张价值多元，尊重差异。发展性评价特征有：[②]

第一，以立足现在、面向未来为评价方向。

发展性不仅注重评价对象过去表现，更关注评价对象未来发展，重在使评价对象增值。在评价过程中，特别重视培养评价对象的主体意识与创造精神，促进评价对象全面发展。

第二，以发展为评价目的，淡化甄别选拔。

发展性评价不是选择适合儿童的教育，而是关注儿童的成长与进步，创造适合儿童的教育，突出评价的激励功能，激发教育内在发展动力，促进儿童全面发展。

第三，以综合化、全面发展为评价内容。

发展性评价基于一定的教学目标。对于幼儿教育来说，就是以促进幼儿体、智、德、美各方面的协调发展为核心，从健康、语言、社会、科学、艺术等方面促进幼儿身心全面发展。

第四，重视评价对象的参与意识，实现评价主体多元化。

---

① 张瑾：《美国发展适宜性实践理论研究》，《中央民族大学》2011 年第 7 期。
② 徐硕：《发展性教育评价读本》，辽宁教育出版社 2005 年版，第 29—31 页。

发展性评价强调评价主体多元化，专家、家长、儿童本人都是评价主体，通过评价对照自己，发现问题，改进提高。这样，评价就从管理手段变成促进儿童发展的内在需求的手段。

第五，评价方法多元化。

发展性评价强调评价方法多元化，如口试、情境化考试、实践性考试、自选性考试、展示性考试、体验性考试等，注重定量与定性的结合。

### 三、多元智能理论

1983 年，美国哈佛大学发展心理学教授霍华德·加德纳提出了多元智能理论，加德纳博士指出，人类的智能是多元化而非单一的，主要是由语言智能、数学逻辑智能、空间智能、身体运动智能、音乐智能、人际智能、自我认知智能、自然认知智能八项组成，每个人都拥有不同的智能优势组合。多元智能的理论改变了人们以往的以智商来评判幼儿智能的标准，改变了人们以语文和数学成绩两个方面的能力来判断幼儿是否聪明的观点。该理论认为每个幼儿都有其独有的智能的组合，教育的目的是根据他们智能的不同，发现并且激发他们的智能，更好地了解他们的爱好和特长。多元智能的理论启发人们应该在幼儿的个性差异和幼儿的全面发展之间找到一种平衡。

对幼儿教育软件评价的最终目的是促进幼儿的发展，而进行软件评价时要考虑到幼儿的多元智能，不能仅仅针对某几个智能做评价指标而忽略其他的智能。商家在设计软件时也同时要意识到幼儿的多元智能，避免一些设计片面的软件流入市场。

### 四、人本主义理论

人本主义理论由美国心理学家马斯洛创立，来源于他的需要层次理论，代表人物是罗杰斯。人本主义教学思想关注的不仅是教学中认知的发展，更关注教学中学生情感、兴趣、动机的发展规律，注重对学生内在心理世界的了解，以顺应学生的兴趣、需要、经验以及个性差异，达到开发学生的潜能、激发起其认知与情感的相互作用，重视创造能力、认知、动机、情感等心理方面对行为的制约作用。人本主义学习理论认为只有了解人、尊重人、以人为本才能教育人、完善人。人本主义强调学习者的主体地位，认为要全身心地投入学习，就要全面地激起学习情感和学习兴趣。

在对幼儿教育软件进行评价时应全面考虑幼儿教育软件的受益者——幼儿，这也是近一段国外对幼儿教育软件设计时鼓励幼儿参与其中的原因，只有这样才能让教育软件评价的价值主体得到最大的收益。

### 五、建构主义理论

建构主义理论认为幼儿的学习是个人知识的建构，源于皮亚杰的认知发展理论。该理论认为幼儿的学习并不是通过教师教授的，不是被动地接受知识而是主动地建构知识；每个学习者以自己原有的知识经验为基础，对新信息重新认识和编码；同化和顺应是学习者认知结构发生变化的两种方式；强调信息资源是支持幼儿的"学"而非教师的"教"。

建构主义学习理论源自关于儿童认知发展理论。建构主义者认为，知识不是通过教师传授得到的，而是学习者在一定的情景即社会文化背景下，利用必要的学习材料，借助他人的帮助，通过意义建构的方式获得。强调学习者的主动建构，注重以学习者为中心，推崇个体依据自己的经验来创造有意义的知识。该理论对教师和学生在学习中的角色进行了重新定位，其隐含的"学生是学习的主体，教师是学习的主导"的教育理念在教育领域产生了广泛而深远的影响。情景、协作、会话、意义建构是建构主义学习环境中的四大要素。[①] 近些年建构主义成为学习理论的热点话题，在计算机辅助教学中广泛应用，在幼儿教育软件的设计方面也备受关注。下面着重讨论一些建构主义的知识观、学习观、教学观及其对软件设计的指导。

首先，建构主义的知识观。认为知识不是对现实的纯粹客观的反映，它只不过是人们对客观世界的一种解释、假设或假说，它不是问题的最终答案，它必将随着人们认识程度的深入而不断地变革、升华和改写，出现新的解释和假设；知识并不能绝对准确无误地概括世界的法

---

① 陈薛锦：《基于建构主义学习理论的信息化教学设计》，《新课程学习（中）》2013年第2期，第126页。

则，提供对任何活动或问题解决都适用的方法。在具体问题情境中，需要针对具体问题的情境对原有知识进行再加工和再创造；真正的理解只能由学习者基于自己的经验背景而建构起来。

其次，建构主义的学习观。学习不是学习者被动地接收信息，而是由学生自己主动建构知识的过程；外部信息本身没有什么意义，意义是通过学习者通过新旧知识之间的相互作用建构而成的；学习过程同时包含两方面的建构：不仅是对新信息建构，同时又包含对原有经验的改造和重组；同化和顺应是学习者认识结构发生变化的两种方式。

再次，建构主义的教学观。教学不能无视学习者的原有经验，教师不再是教学的权威和单一的知识呈现者，而是意义建构的帮助者和促进者，教学要增进学生之间的合作，注重学习的主动性、社会性和情境性。

最后，建构主义的学习环境。建构主义理论认为理想的学习环境应当包括情景、协作、交流和意义建构四个方面。情景，即是在教学设计中、教学环境中必须创设有利于学习者意义建构的内容；协作，应贯穿于整个的学习活动中，师生、生生之间要相互合作、讨论、商榷以及辩论；交流是协作的方式，协作过程也可以看做是交流的过程，在这个过程中，个体的想法为整个学习群体共享；意义建构，是教学的最终目标，学习者通过意义建构，获得对事物性质、知识规律及相互联系的理解。

与学习理论的发展阶段相对应，教育软件也从机器教学为指导到以建构主义理论为指导的发展阶段，正是因为建构主义强调以学习者为中心，显然以前两种学习理论指导的教育软件已不再适宜学习者的意义建构，此情形下教育软件的设计呈现出一些新的特征，即是在设计教学过程时充分考虑了儿童学习的自主性、学习活动的建构性、学习过程的交互性、学习的开放性、学习评价的多元性，主张把教育软件作为建构型学习环境的一部分，作为促进思维的有效手段。[①] 在建构主义学习理论的指导下，幼儿教育软件已不单单是一种教学工具，而应该是支持幼儿全面知识建构和智慧发展的载体。

---

① 郭力平：《信息技术与早期教育》，华东师范大学出版社 2007 年版，第 67 页。

## 第二节 苏珊·霍兰德幼儿教育软件评价思想

苏珊·霍兰德是美国幼儿教育软件评价的代表人物，对于幼儿教育软件评价有着开拓性的贡献。本节将对其幼儿教育软件评价思想进行深入探讨。

### 一、苏珊·霍兰德其人及其对幼儿教育技术的贡献

苏珊·霍兰德（Susan W. Haugland）博士是美国当代著名的幼儿教育专家和幼儿教育软件评价专家，也是信息技术与幼儿教育整合（technology integration）领域的领军人物。她于 1979 年至 1999 年期间在东南密苏里州州立大学（SoutheastMissouri State University）儿童发展中心工作，是该校名誉退休教授，现分别为丹佛大都会州立学院（Metropolitan StateCollege of Denver）和大都会州立大学（Metropolitan StateUniversity）的早期幼儿教育系教授。1992 年，霍兰德开始负责发展性软件和网站的评定（Developmental Software and WebSite Awards），1999 年开始担任 KIDS&Computers 公司的总裁。

霍兰德的研究兴趣主要是幼儿教育、幼儿教育软件评价以及信息技术与幼儿教育的整合，从事幼儿教育技术研究以来，论著等身且被广泛收录和引用。她的个人介绍也被收录进 *Who's Who in America*、*Who's Who in Executives andProfessionals*、*Who's Who in American Education* 等书籍、年鉴。她对幼儿教育技术的开拓性贡献主要体现在两个方面：

（一）在全美率先开展幼儿教育技术的研究与实践工作

在美国，尽管教育技术在其他各级各类教育系统中发展迅速，但在早期教育领域发展也是滞后的。其主要原因在于很多学者、教师和家长担心技术对于幼儿发展的消极作用。所以，美国将计算机技术应用于早期教育领域在 20 世纪 80 年代中期才开始起步。霍兰德就是这早期开拓者的代表性人物。她于 1985 年在东南密苏里州州立大学发起了 KIDS 计划（KidsInteracting with Developmental Software），在全美率先开展幼儿教育技术的研究。霍兰德通过大量的实验研究证明，3 岁以后的幼儿使用计算机具有很多的潜在好处，她的幼儿教育技术思想建立在皮亚杰的

"儿童发展理论"的基础上，这与全美幼教协会（NAEYC）提出的"发展适宜性实践"的观点不谋而合。其发展适宜性幼儿教育技术思想对美国早期学前教育信息化理论和实践产生了重要影响。

（二）率先开展幼儿教育软件评价研究

软件作为信息载体在计算机用于幼儿教育中具有重要地位。然而市场上琳琅满目的幼儿软件却良莠不齐，并且大部分不适合幼儿发展的需要。霍兰德敏锐地认识到这一点，在全美率先开展幼儿教育软件的评价研究工作，并将之作为自己研究工作的重点。她1985年主持制定的 Haugland/Shade 幼儿软件评价量表自发布以来，经过不断地完善修订已经得到全美幼教协会的认可，并成为全美权威幼儿软件评价标准。从1990年开始，全美幼教协会吸收了 Haugland/Shade 量表，从1993年开始在每年的年会上都开设专门分会场，并将其定为NAEYC 年会的技术特色专场。1997年，霍兰德在 KIDS 计划基础上创建 KIDS&Computers 公司，开始将幼儿教育软件评价进行商业化运作。面向社会提供教师培训、咨询、软件和网站的评价等服务。KIDS&Computers 公司作为第三方幼儿教育软件评估机构，以其专业性和职业操守在全美幼儿软件评价领域享有盛誉。它每年推荐的发展适宜性幼儿教育软件，以及提出的指导性建议对全美幼儿软件市场具有重要影响。

## 二、苏姗·霍兰德的幼儿教育软件评价思想

相比计算机硬件，软件在促进幼儿发展方面更具有决定性。如何选择与评价幼儿教育软件是技术应用于幼儿教育的关键性问题之一。这也是霍兰德幼儿教育技术研究的重心。全美幼教协会（NAEYC）在1990年开始吸收了霍兰德幼儿教育软件评价思想，并从1993年开始在NAEYC 年会中设立专门会场对教师进行 Haugland/Shade 评价标准使用培训，标志着霍兰德在全美幼儿教育软件评价领域的领军地位。

（一）霍兰德幼儿教育软件评价的目的

20世纪80年代开始，技术在学前教育领域受到重视，幼儿教育软件也得到蓬勃发展。然而在霍兰德的早期调查中发现，市场上90%的幼儿教育软件是基于行为主义学习理论的"训练—练习"（drill -

practice）软件，不适合幼儿的发展。霍兰德还曾专门对这些非发展性的幼儿软件和发展性的幼儿软件教育效果进行过对比试验研究。研究发现这些市场上占90%的非发展性软件对幼儿的认知、自尊等关键领域影响不明显，甚至很大程度上阻碍幼儿创造力的发展。① 另一方面，幼儿教师与家长在为幼儿选择软件时困惑，或根本不做任何选择。正是在这样的背景下，霍兰德开始关注幼儿教育软件评价的问题。并具体提出其幼儿教育软件评价是为了达到三个目的：② （1）幼儿软件评价的首要目的在于评估幼儿软件的发展适宜性，除了分类鉴别之外，还通过评估为幼儿软件设计开发提供指导方针；（2）通过制定标准，提供一个系统、客观的工具，幼儿园管理者、教师和家长可以增强对幼儿教育软件选择和判断的能力；（3）对管理者来说，通过适当的幼儿软件评价可以用来提高管理的效率。

（二）霍兰德幼儿教育软件评价的理论基础

在霍兰德③看来，"幼儿不是小大人，有着不同的生理、心理、情感、认知和社会需求。幼儿软件的设计应该反映出幼儿的独特性。和任何提供给幼儿的课程资源一样，幼儿软件必须是健康发展取向的"。霍兰德幼儿教育软件评价思想根源于皮亚杰的"儿童发展理论"，在后来的不断发展中，更直接的思想来源是全美幼教协会1986年发布的发展适宜性实践思想。霍兰德根据"儿童发展理论"提出"发展性软件评价"思想，并于1985年开发出第一版本 Haugland/Shade 量表作为幼儿教育软件开发的基础。霍兰德曾专门对其研制的幼儿教育软件评价标准和全美幼教协会提出的发展适宜性实践指导方针进行了对比，她认为二者是一致的，有着相似的设计思路，都是"建立在儿童发展理论的基础之上"。④ 在不断完善中，霍兰德将其幼儿教育软件评价称为"发展适宜性软件评价"。发展适宜性是在学前教育出现较为严重的小学化倾向

---

① Susan W. Haugland. Computer Interaction：How Does ItEffect the Development of Preschool Children. Paperpresented at annual meeting of the National Association forthe Education of Young Children, C. A.：Anaheim, 1988.

② Susan W. Haugland, June L. Wright. Young Children and Technology：A World ofDiscovery. New York：Allyn&Bacon, 1997.

③ Ibid.

④ Ibid.

背景下提出的，在尊重儿童的基础上促进儿童发展的一套理念。它是全美幼教协会关于学前教育的基本立场，是学前教育实践的行动指南。具体包括：年龄适宜、个体差异适宜和文化适宜。

（三）霍兰德幼儿教育软件评价的内容

幼儿教师和家长在选择教育软件时，霍兰德[①]强调应考虑三个重要的问题：一是软件产品要符合学校、学区、州所认定的目标或标准；二是软件内容中即使是幼儿发起或控制的暴力也应该避免；三是发展适宜性是最根本的考虑。她的幼儿教育软件评价的内容具体体现在她和谢德制定的 Haugland/Shade 发展适宜性软件评价标准之中。该标准始创于1985 年，后经 1991、1996 年两次修订不断得以完善。该标准从幼儿发展适应性的角度出发，从儿童、教师和技术三个维度提出了发展适宜性幼儿教育软件评价的十条指标。具体包括："年龄适宜性、儿童控制、清晰的指导、可延伸的复杂性、操作的独立性、无暴力性、过程导向性、技术特征、模拟真实性和可变换性。"[②] 随着全美幼教协会对发展适宜性概念的不断完善，霍兰德在她的软件评价中新增了"文化适宜性"，即充分考虑到语言、国别、性别、文化、家庭等因素，新增了反偏见（anti-prejudice）作为评价内容。文化适宜性的增加使得霍兰德幼儿教育软件标准在评价内容上不仅更加公平全面，还为其评价思想走向国际奠定了基础。

（四）霍兰德幼儿教育软件评价的方法

霍兰德曾经运用其 Haugland/Shade 发展适宜性软件评价标准对众多幼儿教育软件进行评价。从她对其软件评价标准的描述和实际进行的软件评价来看，霍兰德对幼儿教育软件评价最常用的方法就是指标体系评价法。她的十条指标根据各自定性特点的描述，对被评价幼儿软件采用 0、0.5、1 计分。总分达到 7.0 分的被视为发展适宜性幼儿教育软件，否则为非发展适宜性的。在依据指标定量评价的同时，还有专门的栏目对软件进行简短的描述和评论。通过这些定性评价，"我们经常为

---

① Susan W. Haugland, Selecting or Upgrading Software andWeb Sites in the Classroom. *Early Childhood Education Journal*, 2005, (5)：329—340.

② Susan W. Haugland, Elma A. Ruiz. Empowering Children withTechnology：Outstanding Developmental Software for 2002. *Early Childhood Education Journal*, 2002, (2)：125—132.

软件设计者就软件如何更好地满足儿童发展的需要提出建议"。① 这种以定量为主，定量定性结合的评价方法是霍兰德软件评价方法的显著特点。另外，为了促进自身软件评价研究的发展，霍兰德进行了很多实验性的软件评价，"这些评价很多是基于教室中早期儿童利用软件的实际反应"。②

（五）霍兰德关于其他幼儿软件评价系统的研究

教师选择幼儿软件有两条路径：一是根据一些幼儿软件评价系统的推荐来选择；二是采用某种评价系统自己来进行评价选择。无论采取哪条路径，教师选择采用某一种幼儿软件评价系统是第一步。尽管霍兰德研制出了 Haugland/Shade 评价系统，但为了给教师提供尽可能多的选择依据和指导，霍兰德专门对多种幼儿软件评价系统进行了研究。

首先就利用软件评价系统来选择幼儿软件，霍兰德进行了中肯的表述。她告诫教师，"利用软件评价系统选择软件有优点也有局限性"。③ 利用软件评价系统选择幼儿软件最大的好处在于教师无须预览软件。这为教师在时间、精力和经费上提供了很大的便利。然而教师利用软件评价系统选择幼儿软件也同时存在两大局限：首先，不存在包打天下的软件评价系统，所以事实上有不少很不错的软件并没有通过评价系统的评价脱颖而出；其次，评价系统的评价和这些评价变得被公众可用之间具有滞后性。而且这种滞后的时间取决于软件评价系统本身。霍兰德指出，当教师选择软件评价系统时，最重要的因素是所选择的评价系统符合他们自身的教学哲学取向。通过调查，霍兰德在众多的幼儿软件评价系统中遴选出了 7 款幼儿软件评价系统，并着重分析了这 7 款评价系统的教学哲学取向、适用年龄段、各自不同的优点。这项研究成果成为教师选择评价系统时的重要参考工具。

---

① Susan W. Haugland, *Daniel D. Shade. Developmental Evaluations of Software for Young Children*. Canada：Delmar Publishers In.，1990.

② Ibid.

③ Susan W. Haugland, June L. Wright, *Young Children and Technology*：*A World of Discovery*. New York：Allyn&Bacon，1997.

## 第三节　丽莎·格恩西幼儿教育软件质量反思

丽莎·格恩西对幼儿教育技术同样具有开拓性的贡献，特别是其对幼儿教育软件质量的反思对于促进幼儿教育软件发展来说具有重要意义。

### 一、丽莎·格恩西其人及其对幼儿教育技术的开拓性贡献

丽莎·格恩西（Lisa Guernsey）是新美国基金会早期教育的开拓者，也是美国早期教育咨询委员会成员、《纽约时报》（*The New York Times*）和《高等教育年鉴》（*The Chronicle of Higher Education*）的教育技术作家。她获得了英国/美国的硕士学位和弗吉尼亚大学的英语学士学位。她的研究兴趣主要是幼儿媒体选择，及如何利用幼儿教育软件提高幼儿的读写能力。在 2007 年，格恩西写了一本书，名为《屏幕时代：电子媒体怎样影响幼儿——从幼儿视频文件到教育软件》（*Screen Time：How Electronic Media-From Baby Videos to Educational Software-Affects Your Young Child*），对幼儿教育技术做了系统阐述。她对幼儿教育技术的开拓性贡献主要体现在以下方面：

（一）较早开展对幼儿教育技术的研究，并结合自身进行观察和验证

美国对于幼儿教育技术的研究始于 20 世纪 80 年代中期。格恩西先前花了十年的时间研究教育技术怎样影响中小学生、大学生和成人的生活。[①] 然后在她做了母亲之后，她发现教育技术对幼儿的影响很大。于是，开始研究幼儿教育技术，在此之前已有部分学者进行研究。她对先前学者关于幼儿教育技术的思想进行梳理，通过访谈的形式做调查，而后对自家的幼儿进行观察和验证，并发表看法。其目的有二：一是能够更好地教育自己的子女，二是为其他家长和幼儿教育者对幼儿更好地发展提供参考和帮助。比如，在思考交互类电子媒体和非交互类电子媒体哪个更有利于幼儿思维、能力的发展时，她通过观察自己的女儿如何玩

①　Lisa Guernsey, *Into the Minds of Babes：How Screen Time Affects Children from Birth to Age Five*. Basic Books, 2007, p. 9.

光盘中的交互类小游戏，得出这样的观点：目前的幼儿电子媒体还不能完全满足幼儿的需求，它们的结果不具备足够的开放性，幼儿必须按照固定的要求和路线得到同样的结果。因此格恩西建议，开发幼儿电子媒体时应考虑"开放性"这一特点。

（二）提出了父母为幼儿选择媒体的"3C"原则（内容、环境和幼儿个体）

格恩西通过调查访谈，以及自己的亲身体验发现：随着电子媒体的逐渐增多，父母愈发不知道该怎样为幼儿选择合适的媒体，关于这方面的信息也少之又少。为此，她提出了"3C"原则，这也被她收录到《屏幕时代》这本书中，并作为重点：[1]

内容（content）：格恩西认为，"幼儿不是木讷呆板的人，他们努力融入所看的内容中去并试着去理解它。媒体呈现的方式和内容对幼儿理解的难易程度有很大影响"。

在选择媒体内容时，父母需要问自己如下问题：

（1）是暴利的，恐怖的还是令人厌烦的？

（2）是对社会交往的有效模仿吗？

（3）它可以提高幼儿的读写能力吗？

（4）它和幼儿生活联系紧密吗？能帮助解决幼儿生活中遇到的问题吗？

（5）它可以帮助培养幼儿的美好品德吗？

环境（context）：环境很少被考虑到，但它却是很重要的，应该成为父母关注的对象。

在选择媒体环境时，父母需要问自己如下问题：

（1）当没人看的时候，电视还开着吗？

（2）媒体放在什么位置呢？它影响幼儿睡眠质量吗？

（3）你和幼儿一起看过或操作过媒体吗？在幼儿看或是操作过之后，你和他谈论过他们看的或是操作的内容吗？

（4）电视在哪放置？在幼儿的卧室吗？

（5）你有特别重视电视、录像带、平板电脑、电子阅读器的某项

---

[1]　Lisa Guernsey. *Digital Literacy：Tips For Parents On ScreenTime*. TVO，2013.

功能吗？幼儿从你所重视的这些功能学到了什么？

（6）你用媒体的行为方式吸引幼儿吗？他们从看你怎么用媒体中学到了什么？

幼儿个体（the individual child）：父母需要了解幼儿，了解什么可以激发他们的好奇心和求知欲，并满足他们的需求。

父母应该问自己如下问题：

（1）幼儿对情绪化地改变内容敏感吗？

（2）幼儿对屏幕上的内容有回应吗？他的兴趣被激发了吗？可以和媒体进行互动吗？

总的来说，在选择媒体时，内容应是符合幼儿认知水平的且与幼儿生活联系紧密，并以"真正提高幼儿读写能力和技巧"为宗旨的，而不是仅仅频繁地点击按钮；环境是：媒体应放在书房或是其他位置，切记禁止放在幼儿的卧室。当媒体不用时应关掉。父母和教育者应掌握正确的媒体使用方式，而且要注意和幼儿交流他们所看到的内容，偶尔可以和幼儿一起看视频或是玩游戏；幼儿个体：父母或是教育者应了解幼儿的兴趣点，投其所好。当然，对于"3C"原则，父母可以灵活使用，不需要太严格。

丽莎·格恩西提出的"3C"原则为父母对幼儿进行媒体选择提供了指导，指明了方向。同时也为教育者利用媒体对幼儿进行教学提供了很好的参考，促进了幼儿教育技术的发展。此外，格恩西提出的"3C"原则还对人们一直以来对"技术对幼儿的发展是否有负面影响"做出了合理的解释，即取决于环境、内容、幼儿个体和他们的需要。① 如果这三方面做得好，自然对幼儿的发展是有利的。

## 二、丽莎·格恩西关于利用幼儿教育软件提高幼儿读写能力的思想

经过调查，大多数的幼儿不具备相应水平的读写能力。因此，丽莎·格恩西强调：一定要找到新的方法来提高幼儿的读写能力，并挖掘他们的潜能。

---

① Lisa Guernsey. Technology in Early Education：Building Platforms for Connections and Content That Strengthen Families and Promote Success in School. *The progress of Education Reform*，2012（8）.

从宏观上来看，包括以下三个方面：

首先，在外在条件上，需要政府对幼儿教育技术加大资金投入，为幼儿学校配备一些相应的教育技术硬件和软件。硬件如电子白板、计算机等，软件如开发一些幼儿教育平台，提供一些教育小视频、小游戏等。此外，要改变单一注重知识学习的这种认识，要将重心放在幼儿未来读写能力的发展上，以免过早产生幼儿厌学情绪。在我国，关于为中小学配备多媒体机房，开发远程教育平台方面的政策文件层出不穷，而在幼儿教育技术上的支持力度欠缺，很多幼儿园还是传统的黑板。

其次，在幼儿个体上，应该进一步完善研究，挖掘出幼儿是怎样理解屏幕上所呈现的信息，以及这些信息是怎样和真实的生活联系在一起的。[①] 了解幼儿本身的认知特点，并避免幼儿教育软件与生活的脱节，将会更有利于开展幼儿教学，做到有的放矢，以取得事半功倍的效果。这也与在教学中，"以学习者为中心"的思想不谋而合。分析幼儿的认知特点和兴趣爱好，深入了解，才能更好地为幼儿发展服务。

再次，把好幼儿教育软件的质量关。幼儿教育软件的质量好坏对幼儿的影响很大，甚至可以作为评判幼儿教育软件是否有利于幼儿发展的依据。美国科学家也指出，屏幕的内容，观看和娱乐的环境与幼儿的发展需求有着紧密的联系。[②] 质量好教学设计恰当的幼儿教育软件，对幼儿读写能力的提高大有裨益。质量差的，只做一些简单易学的字词的幼儿教育软件，很难启发幼儿学习，更不用说提高幼儿读写能力了。因此，一定要重视幼儿教育软件的质量。在这一方面，可以参考格恩西提出的"3C"原则。

从微观上来看，格恩西认为应该考虑如下问题：[③]

第一，数字媒体对幼儿产生了很大影响，以至于幼儿认为阅读没有必要，要不要阻止它、怎么阻止。像视频类媒体一直被认为是可视化呈

---

① Lisa Guernsey. What Is This App Doing To My Kid's Brain? . *Early Ed Watch blog*, 2012 (9).

② Lisa Guernsey. More on Toddlers, Touch screens and Learning. *Early Ed Watch blog*, 2013 (4).

③ Lisa Guernsey. Some Words on Webkinz: Can Digital Media Actually Help Emergent Readers. *Early Ed Watch blog*, 2009 (10).

现内容的媒介，一张图片可以胜过千言万语，可读性很强。但从另一方面来说，幼儿接触的文字就少了，他们很难学好字词，我们也很难阐述幼儿学习读写的必要性。

第二，数字媒体仅仅作为一种动力呈现给幼儿是远远不够的。幼儿在玩游戏时，很兴奋。因而，可以借此平台来传递有关阅读的知识以激发幼儿的学习兴趣。但是当新鲜感退去，不知幼儿是否还会对阅读产生兴趣。这些游戏引发出幼儿对阅读如此地热爱的强烈情感能不能深深地融进幼儿的学习方法中，而不管将来他们用什么技术。

第三，数字媒体怎样才能提高幼儿阅读理解力，怎样将幼儿从理解字词的初级能力提升至较高的能力。利用多媒体和沉浸式游戏能不能很好地向幼儿介绍来自于历史、科学、文学中的词汇和概念，以便于他们今后在文章中遇到同样的字词时能够认识并理解它。如果数字媒体能够做到，是不是这样就足够了。数字媒体能不能成为来自不懂普通话家庭的幼儿更好地理解普通话的桥梁。

第四，创作和阅读之间的关系问题。数字媒体因其能够激发创造力，激励幼儿去制作视频、开发游戏、制作音乐、编辑信息而出名。它是否可以为幼儿的阅读提供帮助，激发幼儿阅读的潜能，使其达到较高的水平，这一点对于其他方面来说是否是必要的。这都是值得考虑的问题。

需要再次强调的是，技术是对教师教学和父母辅导幼儿的补充，而不是取代。幼儿教育软件的目的是以一种更易理解的方式呈现信息，提高幼儿的读写能力。[①] 而且，对于很小的幼儿（一般是小于两岁的幼儿），电视对他们读写能力的提高，效果不明显，而和父母的直接互动反而胜过这些软件。[②] 在这之后，又有学者对两岁以下的幼儿进行研究，发现如果幼儿把屏幕上呈现的人物当作他们的"社会伙伴"，则幼儿可以从中学到一些交互技巧，反之则不能。对于相同的交互情境，如果发生在真实的生活中，则有助于幼儿学习，而如果发生在屏幕（如电视）上则不能。这种现象被称作"视频缺陷"（video deficit）。美国幼

---

① Lisa Guernsey. Education Watch Podcast: Apps, Reading, Head Start and Kindergarten. *Early Ed Watch blog*, 2012 (12).

② Lisa Guernsey. TV's Not the Big Bad Wolf. *The Washington Post*, 2009 (5).

儿发展专家说，这也证实了由来已久的说法：真实的生活中的交互对较小的幼儿最好。① 对于我国的幼儿亦是如此。

### 三、丽莎·格恩西对于提高幼儿教育软件质量的反思

通过多年对幼儿教育软件的接触与研究，格恩西认为幼儿教育软件存在如下的问题：

第一，许多幼儿教育软件宣称帮助幼儿提高其读写能力，而实际上倾向于简单的读写技巧和容易实现的任务，根本没有针对提高幼儿读写能力有价值的训练。成千上万的幼儿教育软件以"教育"为标签，卖给不懂怎么用的父母。父母以为高价购买的幼儿软件可以帮助幼儿成才，其实未必。例如，电子书没有读写能力这一块内容，倾向于"看"，而不是"读"。若是能够以提高幼儿读写能力为出发点也许更好。

第二，很多软件的侧重点在技术而非故事本身（当然，这也取决于使用者怎么用）。例如，很多幼儿教育软件会设置一些汽笛声、铃声、按键声等，导致了幼儿只关注这些有趣的声音而非所学内容。作为父母，他们也更倾向于教幼儿使用软件的方法，而很少提到所学的内容，致使幼儿看到的内容多，复述出来的故事少。可见电子书等幼儿软件的设计和父母对幼儿的引导起着关键作用。为了解决这样的问题，一些电子公司设计迷人的图片和故事情节以避免幼儿学习时分心。

第三，幼儿教育软件中的信息呈现方式不全是促进幼儿的理解，有时甚至是阻碍的。父母下载的电子书也不能充分利用技术让幼儿很好地学会读写，并理解故事的含义。其原因是：教育者、父母和软件设计者不了解幼儿是如何理解幼儿软件所呈现的信息。②

第四，很少有幼儿教育软件介绍新词汇的意义和学科的知识背景，缺乏与幼儿生活的关联性。有很多的幼儿教育软件设计的内容较为空洞，与幼儿实际的生活脱节，导致幼儿看过后，仍然不知所云，更不知

---

① Lisa Guernsey. When Toddlers Turn On the TV and Actually Learn, *The New York Times*, 2006（9）.

② Lisa Guernsey. How True Are Our Assumptions About Screen Time. *Early Ed Watch blog*, 2012（9）.

道如何应用。这样幼儿的读写能力很难得到提高。

第五，恐怖类电影或电视节目会影响幼儿的睡眠质量。在格恩西的采访和与父母的交谈中发现，很大一部分父母不担心电视或是电影中的成人节目对幼儿的影响。他们认为，幼儿似乎对看到打斗或是悲伤的场面无动于衷。而大量的研究表明幼儿的认知发展和成人电视节目有关联。[①] 有些研究发现，成人导向的电视节目（Adult-directed TV）对幼儿的语言发展有负面影响，且易使幼儿注意力不集中。[②]

通过以上的调查分析，丽莎·格恩西总结出好的幼儿教育软件应具备以下特点：

在思想态度上，应注重提高幼儿读写能力，挖掘幼儿潜能。在程序的设计上，一方面，要进行启发式教学，多问一些可以和屏幕图片（这些图片可以增强故事的情节和意义）互动的问题。另一方面，要把父母的一些程序也融进幼儿的学习程序中。这主要适用于那些不敢大声、自信地读书的父母，同时也可以让父母在辅导幼儿的时候看到他们自身的价值所在。[③]

---

① Lisa Guernsey. How True Are Our Assumptions About Screen Time. *Early Ed Watch blog*, 2012 (9).

② Lisa Guernsey. More on Toddlers, Touch screens and Learning. *Early Ed Watch blog*, 2013 (4).

③ Lisa Guernsey. Educational Apps Alone Won't Teach Your Kid To Read. *Early Slate*, 2012 (12).

# 第三章

# 幼儿教育软件评价机构

本章首先对幼儿教育软件评价机构进行了概念界定，之后在简述中外幼儿教育软件评价机构概况的基础上，选择美国、英国和新西兰三个国家进行深入探讨，最后讨论了国外幼儿教育软件评价机构发展对我国的启示。

## 第一节　幼儿教育软件评价机构的界定与相关研究

目前关于教育软件评价机构和幼儿教育软件评价机构的界定尚无定论，相关研究亦是为数不多，因而本研究选取教育评价机构的界定作为幼儿教育软件评价机构概念界定的参照。《教育评价辞典》中这样解释教育评价机构，即"组织实施教育评价的部门。建立教育评价机构是教育评价活动中首要的组织准备。评价机构从其组织结构角度讲主要由领导班子、评议班子和办事班子三个部分组成"。[①]

根据上述阐释以及幼儿教育软件评价的性质与特点，本研究界定幼儿教育软件评价机构为：幼儿教育软件评价机构是指遵循一定评价机制或制度来组织实施关于幼儿教育软件技术质量和教育质量以及其对幼儿身心发展影响效果的部门、组织。其评价主要是由幼儿教育软件评价专业人员进行，包括学科专家、软件技术专家、教师、家长等，近年来为增加幼儿教育软件评价的有效性，幼儿也开始参与幼儿教育软件的评价

---

① 　陶西平：《教育评价辞典》（第二卷），北京师范大学出版社1998年版，第119页。

过程；组织形式的类型多样，主要分为政府资助机构、软件开发者行业联盟和第三方机构（科研机构、媒介机构、商业公司、协会组织）等；性质一般为官方或独立、营利或非营利等；机构的主要活动内容为判断幼儿教育软件的技术质量和教育价值的综合性效果，目的是从技术性和教育性方面对幼儿教育软件做教育的价值判断，为用户提供幼儿教育软件的选择指导或评价信息，实现为幼儿教育提供优质资源的目标，促进幼儿的身心和幼儿教育软件的适宜性发展。

　　早在20世纪80年代前，国外的一些教育软件评价机构在帮助教育者识别鉴定有效的教育软件的基础上发展起来。此时的评价机构主要是一些政府资助机构和非营利组织，其提供的软件评价服务涵盖多个教育阶段，并非专门针对幼儿教育领域，且数量相对较少，因此，幼儿教育软件评价未形成一个专门的领域。80年代初至90年代末，技术在幼儿教育领域的广泛应用和个人计算机的普及促进了幼儿教育软件的蓬勃发展，幼儿教育软件评价研究开始走向标准化和系统化，幼儿教育软件评价机构的发展开始走向一个新阶段。

　　雪莉·尼尔（Shirley Boes Neill）和乔治·尼尔（George W. Neill）1992年在一项调查中给出了30多个评价组织的名字，其中大部分是美国的。[1] 市耐卡姆（L. W. F. Bonekamp）（1994）在介绍欧洲教学软件评价活动的文章中指出，欧洲存在30个经注册的正式的评价组织。发展至今，国外教育软件评价机构的具体数目很难估计，一些发达国家的幼儿教育软件评价机构在教育信息化的推动下发展迅速。有代表性的幼儿教育软件评价机构有美国的 Superkids Educational Software Review、MultiMedia Schools、Children's Software、Revue Chileren's Software Workshop，英国的 Teacher's Evaluating Educational Multimedia、British Education Communication and Technology Agency 以及新西兰的 New Zealand Open Source Society 等。互联网技术的日新月异推动了幼儿教育软件评价机构提供的评价服务趋向于网络化、专业化和系统化，幼儿教育软件评价机构也逐渐形成了主体多元、渠道多元、价值多元等特点。

---

[1]　Neill&Neill, *Only the Best.* Association for the Supervision of Curriculum and Development（ASCD）Alexandria, VA, 1992.

　　为保证幼儿教师与家长选择软件的适当性，一些研究者开展了关于幼儿教育软件评价机构和组织的分类研究与特点研究。例如，沃伦·巴克莱纳（Warren Buckleitner）以"谁来评价"的形式提出"政府机构、大学、私人营利性出版社、非营利性消费者团体、教育会议和贸易组织来评价软件产品的质量和适宜性"。[①] 苏姗·霍兰德（Susan W. Haugland）则将幼儿教育软件评价机构视为一个以哲学方法作为其评价思想基础的"evaluation system"，她认为为教师选择幼儿教育软件的路径之一是"采用某个评价系统自己来进行评价选择"。[②] Nancy Baker Jones 和 Larry Vaughan 在其编著的 *Evaluation of Educational Software：A Guide to Guides* 一书中认为，非营利性、合作性系统和私人公司等组织承担评价软件的任务。[③] 以上表述对幼儿教育软件评价机构的认识略有差异，但异曲同工之处是将商业公司、科研机构和协会组织等视为执行幼儿教育软件评价的机构。这些幼儿教育软件评价机构组织都具有这样共同的职能：考察、评价教育软件的质量，提供评价信息和结果。

　　由于各个国家的教育发展状况和教育信息化政策存在差异，美国、英国和新西兰在幼儿教育软件评价方面的研究有所不同，但总体来看，国外幼儿教育软件评价机构或组织大多都自己开发设计了幼儿教育软件评价标准。例如美国以"发展适宜性"作为幼儿教育软件评价标准的核心指导思想已经得到了普遍的认同。[④] 新西兰则以学生的信息技术素养为培养目标。评价标准将在后文详细讨论，在此不赘述。

　　因组织形式、评价目的、评价对象等有所不同，国外幼儿教育软件评价机构采用的评价方法也不尽相同，但总体来看，这些评价方法大同小异。幼儿教育软件评价机构一般采用定性和定量结合的评价方法，在具体情形下也会做出适当的调整，综合运用多种评价方法。指标体系评

　　① Warren Buckleitner. The State Of Children's Software Evaluation—Yesterday, Today and In the 21st Century. *Information Technology in Childhood Education Annual*, 1999（1）：211—220.

　　② Susan W. Haugland, Jason L. Wright. *Young Children and Technology：A World of Discovery.* New York Allyn & Bacon, 1997：22.

　　③ Nancy Baker Jones, Larry Vaughan. *Evaluation of Educational Software：A Guide to Guides.* Washington, DC. ：National enst. of Education, 1983：16—32.

　　④ Susan W. Haugland, Jason L. Wright. *Young Children and Technology：A World of Discovery.* New York Allyn&Bacon, 1997：22.

定方法是幼儿教育软件评价机构最常采用的一种评价方法，例如美国西北教育（Education Northwest）的 Micro SIFT 软件交流中心和英国的 TEEM 组织都是将每一项评价内容细化为具体的评价指标，以便全面系统地评价幼儿教育软件。

此外，幼儿教育软件评价机构采用的评价方式也呈现出多元化。按照媒介可划分为在线网站评价和杂志发布的评价（包含幼儿教育软件信息及评价结果的手册等）；量表式评价有利于对幼儿教育软件进行量化和定性分析，也是幼儿教育软件评价机构应用最为广泛的评价方式；此外，还有奖项式评价等。纵观国外的幼儿教育软件评价机构概况可以发现，奖项式的评价方式也很常用，因为这样的评价方式具有直观性和权威性。例如，美国的软件与信息产业联盟（Software&Information Industry Association）在 1986 年为杰出的编码和目录产品设立 CODiE 奖，以提高软件产品和服务的质量，表彰商业软件、数字资讯和教育技术产业所取得的杰出成就；英国的教育传播与技术署（British Education Communication and Technology Agency）设立的 BETT 奖关注教育产品，评价各年龄段学生使用的教育资源和产品，还关注特殊教育需求的产品；新西兰 Open Source Society 设立 Open Source Awards 以评价免费和开放软件资源。

幼儿教育软件评价机构是幼儿教育软件评价的重要组织者和实施者，在帮助选择优质幼儿教育软件、促进幼儿教育软件健康发展等方面有重要作用。我国学前教育信息化刚刚起步，目前还没有专门的幼儿教育软件评价机构，亟待了解和借鉴其他国家在幼儿教育软件评价机构建设方面的成熟经验。西方发达国家，如美国、英国、新西兰等国家的幼儿教育软件评价发展比较先进，幼儿教育软件评价机构的发展也较为专业和成熟，其多元、专业化的发展道路及发展理念对我国幼儿教育软件评价机构的发展具有重要参考价值。然而，借鉴并非完全照搬吸收，我国幼儿教育软件评价发展有其自身的独特性，建立本土特色的幼儿教育软件评价机构将是我国幼儿教育软件评价发展的应然之路。

## 第二节　中外幼儿教育软件评价机构发展概况

科学技术的发展、教育信息化政策的推进是幼儿教育软件评价研究不断发展和幼儿教育软件评价机构不断涌现的重要动力源泉；而从学科体系自我建构的角度看，教育软件评价领域向着幼儿教育软件评价领域的延伸是幼儿教育软件评价研究和幼儿教育软件评价机构发展遵循的"子午线"。下面就国内外幼儿教育软件评价机构的发展概况作一简要梳理，以厘清和明晰这一关联。

## 一、我国幼儿教育软件评价机构发展概况

（一）我国幼儿教育软件评价机构的发展

教育软件评价相关研究的前期发展为后来的幼儿教育软件评价的发展奠定了坚实基础。本研究以教育软件评价和评价机构的发展为"抓手"，进而探知幼儿教育软件评价机构的发展概况。

1. 教育软件评价机构的奠基

我国教育软件评价开始于20世纪80年代初的CAI软件或课件的研究（Computers Aided Instruction），由于美国是进行计算机辅助教学研究和应用最早的国家，也是此领域最发达的国家，所以国内当时引进CAI相关研究的同时，以此作为计算机相关教育教学软件的统称。"教育软件"这一名称是研究者们近年来才达成的共识，并在此基础上形成了现在的"教育软件评价"。我国教育软件评价机构的雏形也见于引入CAI研究之时。例如，80年代中期，华东师范大学等单位开始了一些教学软件的相关实验研究。[①] 此外，上海十六中、绍兴师专附中的实验研究都分别始于80年代，主要目标都在于评价CAI活动的教学作用与影响。[②] 从学术意义上讲，这些机构不能称之为教育软件评价机构，原因在于这些机构开展的研究活动不是其主要业务，换言之，这些机构只是参与了教育软件评价实验研究。然而，这些机构和研究活动为之后的教育软件评价和评价机构的发展所起到的奠基作用不可忽视。

整体来看，我国教育软件评价研究起步较晚，教育软件评价机构也为数不多，典型的有以下几个：

---

① 王吉庆、段蕙芬：《计算机辅助教学的评价与实验研究》，电子工业出版社1995年版，第2页。

② 同上书，第3页。

（1）中华学习机教育软件评审委员会

1987年，为配合我国第一种教育用微机——中华学习机的生产推广，并推动我国学校教育中微机的应用和普及，国家教委、电子工业部与中国科协联合聘请了一些关心中小学计算机教育应用的专家，组成"中华学习机教育软件评审委员会"，这是我国第一个正规的CAI软件评价组织。① 其主要任务是拟定教育软件评审标准、制定办法，并对"七五"期间所研制的我国中小学教育软件进行评审，现在这个评审委员会已结束工作。

（2）中国软件测评中心

目前国内最具权威性的教育软件评价机构是成立于1990年的中国软件测评中心，② 它是一个由国家质检总局与工业和信息化部门共同领导、直属于工业和信息化部的国家一级科研事业单位，是国家级的计算机软件、硬件、网络安全、信息系统质量检测机构和实验室，也是国内首家通过中国国家实验室认可委员会认可和国家计量认证的软件测试机构。该中心下辖北京赛迪信息技术评测有限公司、北京赛迪信息工程监理有限公司、北京赛迪国软认证有限公司三个企业化运作平台。服务对象包含教育行业客户：行业内政府机关、教育科研事业单位、教育机构及相关企事业单位。该中心的工作结合了中国教育信息化发展目标及未来10年的建设规划，所提供的教育行业监理与咨询产品线包含了信息化建设全生命周期的工程类型，主要包括咨询设计、软件开发监理、硬件采购与集成监理、系统集成监理、弱电工程监理、机房工程监理等内容。③ 然而该中心教育行业的重点服务对象为教育管理机构和各大院校，其业务多为信息化的整体服务且涉足教育软件评价业务较少，严格来说是非完全专门的教育软件评价机构。

（3）计算机学科教材审查委员会、教育部教育管理软件测评委员会

1993年的计算机学科教材审查委员会是国家中小学教材审定委员

---

① 王吉庆、段蕙芬：《计算机辅助教学的评价与实验研究》，电子工业出版社1995年版，第6页。

② 中国软件评测中心 . http：//baike. baidu. com/view/2498712. htm.

③ 中国软件评测中心 · 北京赛迪信息工程监理有限公司 . http：//www. cstc. org. cn/templet/jianli/JL_ zwy. jsp？id＝123260&class_ id＝1775.

会的下设机构，其任务之一是审查作为教材用的计算机辅助教学软件。① 此外，教育部教育管理软件测评委员会②于 2004 年成立，负责教育管理软件评测工作的组织、监督和审核工作。该委员会由教育部有关业务司局组成，下设机构"教育管理软件评测办公室"，设在教育部教育管理信息中心，具体负责教育管理软件评测的日常工作和"评测委"授权的各项任务。同时，全国信息技术标准化技术委员会的教育技术委员会对教育管理软件的评测工作给予业务指导。但该机构评测的软件主要为教育管理类型，严格来说也是非完全专门的教育软件评价机构。

可以看出，以上的教育软件评价机构都是政府公共服务机构性质的，这凸显了国家在教育软件评价发展初期就给予了相当高的重视。与美国、英国、新西兰等国家的教育软件评价机构的早期发展类似，即教育软件评价机构在发展早期一般是政府公共服务性质的。古语云："不积跬步，无以至千里"，虽然国内的这些教育软件评价机构未关涉幼儿教育软件评价，但是其先期的发展以及在教育软件评价相关研究上的贡献为幼儿教育软件评价和评价机构的发展起到了奠基作用。

2. 幼儿教育软件评价机构的兴起

进入 21 世纪以来，计算机软件工程技术的日新月异带动了幼儿教育软件市场的兴盛，我国幼儿教育软件评价机构开始走向一个新的阶段，其发展朝向以下几个主要类型：

一是以网站为平台的幼儿教育软件评价机构，这些网站属于学术研究和交流性质的，是第三方的幼儿教育软件评价机构。例如，北京学前教育网的"精选幼儿软件"板块③列出了一些幼儿教育软件以及对其的评价，但是其评价信息是较为简单的描述，网站中所列出的软件更新较慢。

二是软件开发企业充当幼儿教育软件评价机构，即软件企业对生产的幼儿教育软件产品进行自评，例如 WaWaYaYa、金山画王等幼儿教育软件的生产企业。WaWaYaYa 网站在其"转转盘·产品"④ 板块区分了适于

---

① 教育部教育管理软件测评委员会 . http：//www. law-lib. com/law/law_ view. asp？ id = 92151.

② 同上。

③ 北京学前教育网 . http：//www. bjchild. com/soft/.

④ WaWaYaYa. http：//www. wawayaya. net/software/.

不同用途的幼儿教育软件，并做了基本描述，但是软件评价标准和评价工具并未涉及。金山画王官网①上有对金山画王的评价，从软件设计目的、软件功能性、软件技术性（录像、打印和保存等功能）对软件做出了评价，这种评价较适于初始了解、接触该软件的需要者，若满足幼儿教育软件评价研究专业人员，比如幼儿教育者的需求则显得差强人意。

三是临时性质的幼儿教育软件评价组织，扮演幼儿教育软件评价机构的角色，这一类型的机构主要产生自教育软件的相关评奖比赛活动需要，例如为举办计算机软件评审活动而成立的评审委员会。近年来，国内有一些省市常年举办计算机教育软件评审活动，活动举办地区常见于广东省，如2013年的"广东省计算机教育软件评审活动"。② 该活动由官方主办，广东省各地市也纷纷就此展开相应的计算机教育软件评审活动。该届评审活动的评审项目包含幼儿教育适用的多媒体课件、教育教学类软件系统等。

（二）我国幼儿教育软件评价机构特点

我国幼儿教育软件评价机构的发展经历了伊始的酝酿期，现在朝向兴起期发展。纵观其发展脉络，国内幼儿教育软件评价机构的发展呈现出以下特点：

首先，幼儿教育软件评价机构的发展在时间上有着近时性，即幼儿教育软件评价机构大多出现于近十几年，尤其是2012年颁布的《教育信息化十年发展规划（2011—2020年）》促使了幼儿教育软件评价的相关研究，幼儿教育软件评价机构的重要性才被提及。原因归于我国近年来对学前教育和教育信息化的关注逐步上升到国家层面，教育软件之于幼儿教育的价值认识也使得幼儿教育软件评价的相关研究渐渐兴起。

其次，幼儿教育软件评价机构的发展还有即时性，即幼儿教育软件评价机构的建立有着一定的时效性特点，相当一部分幼儿教育软件评价机构都是因为某一特定时期国家层面的教育发展需要（一些国家政府公共服务性质的评价机构在这一特点上最为明显）；还有一些幼儿教育软件评价机构是临时建立，例如因评审活动而成立的评价组织或委员会都

---

① 金山画王，http：//cp. iciba. com/huawang. html.

② 2013年广东省计算机教育软件评审活动暨第十七届全国教育教学信息化大奖赛广东省初赛，http：//e. edugd. cn/web/loadWebPage. do？173_261294_59566_4.

是这一类型的典型的代表。

最后，幼儿教育软件评价机构在地域分布上呈现出集中性特征，一般在经济较发达的大城市和东南沿海发达地区较多。这一特点与我国幼儿教育软件评价在地域上的发展是相符的，即幼儿教育软件评价首先发展于经济、教育、科技等比较发达的地区，比如我国东南沿海地区和京津地区等，这一特点也与我国现实国情相符。

（三）关于我国幼儿教育软件评价机构发展的反思

可以看出，我国幼儿教育软件评价机构的发展遵循着"教育软件评价到幼儿教育软件评价——教育软件评价机构到幼儿教育软件评价机构"的路径。然而需要指出的是，与国外幼儿教育软件评价和幼儿教育软件评价机构发展情况相比，我国幼儿教育软件评价机构及相关研究的发展存在两个重要的短板：

一是幼儿教育软件评价机构的发展时间较晚，落后于美国约20年。这与我国教育软件评价发展息息相关，因为我国教育软件（当时称 CAI 教学软件）评价实验研究兴起于20世纪80年代，幼儿教育软件评价更是近十几年来才发展起来，目前我国幼儿教育软件评价机构处于兴起期，与美国、英国、新西兰等国家实力悬殊。

二是幼儿教育软件评价理论的不成熟性直接导致了幼儿教育软件评价机构的发展缺乏导向性。国内幼儿教育软件评价研究以国外幼儿教育软件评价相关理论的移植研究为多，这是因为我国幼儿教育软件评价尚处于起步阶段，国内幼儿教育软件市场和本土幼儿教育软件评价理论都极不成熟，加之幼儿教育软件评价机构的相关研究也极其匮乏，因而我国幼儿教育软件评价研究走的是一条"引进来—再创造"的发展路径。借鉴和引进国外先进幼儿教育软件评价的相关研究成果对我国幼儿教育软件评价的发展而言是一条捷径，这是可行的也是必要的。然而，我国幼儿教育软件评价的相关研究若要取得长足发展，研究者进行本土化的研究是最终取向，因而对幼儿教育软件评价和评价机构的研究任重而道远。

## 二、国外幼儿教育软件评价机构发展概况与典型国家选择

（一）国外幼儿教育软件评价机构发展概况

1. 国外幼儿教育软件评价机构发展脉络

从时间上来看，国外幼儿教育软件评价机构的发展大体经历了三个

阶段：20 世纪 80 年代以前的雏形期，20 世纪 80 年代至 90 年代末的兴起期，21 世纪以来的成熟期。根据现有文献资料分析，国外幼儿教育软件评价机构的发展始终围绕一个主线——教育软件评价的发展，前者在后者的基础上发展而来，这是因为一些幼儿教育软件评价机构之前的工作内容都是开展教育软件评价，随着幼儿教育软件评价作为教育软件评价研究领域的分支的出现，先前诸多教育软件评价机构也开始关注和从事幼儿教育软件评价。但是专门的幼儿教育软件评价机构却大都在 20 世纪 80 年代才发展起来。美国幼儿教育软件评价机构的发展正是这一特殊现象的例证，例如成立于 1966 年的美国西北教育（Education Northwest）所属的 Micro SIFT 软件交流中心，其初期工作是教育软件、课件和教学结合的研究工作，直到 1980 年才开发了适用于包括幼儿教育阶段的教育软件评价量表。英国和新西兰亦是如此，其大部分幼儿教育软件评价机构都是发展于 20 世纪 90 年代，之前的教育软件评价机构或者信息技术教育相关组织机构也是在这个时期开始关注幼儿教育软件评价领域。究其原因，这与国外幼儿教育软件评价机构发展的另外一个辅线——科学技术的发展和教育政策的推行有着莫大关联。

计算机和互联网技术于 20 世纪 80 年代在全球范围内兴盛起来，其发展触及教育的各个领域，幼儿教育软件作为技术成果开始凸显在幼儿教育中的空前力量。此时，幼儿教育软件评价开始作为一个炙热研究领域备受瞩目，大部分的美国幼儿教育软件评价机构发展于这一"技术时代"（Technology Era）。美国、英国和新西兰等国家的政府在此时期开始推行教育信息化，更是为幼儿教育软件评价机构的发展送来"春风"，幼儿教育软件评价机构如雨后春笋般的蜂拥而现，英国、新西兰的幼儿教育软件评价机构便是如此情形。例如，英国两个有代表性的幼儿教育软件评价机构——TEEM（Teachers' Evaluating Educational Multimedia）和 BECTA（British Education Communication and Technology Agency）皆成立于 20 世纪 90 年代后期（前者成立于 1997 年，后者成立于 1998 年），新西兰的幼儿教育软件评价机构 New Zealand Open Source Society 稍晚（成立于 2003 年）。因而，科学技术与教育信息化交互辉映，成为国外幼儿教育软件评价机构蓬勃兴起的重要"推手"。总体看来，国外幼儿教育软件评价机构发展路径如同学科体系发展的脉络一样，遵循由上位及下位的逐级分化，显现出教育软件评价领域发展的自我建构性。

2. 国外幼儿教育软件评价机构的主要组织类型

幼儿教育软件评价机构的组织类型是其存在的基本属性，也决定了幼儿教育软件评价机构在其所在国家的教育信息化中所发挥的作用。首先区分一下国外幼儿教育软件评价机构的性质，从机构的资金供给性质上来看，国外幼儿教育软件评价机构主要有营利性和非营利性；从机构的隶属关系上来看，国外幼儿教育软件评价机构主要有私有独立性（包括政府资助但不受其管辖约束的独立性质的幼儿教育软件评价机构，例如美国 Education Northwest，其研究资金由教育部科学协会提供）和政府公共服务性，后者多是政府机构。其次最重要的便是幼儿教育软件评价机构的组织形式，纵观国外幼儿教育软件评价机构现状，其组织形式主要包括以下类型：

一是政府机构，即政府为了促进教育质量提高而成立的隶属于政府的下属机构，相对美国而言，该类型的幼儿教育软件评价机构多见于英国和新西兰；

二是软件开发者行业联盟，即幼儿教育软件开发企业、机构组成的联盟或协会；

三是软件使用单位，即使用幼儿教育软件的单个机构或用户联合形成的组织；

四是组织形式最多、也是最重要的一个幼儿教育软件评价机构类型——第三方机构，即既独立于政府，又独立于软件开发者和软件使用者的第三方幼儿教育软件评价机构，包括科研单位（大学、研究所等）、媒介机构（在线网站、杂志等）、商业公司和协会组织等。

这几种类型的幼儿教育软件评价机构中最早出现的是政府机构，发展最迅猛、数量最多的是第三方幼儿教育软件评价机构，这与美国、英国和新西兰的教育体制发展和教育资源需求有所关联。由于受这些国家的私立教育发达的长期影响，能够提供优质教育资源的独立第三方教育机构自然获得充分和长足发展的际遇，第三方幼儿教育软件评价机构亦深得其彰。而且依照目前的情形看，第三方幼儿教育软件评价机构在各国家教育信息化和幼儿教育软件评价发展中扮演着至关重要的角色，在丰盈幼儿教育软件评价机构组织形式的同时，也愈发突显其在促进幼儿教育软件评价有效性中的作用。

（二）幼儿教育软件评价机构国别的选择

本研究主题是国外幼儿教育软件评价机构，国别的选择在研究中举足轻重，也从研究意义上直接决定着研究的质量，因而有必要先对幼儿教育软件评价机构的国别选择作一阐述。首先，科学研究成果的参照和借鉴对象自然以其先进性、科学性以及可移植性为主要考量，本研究正是以此为幼儿教育软件评价机构国别选择的基本标准。其次，一些非直接但必要的因素也是需要融入本研究在国别选择上的考虑，如一个国家在硬实力方面的科学技术和经济发展水平、软实力方面的教育质量和地区文化影响力等。除前者所述缘由，本研究选取美国、英国和新西兰三个国家作为国外幼儿教育软件评价机构研究的主要对象基于以下三个重要原因：

1. 幼儿教育软件评价研究的实力

前文已经对国外幼儿教育软件评价研究实力进行了知识图谱分析，得知美国与英国等国家是幼儿教育软件研究实力较强的国家。新西兰虽然并未出现在该知识图谱中，但是在有关中文文献资料中，新西兰因其教育信息化发展水平较高亦是国内研究者主要的研究国别之一。

2. 国家的教育信息化程度

虽然教育信息化程度与幼儿教育软件评价研究水平不能够直接等同，与幼儿教育软件评价机构的成熟发展也不能等同，然而"软件资源是教育信息化应用的基础和核心"，① 那些教育信息化程度较高的国家对教育软件的应用都关注有加，其教育软件评价的相关研究也较先进。因而，除了幼儿教育软件评价研究实力外，教育信息化程度较高是选取美国、英国和新西兰作为国外幼儿教育软件评价机构研究的主要对象的另一个重要考虑因素，国内诸多学者也多关注和以这些国家为代表，研究其幼儿教育软件评价相关成果。

作为世界头号经济强国的美国，早在 20 世纪 60 年代就展开了计算机辅助教学，在教育信息化方面一直走在世界前列。80 年代中期之

---

① 张豪锋、孔凡士：《教育信息化评价》，电子工业出版社 2005 年版，第 80 页。

后，随着微型计算机的普及，更多的计算机进入了美国校园。① 而且，美国作为现代教育技术的发源地，其教育技术研究领域在世界上居于领先的地位毋庸置疑。美国幼儿教育软件评价研究在国际上首屈一指，幼儿教育软件评价机构的发展也较为专业和成熟，其多元、专业化发展道路和众多发展理念对我国幼儿教育软件评价机构的发展有重要参考价值。

英国自布莱尔政府时期以来，历届政府都以教育信息化为重要教育政策而推行之，例如"英国政府宣布 1998 年是英国的网络信息化年"。② 国家政府机构如"英国教育与就业部属下的教育通讯技术署（British Educational Communication Technology Agency，简称 Becta）专门负责教育领域信息通信技术的应用，为教育和技术的发展与学校之间架起桥梁"。③ 而且英国高度重视信息资源建设，充分利用信息与通信技术发展远程教育，"以教育信息化推动教学和管理模式的变革，使教育发生了很大的变化，也使英国在全球教育中占据了十分有利的竞争位置"。④

20 世纪 90 年代初，新西兰一些学校的管理者将信息通信技术引入到学校中，由每一所学校自行设计与建设。⑤ 之后，自 1998 年起，新西兰教育部为适应广大学生的需求，开始针对学校的教育信息化发展进行政策上的讨论与提供行动上的建议，并提供相关的资金与信息支持，帮助各学校达到基础建设及学校信息能力发展的共同目标，同时还通过全国性政策的施行，鼓励与促进教育信息化的实行。此外，"在信息化教育浪潮中，新西兰政府和教育专家都认识到早期教育是奠定幼儿未来学习和发展基础的关键阶段，要实现整个新西兰的 ICT 教育目标，ICT 在早期教育中的应用是不可忽视的重要方面"。⑥ 从 1999 年至今，新西兰

---

① 刘晓宏：《美国教育信息化发展及启示》，《教育与职业》2010 年第 7 期，第 102—103 页。

② 谭振平：《国外教育信息化发展扫描》，《中国成人教育》2001 年第 11 期，第 50 页。

③ 王瑞香：《英国教育信息化的特点论析》，《外国教育研究》2006 年第 12 期，第 73—76 页。

④ 同上书，第 73—76 页。

⑤ 孙艳、苏玉霞：《新西兰基础教育信息化进程述评》，《外国教育研究》2008 年第 5 期，第 29—32 页。

⑥ 董传梅：《新西兰早期教育信息通信技术政策》2009 年第 7、8 期，第 26—27 页。

教育信息化已经历经三个发展阶段，"基础教育信息化在信息基础设施状况、信息化教师专业发展状况等各个方面都达到了世界先进水平"。[①]

3. 幼儿教育软件评价移植研究所基于的语言文化差异考量

语言文化差异在科学研究领域中并非价值千钧，但其作用亦不可小觑，更不可视而不见。长期以来，在世界范围内，诸多国家关于幼儿教育软件评价的相关研究，多以发达的英语语言国家的幼儿教育软件评价研究成果为主要引进对象。我国长期以来形成了以第一外语的英语语言作为科学研究的语言工具基础，引进的国外先进科学研究成果更是汗牛充栋，幼儿教育软件评价的相关研究成果也主要源自英语语言国家。例如，近年来在北美地区国家的选择中，国内关于幼儿教育软件评价标准的认识主要引荐自美国幼儿教育协会（NAEYC）发布的"发展适宜性实践指导方针"和美国幼儿教育专家苏姗·霍兰德提出的 Haugland/Shade 发展性软件标准，我国台湾学者邱淑惠、大陆学者冯晓霞与郭力平在综合考虑我国文化与教育背景等特点的基础上，都曾以此标准为蓝本进行修订研究。在欧洲，英国作为重要的英语语言国家和教育信息化程度较高国家，其幼儿教育软件评价相关研究更是不二之选。例如，英国 TEEM 组织所开发的教育软件评价指标（适用于英国的学前至高中教育阶段）就是我国教育软件评价研究最多的成果，国内学者如刘儒德等对其 ICT 教育亦是关注有加。在澳洲，澳大利亚和新西兰是主要的英语语言国家，然而新西兰政府对于 ICT 教育略显重视，ICT 教育的推行情况也与英国类似，因而在幼儿教育软件评价相关研究成果的参照汲取上则首当其冲。

在亚洲，印度亦是将英语作为第一外语语言的第二大国家，近年来，随着其科技的快速发展，印度的电脑软件产业现居于世界前列。然而，囿于整体国家经济实力的限制，印度并未将此优势与教育发展相结合，教育信息化没有在国家层面上受到应有的重视，导致教育信息化程度的不发达，幼儿教育软件评价的相关研究更是凤毛麟角，因而国内学者并不倾向将印度作为教育软件评价研究成果引荐的选择。日本是亚洲

---

① 孙艳、苏玉霞：《新西兰基础教育信息化进程述评》，《外国教育研究》2008 年第 5 期，第 29—32 页。

最发达的国家，其科学技术发展程度和科学研究水平在亚洲无出其右者，可惜的是，日语语言因其复杂性和研究者自身语言造诣的限制而导致其幼儿教育软件评价研究成果引荐的地位排除在外。事实上，国内亦鲜有学者和相关机构对日本幼儿教育软件评价相关研究予以关注。此外，荷兰、意大利、希腊、西班牙等国家亦是因其语言文化与我国的语言文化有所差异，国内在这些国家幼儿教育软件评价相关研究成果引荐上涉足甚少。基于上述原因，语言文化差异亦是本研究在国外幼儿教育软件评价机构研究上要选择的参照国家所要考虑的重要因素之一。

## 第三节　美国幼儿教育软件评价机构

### 一、美国幼儿教育软件评价机构概述

美国幼儿教育软件评价机构的发展主要归因于技术的突飞猛进和教育软件评价领域的分化：技术的革新促进教育软件评价的深化，推动了幼儿教育软件评价领域的开拓和评价机构的形成完善，始于20世纪90年代的美国教育信息化评估工作更是"催化"了幼儿教育软件评价机构的蓬勃发展。美国幼儿教育软件评价机构对软件评价措施、方案和量表的研究比较全面和成熟，对评价项、评价证据和信息收集要求的精度高，对应用软件的教育过程评价以及对基于软件的教学过程也在不断地研究中。美国幼儿教育软件评价机构的发展大体经历三个时期：

雏形期：80年代以前，计算机作为教学辅助工具引入课堂，计算机软件功能较为简单，软件评价主要关注软件的技术设计。教育软件评价机构一般为实体形式，主要是一些政府资助机构和非营利组织，如Micro SIFT软件交流中心和EPIE协会等。此时的教育软件评价机构主要是帮助教育者鉴别有效的教学软件，其提供的软件评价服务涵盖多个教育阶段，没有针对幼儿教育领域且数量相对甚少，幼儿教育软件评价未形成一个专门的领域。

兴起期：80年代初至90年代末，技术在幼儿教育领域的广泛应用和个人计算机的普及促进了幼儿教育软件的蓬勃发展，随之而来的软件质量成为幼儿教师和家长最为关注的问题。据EPIE协会报道，当时仅

有 5% 的教育软件是标准的,[①] 因此开发有效和标准的教育软件评价工具显得尤为迫切。作为最早的标准化幼儿教育软件评价工具,High/Scope 教育研究基金会的软件评价量表和 Haugland/Shade 发展性软件标准量表诞生于此时期,这些评价列表是对软件产品有效性的相关设计因素进行量化分析的一种尝试,[②] 标志着幼儿教育软件评价研究开始走向标准化和系统化,幼儿教育软件评价机构开始走向一个新阶段。90 年代中后期,商业公司、软件开发者行业联盟等幼儿教育软件评价机构相继涌现,杂志、书籍和手册是这些机构在早期发布软件评价信息的主要平台和载体,随后一些软件公司以及非营利组织协会建立了一系列诸如"儿童软件工作室"等包含幼儿教育软件评价的主题网站。同 80 年代的教育软件相比,新型幼儿教育软件通常以不同的教学理论为基础,这对幼儿教育软件评价机构的评价工作带来了挑战,奠定了幼儿教育软件评价机构的评价实践与教育理论研究一体化的基础。

专业化发展期:21 世纪以来,网络技术勾勒了获取软件评价信息途径的蓝图。电脑网络的快速升级为幼儿教师和家长通过电脑寻找幼儿教育软件评价信息以及参与非正规的评价过程提供机会,因而作为媒介机构的在线网站评价成为一种广泛采用的评价方式,方便快捷、资源共享性和成本经济性的网络数据库成为幼儿教育软件评价机构发布评价信息的有效平台。网络技术的应用促使幼儿教育软件评价机构提供的评价服务趋向于网络化、专业化和系统化,幼儿教育软件评价机构也逐渐形成了以主体多元、渠道多元、价值多元等为特点的多元评价机制。

## 二、美国幼儿教育软件评价机构相关研究

关于美国幼儿教育软件评价机构的研究,Warren Buckleitner 以"谁来评价"(who are evaluating)的形式提出"政府机构、大学、私人营利性出版社、非营利性消费者团体、教育会议和贸易组织来评价

---

① 方海光:《我国教育软件价值评测研究》,博士学位论文,中国科学院成都计算机应用研究所,2006 年,第 4 页。

② Warren Buckleitner, The State Of Children's Software Evaluation-Yesterday, Today and In the 21$^{st}$ Century. *Information Technology in Childhood Education Annual*, 1999 (1): 211—220.

软件产品的质量和适宜性"。① 他在其所著的 "The State Of Children's Software Evaluation-Yesterday, Today and In the 21st Century" 一文中对应每个组织类型举了例子，并对这些机构的优劣势做了简要分析。国内学者郭力平、冯晓霞在研究幼儿教育软件评价时都引用了沃伦·巴克莱纳的研究，② 在此基础上结合国内教育文化的现实情况，进行了移植性研究。

美国幼儿教育专家、幼儿教育软件评价研究者苏姗·霍兰德和杰森·赖特（Jason L. Wright）则将幼儿教育软件评价机构视为一个拥有哲学方法的 "evaluation system"，即幼儿教育软件评价机构是拥有教育哲学取向的评价系统。他们认为教师选择幼儿教育软件的路径之一是"采用某个评价系统自己来进行评价选择"，③ 在其合著的 Young Children and Technology: A World of Discovery 一书中举了 "evaluation system" 的例子，对其采用的哲学思想基础进行了说明。

对幼儿教育软件评价机构论述最为详尽的当属南西·琼斯（Nancy Baker Jones）和拉里·沃恩（Larry Vaughan），两人在其著作 Evaluation of Educational Software: A Guide to Guides（该书并未直接论述幼儿教育软件评价机构，但是书中列举了一些属于幼儿教育软件评价机构的组织）一书中认为，非营利性、合作性系统和私人公司等组织承担评价软件的任务。④ 该书列举了十个教育软件评价机构，对其发展历史、评价工具（一般是评价列表，文中有附表）等做了较为具体的研究。

以上表述对幼儿教育软件评价机构的认识略有差异，但异曲同工之处是对于幼儿教育软件评价机构性质、组织类型的基本认识是一致的，即将商业公司、科研机构和协会组织等视为执行幼儿教育软件评价的机构。在此基础上，本研究从开展评价的组织形式着手将美国幼儿教育软

---

① Warren Buckleitner. The State Of Children's Software Evaluation-Yesterday, Today and In the 21st Century. *Information Technology in Childhood Education Annual*, 1999（1）: 211—220.

② 冯晓霞:《计算机与幼儿教育》，人民教育出版社 2010 年版，第 43 页；郭力平:《信息技术与早期教育》，华东师范大学出版社 2007 年版，第 138 页。

③ Susan W. Haugland, Jason L. Wright. *Young Children and Technology: A World of Discovery*. New York Allyn & Bacon, 1997: 22.

④ Nancy Baker Jones, Larry Vaughan. *Evaluation of Educational Software: A Guide to Guides*. Washington, DC. : National enst. of Education, 1983: 1.

件评价机构划分为四个主要类型：政府资助机构、软件开发者行业联盟、软件使用单位和第三方机构（如表3-1），并对这些机构进行探讨分析。

　　在对美国幼儿教育软件评价机构的相关文献资料进行初步筛选分析后，表3-1列举了美国一些具有代表性的幼儿教育软件评价机构，并将这些机构进行了初步归类，对其秉持的教育思想和开展的评价工作所具有的优劣势做了简单探讨，以期了解美国幼儿教育软件评价机构的具体情况。

表3-1　　　美国典型幼儿教育软件评价机构划分类型及简介

| 机构组织类型 | | 典型例子 | 成立时间 | 哲学理论基础 | 性质 | 优势/劣势 |
|---|---|---|---|---|---|---|
| 政府资助机构 | | 西北教育 | 1979年 | 儿童发展理论 | 非营利 | 优势：评价的主观性小，可深度收集软件的数据信息。<br>劣势：评价不能区分软件的优劣和差异。 |
| 软件开发者行业联盟 | | 软件与信息产业联盟 | 1999年 | ———— | 营利 | 优势：评价公正、客观和专业。<br>劣势：需交会费，淘汰了小公司，降低了评奖的有效性。 |
| 软件使用单位 | | 哥伦比亚公立学校 | 1845年 | 发展适宜性实践 | 非营利 | 优势：评价针对学校自身设定，不与企业联系，增加了评价的有效性。<br>劣势：评价常滞后于市场，评价的可靠性可能降低。 |
| 第三方机构 | 科研机构 | 早期幼儿教育最佳实践中心 | 1999年 | 发展适宜性实践 | 非营利 | 优势：评价客观，具有分析性。<br>劣势：缺乏全面性和可靠性 |
| | 媒介机构 - 杂志 | 儿童技术评价 | 1993年 | 儿童发展理论固有动机理论 | 营利 | 优势：评价及时、精确和全面，评价信息和产品信息量较大。<br>劣势：评价者之间缺少内部一致性，评价可能不全面。 |
| | 媒介机构 - 在线网站 | 超级儿童教育软件评价 | 1996年 | 发展适宜性实践 | 非营利 | |
| | | 娱教性儿童网站 | 2001年 | 儿童发展理论 | 非营利 | |
| | 商业公司 | 儿童与计算机公司 | 1997年 | 儿童发展理论、发展适宜性实践 | 营利 | 优势：评价及时、系统和科学，评价标准具有权威性。<br>劣势：评价的客观性可能受利益的影响。 |
| | | | | 发展适宜性实践 | 非营利 | |
| | 协会组织 | 家长选择基金会 | 1978年 | | | 优势：能够对软件市场提供全面客观的报道。<br>劣势：评价过于依赖外部资金，每年评价的综合性程度有所不同。 |
| | | 教育产品信息交流协会 | 1967年 | 发展适宜性实践 | 非营利 | |

### 三、美国幼儿教育软件评价机构典型代表分析

（一）政府资助机构：Education Northwest

西北教育（Education Northwest）的前身是西北地区教育实验室，1966 年受 Pacific Northwest 特许建立，是一个提供跨地区的教育服务的独立性非营利机构，其经费由美国教育部教育科学协会提供，总部设在波特兰市。[①] 该实验室致力于为 K－12（Kindergarten－12th Grade，即幼儿园到高中）年级学生提供教育资源、学习标准及软件评价方面的服务，每年进行 200 多项研究计划，涉及培训教师、开发课程、重建学校、评价软件程序等。

Micro SIFT 软件交流中心隶属于西北地区教育实验室，是其开展教育软件评价研究和评价活动的重要平台。该中心于 1980 年发布了第一个评价表"课件评价"（courseware evaluation form），该表主要从软件内容特征、教学特征和技术特征三方面评价软件（如下表 3－2）。与之匹配的还有一个识别评价所需实际信息和程序包使用方法的"课件描述"（courseware description），其分析内容包括软件来源、能力水平、主题、教学模式、所需硬件和软件、教学目标和准备条件（如下表 3－3）。

Micro SIFT 是美国开展教育软件评价工作较早的机构之一，更为可贵的是，该机构在其成立之初就开始提供教育资源服务的研究工作，这为其自身和美国幼儿教育软件评价机构后来的专业化发展起到了不可磨灭的作用，也为幼儿教育软件评价发展做了奠基。此外，该中心设计的"课件评价"体现了儿童发展理论，其评价方法的目标是通过减少评价的主观性获得软件评价的信度和效度，"评价结果虽不能明显区分软件的优劣和不同软件程序的差异，但却是第一个试图为教育者提供深度收集数据的评价列表"。[②]

---

① Education Northwest. http：//educationnorthwest. org/content/about.

② Ibid.

**表 3 – 2**　　　　　　　　　　　**课件评价表**①

课件评价

软件名称＿＿＿＿＿＿＿＿＿＿　生产者＿＿＿＿＿＿＿＿＿＿＿＿＿

评价者姓名＿＿＿＿＿＿＿＿＿　组　织＿＿＿＿＿＿＿＿＿＿＿＿＿

日　　期＿＿＿＿＿＿＿＿＿＿

　　　若此评价是部分地基于对学生使用软件程序的观察，请勾选

| SA = 非常同意，A = 同意，D = 不同意，SD = 非常不认可，NA = 不可用 | 质量 |
|---|---|
| 内容特征 | 1—5 分代表对软件程序在每个维度上的质量判断： |
| （1）SA A D SD　NA　内容正确。 | |
| （2）SA A D SD　NA　内容具有教育价值。 | |
| （3）SA A D SD　NA　内容无人种、种族、性别和其他歧视内容。 | |
| 教学特征 | ＿＿＿＿＿内容 |
| （4）SA A D SD　NA　软件目标设置合适。 | ＿＿＿＿＿教育特征 |
| （5）SA A D SD　NA　软件能达到预期目的。 | ＿＿＿＿＿技术特征 |
| （6）SA A D SD　NA　软件内容具有清晰性和逻辑性。 | |
| （7）SA A D SD　NA　软件的难度水平适合目标受众。 | |
| （8）SA A D SD　NA　图形/颜色/声音与教学推理相适应。 | |
| （9）SA A D SD　NA　软件的使用具有动机性。 | |
| （10）SA A D SD　NA　软件能有效地激发学生的创造力。 | □ 我强烈推荐这个程序 |
| （11）SA A D SD　NA　有效应用了学生反馈的反应。 | □ 在些许或无改变的情况下，我会使用或推荐该程序 |
| （12）SA A D SD　NA　学习者控制内容呈现、回顾的速度和顺序。 | |
| （13）SA A D SD　NA　教学与学生先行经验结合。 | □ 只有在特定改变的情况下，我会使用和推荐该程序 |
| （14）SA A D SD　NA　学习可以被推广到一个合适的情景中。 | |
| 技术特征 | □ 我不使用或推荐该程序 |
| （15）SA A D SD　NA　帮助用户的材料是易理解的。 | |
| （16）SA A D SD　NA　帮助用户的材料是有效的。 | |
| （17）SA A D SD　NA　信息的显示是有效的。 | |
| （18）SA A D SD　NA　目标用户可以容易、独立的操作软件。 | |
| （19）SA A D SD　NA　教师可以容易地使用软件。 | |
| （20）SA A D SD　NA　软件程序与计算机性能相适宜。 | |
| （21）SA A D SD　NA　正常情况下使用软件是可靠的。 | |

描述软件程序在教室环境里使用的潜能：

＿＿＿＿＿＿＿＿＿＿＿＿＿＿＿＿＿＿＿＿＿＿＿＿＿＿＿＿＿＿＿＿＿＿＿

为达成以下目标，评估学生使用软件所花费的时间：

（可以是总时间、每天使用软件的时间、使用软件的时间段）

＿＿＿＿＿＿＿＿＿＿＿＿＿＿＿＿＿＿＿＿＿＿＿＿＿＿＿＿＿＿＿＿＿＿＿

优点：

＿＿＿＿＿＿＿＿＿＿＿＿＿＿＿＿＿＿＿＿＿＿＿＿＿＿＿＿＿＿＿＿＿＿＿

缺点：

＿＿＿＿＿＿＿＿＿＿＿＿＿＿＿＿＿＿＿＿＿＿＿＿＿＿＿＿＿＿＿＿＿＿＿

其他评论：

＿＿＿＿＿＿＿＿＿＿＿＿＿＿＿＿＿＿＿＿＿＿＿＿＿＿＿＿＿＿＿＿＿＿＿

---

① Nancy Baker Jones, Larry Vaughan. *Evaluation of Educational Software*：*A Guide to Guides*. Washington, DC.：National enst. of Education, 1983：13.

**表 3 – 3**    **课件描述表**①

课程软件描述
课程软件名称＿＿＿＿＿＿＿＿＿＿＿＿＿＿＿    软件版本＿＿＿＿＿＿＿＿＿＿＿＿
生产者＿＿＿＿＿＿＿＿＿＿＿＿＿＿＿＿＿＿    花费＿＿＿＿＿＿＿＿＿＿＿＿＿＿
学科/主题＿＿＿＿＿＿＿＿＿＿＿＿＿＿＿＿＿＿＿＿＿＿＿＿＿＿＿＿＿＿＿＿＿
年级水平（划圈）pre – 1 1 2 3 4 5 6 7 8 9 10 11 12 中学
硬件要求＿＿＿＿＿＿＿＿＿＿＿＿＿＿＿＿＿＿＿＿＿＿＿＿＿＿＿＿＿＿＿＿＿
软件要求＿＿＿＿＿＿＿＿＿＿＿＿＿＿＿＿＿＿＿＿＿＿＿＿＿＿＿＿＿＿＿＿＿
软件保护？□是 □否 转换介质：□盒式磁带 □只读存储器 □5 寸移动磁盘 □8 寸移动磁盘
备份说明＿＿＿＿＿＿＿＿＿＿＿＿＿＿＿＿＿＿＿＿＿＿＿＿＿＿＿＿＿＿＿＿＿
生产者实地测试数据是可用的 □ 符合要求 □ 打包 □ 不可用

教学目的和技术（以下应用中如果有划勾）文件可用性
| | | | |
|---|---|---|---|
| □ 补救 | □ 辅导性 | 划圈 P = 软件程序 S = 补充材料 | |
| □ 标准教学 | □ 信息可取回 | P S 建议年级/能力水平 | P S 教师信息 |
| □ 改进 | □ 游戏 | P S 教学目标 | P S 资源/文献信息 |
| □ 评估 | □ 模拟 | P S 预备技能或活动 | P S 学生教学 |
| □ 教学管理 | □ 解决问题 | P S 样本程序输出 | P S 学生成绩单 |
| □ 程序编写 | □ 其他 | P S 程序操作介绍 | P S 与教科书的密切性 |
| □ 练习与实践＿＿＿＿ | | P S 前侧 | P S 课后活动 |
| | | P S 后侧 | P S 其他 |

| 目标 | 已表述 | 推断 |
|---|---|---|

| 先决条件 | 已表述 | 推断 |
|---|---|---|

描述软件内容和结构，包括记录和报告功能

## （二）软件开发者行业联盟：SIIA

软件与信息产业联盟（Software&Information Industry Association，简称 SIIA）原名为软件发布者联盟（Software Publish Association，简称 SPA），于 1999 年与信息产业联盟（Information Industry Association）合并，形成现在的 SIIA。该联盟包含公共政策部门、反盗版部门、软件部门、编辑部门、教育部门和财务信息服务部门六个部门，主要致力于推广与软件产品所有权、保护有关的知识，提供涉及政府、商业发展、社团教育和智力财产保护的全球性服务，是软件和数字产品产业的主要联盟，其成员包括全美的上千家软件开发公司。②

---

① Nancy Baker Jones, Larry Vaughan. *Evaluation of Educational Software*：*A Guide to Guides.* Washington，DC.：National enst. of Education，1983：15.

② Software&Information Industry Association. http：//www. siia. net.

SIIA 于 1986 年为杰出的软件编码和目录产品设立 CODiE 奖，以促进软件产品和服务的质量，主要用于表彰商业软件、数字资讯和教育技术产业所取得的杰出成就，评价所有教育阶段使用的软件产品。CODiE 评奖过程包含五个步骤（如图 3 - 1），评审员由教育技术领域资深专家担任，评审员不得与被提名产品商有任何联系或利益关系，软件评奖相对公平。参与评奖的软件产品可以申请 1—3 个奖项，奖项涵盖内容类别、软件类别、教育类别三个方面的 75 个项目。

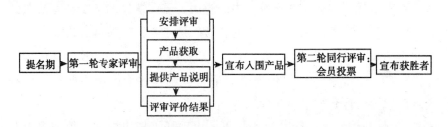

**图 3 - 1　CODiE 奖评奖过程**

虽然 CODiE 评奖并未有明确的教育评价哲学取向，但却是教育软件领域内品誉极高的评奖活动，其颁发的奖项具有很强的权威性。然而美中不足的是，参与评奖的软件企业需缴纳定额费用（缴纳的费用由会员与非会员之别、申请奖项的多少来决定，但无论会员与否，参评产品所申请奖项越多，缴纳费用累加就越多。例如，会员为单个软件产品申请单个奖项最低缴纳 350 美元，两个奖项则是 645 美元，三个奖项则是 940 美元；非会员为单个软件产品申请单个奖项最低缴纳 995 美元，两个奖项则是 1695 美元，三个奖项则是 2390 美元）。[①] 因而，一些企业可能考虑会费和申请奖项缴纳的费用高昂的问题或不参与评奖，致使一些优秀的幼儿教育软件产品无法参评，这在一定程度上间接地影响了评奖的有效性。此外，CODiE 评奖的评审员由教育技术领域资深专家承担，这种基于交付者维度的评价主体构成虽然保证了软件评价结果的专业性，但是评价主体过于单一，无形中忽略了基于使用者和受用者维度的考虑，加之评价奖项和评价信息的繁杂给评价结果的获取增加了难度，因而可能影响软件评价结果的信度。

---

① Software&Information Industry Association. http：//www. siia. net.

（三）软件使用单位：Columbus City Schools

基于个体的独特需求，幼儿教育软件用户自主开发软件评价标准或体系，从而扮演了幼儿教育软件评价机构的角色，哥伦比亚公立学校（Columbus Public Schools）就是一个典型代表。该校建于1845年，拥有悠久的发展历史，对于信息技术教育却是近年来才逐渐关注起来。2007年，学校改为原官方名"哥伦比亚城市学校"（Columbus City Schools），现为美国俄亥俄州最大的特区学校，其教学对象为K-12年级的学生。该校素来重视技术和软件在教学中的应用，已在学校的各个教育阶段开展了信息技术教育。为确认购买的教学软件是否符合特区标准，该校于2008年在"发展适宜性实践"哲学方法基础上制定了"教学软件大纲评价"（见表3-4）。① 评价人员一般是教师，评价内容主要涉及课程大纲、软件设计和技术兼容性三方面。

"教学软件大纲评价"过程如下：由委托人提出申请，填写需求分析表和产品信息表；接着由课程专家和教育技术专家评价课程大纲；然后这些专家从技术质量、易用性、内容和学习风格四方面对软件设计进行评价，每个方面有4—10个子标准，对应的评价等级为"优秀、好、很差、不适用"；最后教学信息或管理信息服务部门对技术需求进行评价，主要包括安装启动程序、产品与网络以及浏览器的兼容性、是否建议购买软件等。

软件使用单位发挥幼儿教育软件评价机构的作用，自主开发的软件评价标准或体系有很强的针对性，也能因地制宜地满足自身对教育技术资源的需求。然而，这种评价标准不具有普适性，其他学校或区域可对该评价指标体系进行移植，依据实际情况制定符合自己学校或区域的软件评价指标体系。

（四）第三方机构

除上述几种类型外，还存在很多第三方机构，即独立于幼儿教育软件用户和开发者的第三方幼儿教育软件评价服务机构。该类型机构一般也独立于政府，例如科研机构、媒介机构、商业公司及协会组织等，这些机构基于各自的角度和用户需求对幼儿教育软件开展评价工作，对幼

---

① Columbus City Schools. http：//www. columbus. k12. oh. us/index. html.

儿教育软件评价的发展功不可没。

1. 科研机构

**表3-4** **哥伦比亚城市学校"教学软件大纲评价"**①

评价者 _____ 日　期 _____
软件名称 _____ 内容领域 _____
软件程序类型：对所应用的功能打勾
□模拟型　　□辅导型　　□文字处理　　□问题解决　□测试　　　□说明　　　□教育游戏
□介绍性　　□数据库　　□训练—练习　　□信息型　　□电子表格　□多媒体　□出版
□视频编辑　□图像编辑　□教室管理　　□其他

| 是 | 否 | | | | | |
|----|----|----|----|----|----|----|
| □ | □ | 技术质量：　□优秀 | | □好 | □很差 | □不适用 |
| □ | □ | 无项目错误 | | | | |
| □ | □ | 创造性 | | | | |
| □ | □ | 交互、参与 | | | | |
| □ | □ | 适宜的使用声音和图像 | | | | |
| □ | □ | 需要耳机 | | | | |
| 是 | 否 | 易使用：　　□优秀 | | □好 | □很差 | □不适用 |
| □ | □ | 清晰的指导 | | | | |
| □ | □ | 步调可以控制 | | | | |
| □ | □ | 可读格式 | | | | |
| □ | □ | 声音控制 | | | | |
| 是 | 否 | 内容：　　　□优秀 | | □好 | □很差 | □不适用 |
| □ | □ | 准确性和相关性 | | | | |
| □ | □ | 无性别偏见 | | | | |
| □ | □ | 没有其他偏见 | | | | |
| □ | □ | 激发积极性 | | | | |
| □ | □ | 可以打印内容 | | | | |
| □ | □ | 适宜的电脑 | | | | |
| 是 | 否 | 学习方式：　□优秀 | | □好 | □很差 | □不适用 |
| □ | □ | 通过课程学习，思想之间有意义连接 | | | | |
| □ | □ | 培养批判性思维能力 | | | | |
| □ | □ | 概念很容易转移到其他学习背景下（如项目、活动） | | | | |
| □ | □ | 呈现任务（如现实世界的情况、问题） | | | | |
| □ | □ | 学习风格的不同方法 | | | | |
| □ | □ | 支持协作学习 | | | | |
| □ | □ | 支持成绩为基础的评估 | | | | |
| □ | □ | 支持自我导向的学习 | | | | |
| □ | □ | 可以为特殊需求学生调整可用性 | | | | |

附加信息：
□ 提供教师课程计划、向导等；
□ 包括指导性和支持性的材料；
□ 包含自适应/辅助性技术；包括
□ 教师管理系统；
□ 包含学生成绩管理系统；
□ 收集的数据可以被保存在磁盘或者硬盘上。

① Columbus City School Instructional Software Alignment Evaluation. http：//www. columbus.
k12. oh. us/website. nsf/0c6fc31e841022ec852573af00703e34/b29e941fd108b23385257537006112
b6/MYMFILE/SoftwareEvalfeb2008. pdf.

早期幼儿教育最佳实践中心（Center for Best Practices in Early Child-hood Education）建立于 1999 年，隶属于西伊利诺伊大学人文学院。其任务包括开发和设计教育资源以增加所有幼儿接受教育的机会，提供幼儿教育软件产品评价和培训资源，召开相关会议和研讨会。[①] 该中心将教育软件分为商业软件（commercial software）、共享软件（share soft-ware）和免费软件（free software），除提供自主开发的在线评价资源外，还提供其他幼儿教育软件评价机构的信息，并开发了多个在线研讨工作室，其中"儿童软件工作室"提供适宜性使用软件的方法框架和评价指导。

早期幼儿教育最佳实践中心认为，家长和教师为幼儿选择软件时需要考虑软件的目的、花费以及儿童使用软件的能力水平，并在"发展适宜性实践"的哲学方法基础上为家长和教师制定了一个包含 16 项指标的"软件评价列表"（表 3 - 5），以检验幼儿教育软件的适宜性。之后，该中心在此基础上开发一个"软件评价表"以全面性地检验软件的内容或教育价值、教学设计、软件可用性。[②] 每项内容含有 5—11 个子标准（表 3 - 6），用"差"、"一般"、"优秀"和"不适用"来标示软件的适宜性程度。与前者相比，后者标准较为详细具体，主要强调幼儿操作的独立性、教师的及时指导、软件的个体适应性以及对幼儿早期读写能力发展的帮助，并在发展适宜性的评价内容上做了较细致的划分，如软件内容应没有性别、伦理或种族的偏见等。

早期幼儿教育最佳实践中心是一个依托于大学建立的幼儿教育软件评价机构，这从专业性方面保证了幼儿教育软件评价和评价机构的科学发展，这种类型的幼儿教育软件评价机构发展模式对我国有着极佳的参考借鉴经验。另外，该中心开发的评价工具十分详尽，"Software Evalu-ation Checklist"关于软件发展适宜性判断的十六项标准有利于用户快速识别幼儿教育软件的发展适宜性，也特别有益于幼儿教育软件初用者使

---

① Center for Best Practices in Early Childhood Education. http：//www. wiu. edu/thecenter/aboutus. php.

② Center for Best Practices in Early Childhood Education · Online Workshops · The Early Child-hood Technology Integrated Educational System · Workshops · Software · Software Evaluation Factors. http：//www. wiu. edu/users/ectiis/ws8/softef. phpJHJsef.

用，而"Software Evaluation Form"则适用于对幼儿教育软件的进一步审视。但是，开发多个评价工具可能增加了评价机构的工作量和评价成本，这或许使得幼儿教育软件评价机构审慎而为。

表3—5 早期幼儿教育最佳实践中心开发的
"Software Evaluation Checklist"①

软件评价列表
被评价的软件名称：_____ 互动性水平：_____

☐ 软件提供不同的问题解决路径和机会　　☐ 软件内容是发展适宜性的
☐ 软件是开放性的，且鼓励在无威胁环　　☐ 反馈是有效的且无威胁性
　 境中进行探索
☐ 软件提供问题解决机会　　　　　　　　☐ 错误输入无有损人格的内容出现
☐ 软件允许儿童获得成功　　　　　　　　☐ 程序导航简易
☐ 软件激发儿童兴趣　　　　　　　　　　☐ 以可接受的速度操作程序
☐ 软件鼓励积极参与　　　　　　　　　　☐ 程序退出简易
☐ 软件含有高质量的动画、图表、声音　　☐ 任何情况下，教学都是清晰和易理解的
　 和颜色
☐ 软件内容反映了文化差异　　　　　　　☐ 软件与教室硬件相兼容
评论：_____
_____
_____

表3—6 早期幼儿教育最佳实践中心开发的
"Software Evaluation Form"②

| 评价内容 | 评价等级 | | | |
| --- | --- | --- | --- | --- |
| | 优秀 | 一般 | 很差 | 不可用 |
| 内容/教育价值 | | | | |
| 1. 对于目标年龄或年级，内容是发展适宜性的 | | | | |
| 2. 内容支持早期读写能力的概念 | | | | |
| 3. 软件可以鼓励积极地参与 | | | | |
| 4. 软件是发展性的，允许幼儿发现问题 | | | | |
| 5. 软件提供问题解决的机会 | | | | |

① Software Evaluation Checklist. http：//www. wiu. edu/users/ectiis/ws8/docs/Software_ Eval_ Checklist. pdf.

② Software Evaluation Form. http：//www. wiu. edu/users/ectiis/ws8/docs/SoftwareEvaluation. pdf.

续表

| 评价内容 | 评价等级 | | | |
|---|---|---|---|---|
| | 优秀 | 一般 | 很差 | 不可用 |
| 教学设计 | | | | |
| 1. 内容没有性别、伦理或种族偏见 | | | | |
| 2. 反馈是有效且自愿的 | | | | |
| 3. 表格、声音和颜色是可用的 | | | | |
| 4. 软件具有打印功能 | | | | |
| 5. 软件可用于小组 | | | | |
| 6. 操作动作或画面连接有适当间隔 | | | | |
| 7. 软件激发使用者的兴趣，积极参与 | | | | |
| 8. 根据不同个体调整难易程度 | | | | |
| 9. 界面显示是有效的 | | | | |
| 10. 软件有保存功能 | | | | |
| 11. 所提供的工具易操作 | | | | |
| 可用性 | | | | |
| 1. 可以容易、快速和安全的退出 | | | | |
| 2. 帮助功能清晰有效 | | | | |
| 3. 幼儿能够独立使用软件 | | | | |
| 4. 软件有教师指导菜单 | | | | |
| 5. 软件运行快捷 | | | | |
| 6. 输入错误易处理 | | | | |

2. 媒介机构

（1）杂志

1）*Children's Technology Review*

《儿童技术评价》（*Children's Technology Review*，简称 CTR），由主动学习联合公司（Active Learning Associates, Inc.）发布，编辑是著名的幼儿教育专家 Warren Buckleitner。1993 年，该刊物以"Children's Software Revue"为名出版了第一期。2005 年 4 月，杂志标题中加入了"New Media"一词，之后改名为 *Children's Technology Review*。（CTR）坚持的哲学理论思想是"儿童是主动的学习者"，旨在让家长、教师和图书管理员及时获悉最新更新的儿童互动性多媒体产品，每月评价概括出约 50 个新的适用于各种平台的儿童产品，包括儿童网站、视频游戏、玩具和教育软件，评价软件产品的年龄段为 3—12 岁。

CTR 为用户推荐了两个评价工具：一个是杂志于 1998 年自主开发的"儿童软件评价工具"（见表 3 - 7），其设计应用了儿童发展理论和固有动机理论（intrinsic motivation theories），① 儿童和富有经验的教育者担任评价者，评价内容包括易使用、儿童控制、教育性、娱乐性、设计特征和价值六部分。另一个是媒体技术基金会（Mediatech Foundation）开发的测试家庭软件的"可靠游戏测试人员评价表"（Serious Games Testers Evaluation Form，见表 3 - 8），主要适用于选择视频游戏。软件评价工作由评价者信赖的其他评价者安排，评价者在评价过程中要考虑学校和家庭的反馈，当评价者出现分歧时可咨询第三个评价者，同时还进行儿童使用软件的测试，直到所有评价者达成共识。

CTR 虽然是一种将传统的纸质媒介作为载体发布幼儿教育软件评价信息的评价机构，但是其提供的幼儿教育资源信息丝毫不逊色于那些以网络发布信息的幼儿教育软件评价机构，而且 CTR 应用了类似于"特尔斐法"的评价方法，即评价工作者反复协商达成评价共识。这种方法是一种较为严谨的评价方法，能够尽量保证评价结果的有效性。另外，CTR 也关注到了儿童在软件评价中的重要作用，对软件进行儿童使用测试就是值得推广的幼儿教育软件评价研究取向。不过，这可能需要确定软件使用被试的选择以及对实验的控制，因而需要极为专业的评价者参与评价过程。最后，评价结果的产生效率可能不高，因为上述评价方法的应用需要一定的精力与时间严密处理评价过程中的每个细节，包括对大量评价信息的处理。但总体而言，CTR 仍是美国幼儿教育软件评价机构专业性发展的一个典范，其在幼儿教育软件评价领域的发展经验值得借鉴。

---

① Children's Technology Review. http：//www. childrenssoftware. com/aboutcsr. html.

| 表 3 - 7 | 儿童软件评价工具① |
| --- | --- |

Ⅰ 易使用（儿童是否在最低限度帮助下使用?）
A　S. E. N
　　　　N. A
1 _____儿童操作软件需要的能力在其力所能及的范围内
2 _____第一次使用后儿童能够独立使用软件
3 _____关键菜单的接触路径是直接的
4 _____阅读能力不是使用软件的先决条件
5 _____图表能让目标用户感知
6 _____绘画路线简单
7 _____在任一点都能简易进入或退出活动
8 _____能快速简单地回到上级菜单
9 _____触摸与控制能够相互回应
10 _____写作材料有帮助性
11 _____若有必要，能够在屏幕上回顾教学
12 _____做错时，儿童知道其错误
13 _____图画足够大，且通过移动鼠标能够轻松选择
14 _____安装程序直接且操作简单
Ⅱ 儿童试验（是否以儿童视角设计程序?）
1 _____通过键盘操作测试
2 _____对儿童的行为提供快速、清晰、明显的回应
3 _____儿童掌控内容展示的速率
4 _____儿童掌控在任何时间退出的时机
5 _____儿童掌控内容展示的命令
6 _____屏幕字母简略或可绕开
7 _____儿童按下一个按键时，只给电脑输入一个指令
8 _____提供给儿童的材料也是安全的
9 _____做错时，儿童知道其错误
10 _____在家里或教室环境中，该软件程序同样能顺利使用
Ⅲ 教育性（儿童能够从软件程序中学到什么?）
1 _____能很好地提供一个或多个学科领域的内容展示
2 _____图画不影响软件程序的教育目标
3 _____反馈应用了有意思的图画和声音能力
4 _____运用了演讲法
5 _____每次使用时，内容展示都是新奇的
6 _____挑战范围适中（软件程序陪伴儿童成长）
7 _____反馈促进内容改进
8 _____软件程序要素与直接经验相符
9 _____内容无性别偏见
10 _____内容无种族偏见
11 _____儿童思想能融于软件程序
12 _____软件程序与拓展学习的策略相符
13 _____内容量足够
Ⅳ 娱乐性（软件程序的使用是否有趣味性?）
1 _____儿童乐于使用软件
2 _____图画对于儿童来说是有意义的，且儿童乐于使用
3 _____软件程序能吸引更多目标受众
4 _____儿童能多次返回软件

---

① Children's Software Evaluation Instrument. http：//www. childrenssoftware. com/rating. htmlJHJinst.

续表

5 ＿＿＿＿＿软件设计应用了随机衍生技术
6 ＿＿＿＿＿演讲和声音对儿童有意义
7 ＿＿＿＿＿挑战可变通，儿童选择适于自己的挑战水平
8 ＿＿＿＿＿软件能回应儿童的行为
9 ＿＿＿＿＿软件主题对儿童有意义
Ⅴ 设计特征（软件程序智能的程度）
1 ＿＿＿＿＿软件有演讲功能
2 ＿＿＿＿＿有印刷功能
3 ＿＿＿＿＿记录儿童成就
4 ＿＿＿＿＿自动分级：挑战水平可变通
5 ＿＿＿＿＿儿童思想能融于软件程序
6 ＿＿＿＿＿声音可切换或调整
7 ＿＿＿＿＿反馈与儿童个体相适宜
8 ＿＿＿＿＿软件记录儿童在一个时间段内的使用历史
9 ＿＿＿＿＿教师或家长选择易找到和使用
Ⅵ 价值（软件价格与功能相比是否物有所值？）
结合上述因素、软件价值的每个细节以及当前市场价格给软件评分，同时考虑需要充分利用
软件程序潜能的任何额外硬件设备，例如声卡、CD‐ROM 等。
差　　　　　　好
1　　　　　　10

表 3－8　　　　　　　　　可靠游戏测试人员评价表①

被评价游戏软件名称 ＿＿＿＿＿＿＿＿＿＿＿＿＿＿＿＿＿＿＿＿＿＿＿＿
测试所用的平台或硬件 ＿＿＿＿＿＿＿＿＿＿＿＿＿＿＿＿＿＿＿＿＿＿＿＿＿＿＿＿＿＿＿＿＿＿＿
是否玩到游戏最后？　　　□ 是　　□ 否 花费时间 ＿＿＿＿＿＿＿＿＿＿＿＿＿＿＿＿＿＿＿＿
运行是否准确？　　　　　□ 是　　□ 否
是否测试了游戏有多玩家的特征？　　　□ 是　　　□ 否　　　□ 无此特征
是否测试了在线/游戏共享的特征？　　　□ 是　　　□ 否　　　□ 无此特征
游戏适合的年龄（划圈）1 2 3 4 5 6 7 8 9 10 11 12 13 （岁）及以上
缺点：
优点：
教育价值？从该游戏中学到什么？
令人烦恼的内容：
最佳适宜年龄 1 2 3 4 5 6 7 8 9 10 11 12 13 （岁）及以上
从分值上进行评价 1 代表低分；10 代表高分
对朋友的建议：□ 弃用　　　□ 借用　　　□ 购买

———————

① Serious Games Testers Evaluation Form. http：//www. mediatech. org/wp-content/uploads/
sgtc_ form. pdf.

续表

|  | 1 2 3 4 5 6 7 8 9 10 |
|---|---|
| 是否易使用 |  |
| 软件竞争性如何 |  |
| 是否有趣 |  |
| 价格，是否想要购买? |  |
| 总体评分 |  |

（2）在线网站

1）Superkids Educational Software Review

超级儿童教育软件评价（Superkids Educational Software Review）是 Knowledge Share LLC 公司建立的完全独立的网站，其任务是提供教育软件的评价和评级、在线或离线的实用性和趣味性的教育工具、苹果产品的应用程序、重要教育问题的新闻、政策制定者的观点。[①] 网站评价软件产品的年龄段为 0—9 岁，不接受所评价产品的任何广告以保证软件评价的公正性。评价结果由来自全美的教育者、家长和儿童组成的小组撰写，评价尽可能模拟幼儿使用软件的真实情境，帮助用户选择最适宜的幼儿教育软件。

该网站开发了家长评价表、教师评价表、儿童评价表三种类型的幼儿教育软件评价量表（表 3 - 9 是对这三个评价表所关注的不同内容而进行的对比），其内容设计应用了发展适宜性实践的哲学方法。"家长评价表"主要关注幼儿使用软件时的学习兴趣、兴趣保持的时间及软件的适用年龄。"教师评价表"主要从教育价值、软件内容、技术特征、互动性、年龄适宜性等方面对软件的教育性和技术性进行评价。"儿童评价表"主要关注软件的趣味性和娱乐性。每个评价表先对评价者信息、硬件配置以及软件质量予以描述，之后对每项指标打分：5 分表示优秀、4 分表示很好、3 分表示一般、2 分表示差、1 分表示不适用。

---

① Superkids. http://www.superkids.com/aweb/pages/aboutsks.html.

**表3-9 超级儿童教育软件评价三种类型评价表关注的内容对比①**

| | 老师 | 家长 | 幼儿 |
|---|---|---|---|
| 1 | (开放题)软件的教育价值是什么?教什么? | 兴趣——您支持孩子的兴趣吗? | 软件容易操作吗? |
| 2 | 内容价值——在教育设计上是健全的吗? | 持续性——保持的兴趣时间是3个月、6个月,还是一年? | 好玩吗? |
| 3 | 方法适宜——所使用的方法与特定的教学材料相适宜吗? | 家长亲密性——您帮助孩子感觉容易吗? | 保持的兴趣时间很长吗? |
| 4 | 软件与年龄相适应吗?基于内容、技能/知识水平的需求和兴趣与所标示的年龄相适宜吗? | Truth in packaging——您是这样认为的吗?如果不是,为什么? | 你从软件中学习到什么? |
| 5 | 提供的帮助是充分的吗? | 评价对于您的孩子来说是一个独立的活动吗? | (开放题)你最喜欢和最不喜欢的是什么? |
| 6 | 有性别歧视吗? | 对孩子的教育价值是什么? | (开放题)哪个年龄段的孩子最喜欢这款软件? |
| 7 | 有充分的互动吗? | 购买价值——您会买它或者是建议买它吗? | 哪种类型的孩子最喜欢这软件? |
| 8 | 能很容易地保存学生个人记录吗? | 我的孩子尤其喜欢…… | 谁不喜欢该软件?为什么? |
| 9 | 可以很容易地设定难度水平吗? | 哪种类型的孩子能从该软件中学到东西? | 你最想看到的改变是什么? |
| 10 | 软件表述内容正确吗?你是这样认为吗? | 谁最不满意这款软件? | 你会推荐给你的朋友吗? |
| 11 | 评价作为一个独立的活动? | | |
| 12 | 是否具有幼儿教育价值? | | |
| 13 | 购买价值——你会建议买吗? | | |
| 14 | (开放题)提升教育、促进研究和具有天分的孩子相适宜吗?(圈出所有的选项并评论) | | |
| 15 | (开放题)哪种类型的孩子能从该产品中得到最大/最小的利益? | | |
| 16 | (开放题)能达到教育目标吗? | | |
| 17 | 总评 | | |

---

① 袁媛:《国外幼儿教育软件评价机制研究》,硕士学位论文,河南大学,2012年,第39页。

另注:表格所列内容实为三种维度的评价内容的总结和对比,而非原始的评价指标,故将表格标题改为现标题。

　　超级儿童教育软件评价是为数不多的多维度评价主体（教师、家长、儿童三个用户维度）开发幼儿教育软件评价表的幼儿教育软件评价机构，也是一个充分基于用户需求维度考量幼儿教育软件评价的专业评价机构。该机构在评价过程中组成的"评价共同体"（由来自全国的教育者、家长和儿童等构成）极大地保证了评价的有效性，也是将教育评价理论和方法与幼儿教育软件评价相整合的有效例证，这一方法值得赞赏和借鉴研究。然而，唯一需要考虑的可能就是如何指导儿童尤其是幼儿使用评价表来评价幼儿教育软件。

　　2）EdutainingKids. com

　　娱教性儿童网站（EdutainingKids. com）建立于 2001 年，主要致力于提供儿童娱教性（Edutaining）产品的评价和建议，另外还有各种含有教育资源信息的文章和指导，其服务对象包括学步幼儿、5—8 岁儿童、9 岁以上儿童、幼儿教师和家长等。该网站评价的儿童产品类别包括教育软件、计算机游戏、音乐、玩具、在线游戏、家庭软件、视频DVD、视频游戏、书籍、计算机硬件和其他相关产品，[①] 这些产品一般都兼有教育性和娱乐性。网站结合儿童、家长、幼儿看护者的反馈从教育内容、产品展示、玩乐价值、独创性/价值四个方面对儿童娱教性产品予以评价和等级评定："A +"代表产品是卓越优秀的、"A -"代表非常好、"B +"代表好、"B"代表普通，以此类推，非娱教性的产品被定为"推荐"（recommended）。[②] 此外，该网站介绍了其如何评价对儿童软件进行评分（见表 3 - 10），评价还匹配一个等级评定条形图（见图 3 -2），对软件产品的优势进行可视化概括，这些优势被分为不同的类别如娱乐性、教育内容等，每项内容的被赋分值是 0—10 分。

　　从以上评价样表和图形分析得知，娱教性儿童网站非常关注为幼儿教育提供价值充分的教育资源，也极为重视软件产品的教育性和娱乐性，这在其评价样表中得到了淋漓尽致的展现。这些评价工具和方法的设计较为简单、明了和清晰，所定位的服务对象也十分明确，因而非常适合幼儿教育者和家长（尤其是初用者）选择幼儿教育软件产品时使

　　① EdutainingKids. http：//www. edutainingkids. com/allproductreviews. html.

　　② Ibid.

用。不过，不足之处可能在于一些评价内容和标准的陈述过于笼统，不利于仔细审视幼儿教育软件。另外，从这些评价表和评价方法推知，儿童发展理论的教育哲学思想在这些评价工具中得到了充分体现，这也诠释了娱教性儿童网站提供教育服务宗旨的真义所在。

表 3 - 10　　　　　娱教性儿童网站教育软件评价表样本[①]

软件等级评定图表：
我们的可视化等级评定图表是根据以下评价卡。图表中每一个类别评分不超过 2 分，除了"斜体"值得获得 10 分。

| 教育内容： | 评分 |
| --- | --- |
| 教育价值 | 1.6 |
| 学习质量 | 1.7 |
| ed. 内容的数量 | 1.9 |
| 有效性的学习？ | 1.8 |
| 年龄适宜性 ed. 内容 | 1.9 |
| 描述： | |
| 界面直觉/用户频率 | 1.5 |
| 美学：图表/声音 | 2 |
| 智能特征 | 1.7 |
| 技术性的 | 2 |
| 表现流畅？ | 2 |
| 玩乐价值： | |
| 有吸引力 & 图画美丽 | 2 |
| 互动的水平 | 1.5 |
| 重播请求 | 1.5 |
| 有活力的内容 | 1.8 |
| 乐趣性 | 1.6 |
| 独创性/价值 | |
| 概念 & 主体间关系 | 2 |
| 整合性 | 1.9 |
| 独创性 | 1.4 |
| 花费 VS. 价值 | 1.5 |
| 内容术语的重播 | 1.8 |
| 斜体（Tilt） | 8 |
| 总分 | 86.2 |

教育性
内容呈现
玩乐价值

图 3 - 2　娱教性儿童网站等级评定条形图[②]

---

①　EdutainingKids. http：//www. edutainingkids. com/howweratechildrenssoftware. html.

②　EdutainingKids. http：//www. edutainingkids. com/about. html.

3. 商业公司

儿童与计算机公司（KIDS&Computers Inc.）由 Susan W. Haugland 于 1997 年在 KIDS 计划的基础上创建（KIDS 计划英文名为 Kids Interacting with Developmental Software Projects），该计划由 Haugland 及其同事于 1985 年在东南密苏里州立大学开展，主要目的是研究儿童与计算机互动对儿童发展所造成的影响，提供教师培训、咨询、专业性发展模块、幼儿软件和网站的评价、有关幼儿和技术研究的文章或网址链接，资助每年的"发展性软件评定"，开发管理儿童网站。① 儿童与计算机公司的服务包括评价 3—8 岁幼儿使用的教育软件，其使用的评价工具 Haugland/Shade 发展性软件标准量表（表 3 – 11）由霍兰德（Haugland）和希尔德（Shade）于 1985 年在儿童发展理论和发展适宜性实践的哲学方法基础上设计开发，历经两次修订——1990 年整合进"反偏见论"（anti-prejudice deduction）以确保幼儿教育软件能够反映社会文化的国际性和差异性；1996 年将"无暴力性"（non-violence）纳入其中，以保证幼儿接触积极的社会价值，"技术特征"得以拓展则是应技术发展的需求。修订后的量表核心内容是年龄适宜性、儿童控制、清晰的指导、可延伸的复杂性、操作的独立性、无暴力性、过程导向性、技术特征、模拟真实性和可变换性，每项标准对应 2—9 个子标准，其中十项标准的分值为 2—9.5 分，反偏见论的分值为 0—1 分，总分高于 7 分（满分为 10 分）的幼儿教育软件被认为是发展适应性的。②

Haugland/Shade 发展性软件标准量表的设计较为简单实用，更重要的是其设计思想基础——"发展适宜性"最具倡导性和研究价值，已获得美国幼儿教育协会（NAEYC）和诸多国家学者的认可，成为美国目前较权威的幼儿教育软件评价标准。儿童与计算机公司是美国另一个也是最重要的一个研究型幼儿教育软件评价机构代表，不同的是该机构是基于之前大学研究计划而建立的私人商业机构，虽然具有一定营利性质，但是其商业利益并未影响其幼儿教育软件评价的专业服务，这也是美国诸多营利性质的第三方幼儿教育软件评价机构获得认可和长足发展

---

① KIDS&Computers Inc. http：//www. kidcomputers. com.

② Susan W. Haugland, Mark D. Bailey, Elma A. Ruiz. The Outstanding Developmental Software and Web Sites for 2001. *Early Childhood Education Journal*, 2002, 29（3）：191.

的重要原因之一。尽管如此，该公司所使用的 Haugland/Shade 发展性软件标准量表最近的一次修订也是 1997 年，距今已有 17 年之久。在教育信息化日新月异的今日，该量表虽然仍有极高参考和研究价值，但其研究更新还是稍显滞后，我们期待该公司能继续做出更令幼儿教育软件评价领域瞩目的研究。

表 3 – 11　　　　　　　　　　发展性软件标准量表

(修订版)[1]

注：该评价量表由霍兰德于 1996 年独立修订而成

4. 协会组织

（1）家长选择基金会

家长选择基金会（Parents' Choice Foundation，简称 PCF）成立于 1978 年，是美国最早指导家长和教育者选择高质量儿童媒体产品和玩具的非营利机构，其事务委员会由教育者、科学家、表演艺术家、图书

---

[1]　Susan W. Haugland, Jason L. Wright. Young Children and Technology：A World of Discovery. New York Allyn & Bacon, 1997：36.

管理者、家长及儿童组成。① PCF 旨在为不同背景、年龄、技能及发展水平的儿童推荐最好的文化产品。评选的产品包括电视、书籍、DVD、杂志、电脑软件、玩具及电脑游戏等。

PCF 设立的"家长选择评奖"（Parents' Choice Awards）有"儿童产品届的奥斯卡"之称，旨在评选优秀的教育软件，帮助家长和教育者及时了解最新和最优的教育产品，评价过程客观专业且富有幽默感。"家长选择评奖"评审考虑的评价要素包括：学习价值、玩乐价值、吸引性和花费。被评价的软件产品不能带有任何偏见和暴力内容，软件产品的原创性在很大程度上左右了评价结果。② "家长选择评奖"分为六个等级（如表 3 – 12）：金奖、银奖、推荐奖、认可奖、经典奖、有趣奖。每个奖项都有授奖说明，例如"金奖"和"银奖"关注软件的质量和普遍性人类价值（universal human value）；卓越、能达到认可奖等级、基本符合评价标准和有吸引性的软件获得"推荐奖"；"认可奖"表明软件能够在体质、情感、社交和学术能力上促进儿童的发展；"经典奖"表明软件能在 5 年内保持独特性和优异性；无暴力内容、设计良好、有趣和年龄适宜的教育性或非教育性软件可获得"有趣奖"。

表 3 – 12                              家长选择评奖表③

| 奖项 | 奖项设置简要说明 |
| --- | --- |
| | "金奖"授予那些被认为具有极高质量和吸引性的书籍、玩具、游戏、视频、软件、杂志、音频录音以及电视节目。评判的标准包括最优产品标准、普遍的人类价值和促使其脱颖而出的那些独特的、个性的质量特征。 |
| | "银奖"被授予那些娱乐和帮助儿童发展普遍的道德态度以及严格的标准和技能的优秀产品。银奖是其次高的奖项，需得到一到多个评价团体评价。和金奖奖励产品质量和人类价值一样，银奖也高度重视。 |
| | "推荐奖"表明该产品足够卓越，能够获得认可的评分等级。换言之，该评价表示了委员会因为产品质量、吸引性和符合了预期目标而给出此评价。 |

---

①  Parents' Choice Foundation. http：//www. parents-choice. org.

②  Ibid.

③  Parents' Choice Awards. http：//www. parents-choice. org/allawards. cfm.

| 奖项 | 奖项设置简要说明 |
|------|------------------|
| | "赞同奖"基于产品质量、娱乐性和展示人类价值授予此奖，表明产品帮助儿童在体质上、情感上、社交上和学术上的发展能力。 |
| | "经典奖"对于满足金奖标准的和五年里保持其独创的优异性的材料授予此奖。表明产品、软件程序或者经检验经得起时间的考验。 |
| | "趣味产品奖"的设置是应 PCF 的要求，以识别有价值的和年龄适宜的产品，如为 Grandma、聚会游戏或者生日礼物制作纪念品，未包含暴力内容的、可能不是教育性的产品，但是同样设计良好和有趣。 |

　　PCF 能够对软件市场提供综合客观的评价报道，"家长选择评奖"很好地诠释了"发展适宜性实践"的哲学思想。但该评奖活动过于依赖外部资金的支持，一旦资金供给不足，就可能影响评价活动的常规开展或导致若干奖项的取消，这将影响每年评价报道的综合性程度。此外，"家长选择评奖"的评奖设置说明过于笼统，有些重要说明甚至不够明了，如软件的教育价值和技术价值是如何体现，用户如何简单和清晰地判断幼儿教育软件的发展适宜性。此外，评价结果所包含的评价信息不甚详细，对于幼儿教育软件初用者而言足矣，但教师若需要进一步的软件信息则显得捉襟见肘。

　　（2）EPIE 协会

　　教育产品信息交流协会（Educational Products Information Exchange Institute，简称 EPIE 协会），1967 年由 Ken Komoski 受纽约州立大学校务委员会的特许建立，是第一个和规模最大的致力于系统性评价软件的组织，① 也是最早应用数据库帮助教育者获取详细软件产品信息的组织之一。其活动涉及开发整体课程方案、资助 LINCT 联盟（Learning and Information Networking for Communities via Technology）和评价课程软件等。EPIE 协会在 80 年代开始评价软件，并将评价信息保存在 TESS

---

① Educational Products Information Exchange Institute. http：//www. epie. org.

（The Educational Software Selector，Komoski&Haven，1983—1993）数据库。① 软件评价的服务对象包括幼儿（3—8 岁）到大学生，幼儿占服务对象比例的 30% 左右。1983 年至 1993 年期间用户可通过纸版形式获得 TESS 信息，之后以 CD - ROM 形式获得。

　　EPIE 协会于 1981 年和哥伦比亚大学师范学院微机资源中心展开了一项系统性分析学校微机课程软件的计划，② 其开发的"微机课程评价表"（见表 3 - 13）被应用于这项分析。评价表包含软件信息、评价内容、样本程序、描述与评价、总结和微评价六个部分。第二部分为客观性评价，最后三部分为主观性评价。"评价内容"包含 16 项指标：适宜性、准确性/公正性、清晰性、技术质量、接触软件内容的方法、文件材料（documentation，如教师指导等）、支持材料、用户控制、反馈、图表、音频、随机生成（random generation）、易使用、测试、向下分级（branching）、记录管理。每项指标列举了 2—9 个问题，用"Yes"和"No"回答或"1、2、3"进行等级评定。"描述与评价"和"总结"分别从 7 个方面和 5 个方面对软件程序的教育价值和技术特征进行描述性评价。"微评价"则从教学设计和软件设计两方面对软件程序进行打分（0—10 分）。该评价表从开发者的基本原理（developer's rationale）、学习目标、内容、方法或方案、测试和评价方法对课程软件进行了系统性分析，这对教育计算机领域的改变和发展起到了关键作用。③

表 3 - 13　　　　　　　　　　EPIE 微机课件评价表④

微机课程软件评价表分析者姓名＿＿＿＿＿＿＿＿＿＿＿＿　日期＿＿＿＿＿

软件程序名称＿＿＿＿＿＿＿＿＿＿＿＿＿＿＿＿＿＿＿＿＿＿＿＿

生产者（名字）＿＿＿＿＿＿＿＿＿＿＿　版权＿＿＿＿＿＿＿＿＿

　　　（地址）＿＿＿＿＿＿＿＿＿＿＿　作者＿＿＿＿＿＿＿＿＿

　　　（电话）＿＿＿＿＿＿＿＿＿＿＿

---

① Warren Buckleitner. The State Of Children's Software Evaluation-Yesterday，Today and In the 21st Century. *Information Technology in Childhood Education Annual*，1999（1）：211—220.

② Nancy Baker Jones，Larry Vaughan. *Evaluation of Educational Software：A Guide to Guides.* Washington，DC.：National enst. of Education，1983：16—32.

③ Nancy Baker Jones，Larry Vaughan. *Evaluation of Educational Software：A Guide to Guides.* Washington，DC.：National enst. of Education，1983：16—32.

④ Ibid.，17.

续表

硬件配置　　　　　　　　　　　　　软件程序要素　　　价格
微机模式　所需 DOS 系统版本　所需固件或附件　（磁盘数量，磁带，存储只读器，教师指
　　　　　　　　　　　　　　　　　　　导，帮助材料）

_____　　_____

由生产商确定的最终用户：　　　　　　　　细化价格：
年龄或年级范围　　　　　　　　　　　　每个独立可用的构成要素
减少备份磁盘的花费_____
适用的组织形式：个人　双人　小组　班级
学生进入所需资格（若可能，则引用开发者，或推断具体细节）

_____

生产商对该软件程序的课程角色定位：
数学　拼写　语言艺术　阅读　社会研究　科学　其他_____
应用　基础　编程　计算机语言　管理　　　其他_____
练习与实践　辅导性　教育游戏　模拟　　　其他_____
内容主题：简述或推断
　　　　　　　　　　　　　　　　　　　软件程序意图
_____　开发商的阐述：
磁盘上的其他软件程序（若可用）　　　　软件开发或实地测试证据：

_____

目的和目标_____

软件内容是否与目的和目标相符？是　否　　　学习者目标
描述_____　　　_____
_____　　　举例 3 个_____

以下评价量表（高，中，低）帮助回答每个问题，在适宜情况下使用该量表，在空白处做
标记，以区分回答
内容
描述单元里所展示的内容类型（例如，10 个游戏练习词汇关联着 3—5 个不同的难度水平）

| | 高 | 中 | 低 |
|---|---|---|---|
| 对目标用户的适宜性 | | | |
| ·软件内容是否与学生能力水平相适宜？ | 1 | 2 | 3 |
| 描述_____ | | | |
| ·软件适用范围是否合理？（软件使用时间长短和活动） | 1 | 2 | 3 |
| 描述_____ | | | |
| ·阅读性是否适宜？（词汇，句子，结构） | 1 | 2 | 3 |
| 描述_____ | | | |
| ·发音是否适宜？ | 1 | 2 | 3 |
| 描述_____ | | | |

·除生产商建议以外，描述使用该软件的其他情况（例如适用的特殊人群，使用形式，个性
化特征等）

| 准确性和公正性 | | |
|---|---|---|
| ·实际展示的内容是否准确？ | 是 | 否 |
| 列出错误_____ | | |
| ·软件程序无拼写、标点符号和语法错误？ | 是 | 否 |
| 列出错误_____ | | |
| ·软件内容是否符合社会平衡性？ | 是 | 否 |
| 描述_____ | | |
| ·软件内容无偏见（人种，性别，种族） | 是 | 否 |
| 描述_____ | | |

·描述任何潜在的争议内容或方法：

清晰性
·指令是否明确？　　　　　　　　　　　　　　　　　　　　　　1　2　3
描述＿＿＿＿＿＿＿＿＿＿＿＿＿＿＿＿＿＿＿＿＿＿＿＿＿＿＿＿＿
·以帧格式和阅读性术语展示的内容是否清晰？　　　　　　　　　　1　2　3
描述＿＿＿＿＿＿＿＿＿＿＿＿＿＿＿＿＿＿＿＿＿＿＿＿＿＿＿＿＿
·内容展示格式是否持久？　　　　　　　　　　　　　　　　　　　1　2　3
描述＿＿＿＿＿＿＿＿＿＿＿＿＿＿＿＿＿＿＿＿＿＿＿＿＿＿＿＿＿
·所用例子和说明是否有效？　　　　　　　　　　　　　　　　　　1　2　3
描述＿＿＿＿＿＿＿＿＿＿＿＿＿＿＿＿＿＿＿＿＿＿＿＿＿＿＿＿＿
·所用暗示和提示是否有效？　　　　　　　　　　　　　　　　　　1　2　3
描述＿＿＿＿＿＿＿＿＿＿＿＿＿＿＿＿＿＿＿＿＿＿＿＿＿＿＿＿＿
技术质量
·软件无编程错误？　　　　　　　　　　　　　　　　　　　　　　是　　否
描述＿＿＿＿＿＿＿＿＿＿＿＿＿＿＿＿＿＿＿＿＿＿＿＿＿＿＿＿＿
·控制键是否可持久使用？　　　　　　　　　　　　　　　　　　　是　　否
描述＿＿＿＿＿＿＿＿＿＿＿＿＿＿＿＿＿＿＿＿＿＿＿＿＿＿＿＿＿
·软件是否易运行？　　　　　　　　　　　　　　　　　　　　　　是　　否
描述＿＿＿＿＿＿＿＿＿＿＿＿＿＿＿＿＿＿＿＿＿＿＿＿＿＿＿＿＿
描述保证条款
描述＿＿＿＿＿＿＿＿＿＿＿＿＿＿＿＿＿＿＿＿＿＿＿＿＿＿＿＿＿
接触内容的途径
·接触方法对目标用户是否适宜？　　　　　　　　　　　　　　　　1　2　3
描述＿＿＿＿＿＿＿＿＿＿＿＿＿＿＿＿＿＿＿＿＿＿＿＿＿＿＿＿＿
·接触方法是否促进了内容展示的清晰性？　　　　　　　　　　　　1　2　3
描述＿＿＿＿＿＿＿＿＿＿＿＿＿＿＿＿＿＿＿＿＿＿＿＿＿＿＿＿＿
文件材料（例如教师指导等）
·是否有教学建议？若有，描述其价值　　　　　　　　　　　　　　是　　否
描述＿＿＿＿＿＿＿＿＿＿＿＿＿＿＿＿＿＿＿＿＿＿＿＿＿＿＿＿＿
·教师指导是否有助于组织教学要素（教材等材料）并使其与软件程序相关联？　是　否
描述＿＿＿＿＿＿＿＿＿＿＿＿＿＿＿＿＿＿＿＿＿＿＿＿＿＿＿＿＿
·教师指导是否有助于软件与基础课程的整合？　　　　　　　　　　是　　否
描述＿＿＿＿＿＿＿＿＿＿＿＿＿＿＿＿＿＿＿＿＿＿＿＿＿＿＿＿＿
·技术解释对于软件应用是否清晰完整？　　　　　　　　　　　　　是　　否
描述＿＿＿＿＿＿＿＿＿＿＿＿＿＿＿＿＿＿＿＿＿＿＿＿＿＿＿＿＿
·生产商是否推荐教师培训？　　　　　　　　　　　　　　　　　　是　　否
描述＿＿＿＿＿＿＿＿＿＿＿＿＿＿＿＿＿＿＿＿＿＿＿＿＿＿＿＿＿
·若无推荐教师培训，以你之见，是否需要？应当包括什么？　　　　是　　否
描述＿＿＿＿＿＿＿＿＿＿＿＿＿＿＿＿＿＿＿＿＿＿＿＿＿＿＿＿＿
帮助材料
·列出和识别帮助材料的作用：

＿＿＿＿＿＿＿＿＿＿＿＿＿＿＿＿＿＿＿＿＿＿＿＿＿＿＿＿＿＿＿
·帮助材料对软件应用是否必要？　　　　　　　　　　　　　　　　是　　否
描述＿＿＿＿＿＿＿＿＿＿＿＿＿＿＿＿＿＿＿＿＿＿＿＿＿＿＿＿＿
用户控制
·是否给用户提供选择内容主题（课程、游戏等）的机会？　　　　　是　　否
描述＿＿＿＿＿＿＿＿＿＿＿＿＿＿＿＿＿＿＿＿＿＿＿＿＿＿＿＿＿
·学生能否评价教学？　　　　　　　　　　　　　　　　　　　　　是　　否
描述＿＿＿＿＿＿＿＿＿＿＿＿＿＿＿＿＿＿＿＿＿＿＿＿＿＿＿＿＿
·学生能否在任一时间退出软件程序？　　　　　　　　　　　　　　是　　否
描述＿＿＿＿＿＿＿＿＿＿＿＿＿＿＿＿＿＿＿＿＿＿＿＿＿＿＿＿＿
·学生能否自己调整内容展示的速率？　　　　　　　　　　　　　　是　　否
描述＿＿＿＿＿＿＿＿＿＿＿＿＿＿＿＿＿＿＿＿＿＿＿＿＿＿＿＿＿

| | | |
|---|---|---|
| ·学生能否请求帮助或暗示类型的选择？ | 是 | 否 |
| 描述_____ | | |
| ·教师能否重置软件程序的参数？ | 是 | 否 |
| 描述_____ | | |
| ·教师能否增加或改变软件展示的内容？ | 是 | 否 |
| 描述_____ | | |

反馈

| | | | |
|---|---|---|---|
| ·对目标用户而言，反馈是否适宜？ | 1 | 2 | 3 |
| 描述_____ | | | |
| ·反馈内容是否无威胁性？ | 1 | 2 | 3 |
| 描述_____ | | | |
| ·反馈是否避免促进错误回应？ | 1 | 2 | 3 |
| 描述_____ | | | |
| ·反馈是否有效？ | 1 | 2 | 3 |
| 描述_____ | | | |

| | | |
|---|---|---|
| ·反馈是否快速？ | 是 | 否 |
| 描述_____ | | |
| ·描述正确回应后的典型反馈：_____ | | |
| ·描述错误回应后的典型反馈：_____ | | |

图表

| | | | |
|---|---|---|---|
| ·图表对目标用户而言是适宜的？ | 1 | 2 | 3 |
| 描述_____ | | | |
| ·图表是否具有程序指令的特征？ | 1 | 2 | 3 |
| 描述_____ | | | |
| ·图表是否密切结合软件内容？ | 1 | 2 | 3 |
| 描述_____ | | | |
| ·图表是否增加了用户的兴趣？ | 1 | 2 | 3 |
| 描述_____ | | | |
| ·图表会分散用户注意力吗？ | 1 | 2 | 3 |
| 描述_____ | | | |
| ·图表是否清晰？ | 1 | 2 | 3 |
| 描述_____ | | | |

| | | |
|---|---|---|
| ·图表使用是否可选择？ | 是 | 否 |
| 描述_____ | | |
| ·描述图表（例如，颜色、解决办法、内容等）：_____ | | |

音频

| | | |
|---|---|---|
| ·音频是否为软件程序的构成？ | 是 | 否 |
| 描述_____ | | |

| | | | |
|---|---|---|---|
| ·音频是否促进软件程序功能？ | 1 | 2 | 3 |
| 描述_____ | | | |

| | | |
|---|---|---|
| ·音频能否使用耳机或者关闭？ | 是 | 否 |
| 描述_____ | | |

随机衍生性

| | | |
|---|---|---|
| ·活动中是否应用了随机衍生功能？ | 是 | 否 |
| 描述_____ | | |
| ·反馈时是否应用了随机衍生功能？ | 是 | 否 |
| 描述_____ | | |

| | | | |
|---|---|---|---|
| 软件程序的易使用性？ | 1 | 2 | 3 |
| ·评价是否测量了目的和目标？ | 是 | 否 | |
| 描述_____ | | | |

测试

· 软件程序是否允许所有人员进行测试? 是 否

描述_____

· 是否包括其他测试(课前预测、掌握能力、可印刷性) 是 否

描述_____

分级

· 软件程序是否自动为内容回顾进行分级? 是 否

描述_____

· 软件程序是否自动在课后分级? 是 否

描述_____

记录管理

· 软件系统是否一直有记录? 是 否

描述_____

· 是否可在任一时间获取数据? 是 否

描述_____

· 学生记录能否识别特殊难度? 是 否

描述_____

· 学生记录是否具有培养性? 是 否

描述_____

· 存有多少班级以及多少学生的记录? 是 否

描述_____

· 班级记录能否识别特殊难度? 是 否

描述_____

· 班级记录是否具有培养性? 是 否

描述_____

· 管理系统是否易使用? 1 2 3

描述_____

· 描述软件程序如何提示学生所获成就(上课时/课后)

样本框架

· 描述3—5个代表性画面的位置:

描述与评价

A. 描述软件程序的总体机构

1. 一个单元或一个磁盘有多少课程?

2. 课程如何组织?

a. 词汇数量

b. 学习的大概时间

B. 描述一个学生从开始到结束是如何通过特别课程取得进步的?

C. 描述教师在软件程序使用中的角色(例如,设置课程、干预作用等)。

D. 描述软件程序的价值(例如,软件内容的重要性、内容有效展示、教学性设计的质量)。

E. 文件材料

1. 描述文件材料(手工绘图、教师指导等)。

2. 评估技术性方面的有用性。

3. 评估教育性方面的有用性。

F. 管理系统

1. 描述管理系统中的测试和随时记录。

2. 评估测试的价值。

3. 评估记录系统的价值。

G. 评估帮助材料对于软件程序的价值。

总结
H. 讨论软件程序是否充分发挥了计算机的独特能力。
I. 描述软件程序的优点。
J. 描述软件程序的缺点。
K. 为生产商修订和改进软件程序提供具体的建议。
L. 经过审慎的考虑后，你是怎么判断软件程序的总体质量。
概要评分
对以下每一项进行量化打分，最低 1 分，最高 10 分
教学设计的总体评分 _____
软件设计的总体评分 _____

通过分析得知，"微机课件评价表"的设计应用了"发展适宜性实践"的哲学思想，主要关注软件的教育价值和技术特征。然而，量表的设计和使用性可能过于专业，对于具有一定专业幼儿教育知识的使用者来说是适宜的，但是降低了该量表对于一些非专业人士的可使用度，例如家长和幼儿，这也可能导致评价主体构成的不完整性，进而降低了幼儿教育软件评价的有效性。

### 四、美国幼儿教育软件评价机构运营模式及其特点分析

美国是一个教育水平极为发达的国家，由于其长期实行的自由资本市场运行体系和教育分权管理的制度，美国的私人资本占据统治地位，教育的发展也主要依靠民间力量来促进和平衡，因而民间教育机构发展相对迅速和庞大。通过具体分析美国幼儿教育软件评价机构发现，在美国，没有哪种幼儿教育软件评价机构优先发展或被相关政策"倾斜"照顾，从这一点上可以看出，美国幼儿教育软件评价机构走的是自组织性运营模式，即政府不做干预或主动的官方引导，主要依靠数量庞大的第三方幼儿教育软件评价机构来开展幼儿教育软件的相关评价工作，进而支持学前教育信息化的不断推进。具体来说就是：美国幼儿教育软件评价机构以"发展适宜性实践"和"儿童发展理论"为主要指导思想，依托先进的技术为支撑，走向多元化评价主体和价值认识的发展道路。归纳而言，美国幼儿教育软件评价机构的运营模式存在着以下几方面的特点：

（一）机构组织类型和评价方式、方法的多元化
多元化是美国幼儿教育软件评价机构最显著的一个特点：一是评价

机构的类型呈现出多元化，同类型评价机构的组织形式也不尽相同。早期的幼儿教育软件评价机构多为实体形式，技术的发展拓展了评价机构类型和组织形式的单一性，媒介机构的发展充盈了幼儿教育软件评价机构。二是评价机构的功能多元化。从上面评价机构的介绍分析看出，美国幼儿教育软件评价机构在执行软件评价工作的基础上发展出了其他的相应功能，如提供与评价有关的培训服务、开发管理发布评价信息的网站、资助评价的研究项目等，并根据不同的评价服务对象细致分化这些功能，以满足日益不同的评价需求。三是评价机构采用的评价方式多元化。按照媒介划分包括在线网站评价和杂志发布的评价，量表式评价是幼儿教育软件评价机构应用最为广泛的评价方式，利于对幼儿教育软件进行量化和定性分析，其他的评价方式还有奖项式评价等。

（二）幼儿教育软件评价专业化

美国幼儿教育软件评价机构具有很强的专业基质，主要体现在：拥有开展评价工作的专业理论指导思想和对幼儿教育软件评价研究的实践基础；使用的评价工具是在研究的基础上独立开发的，应用了相关理论和研究结果；幼儿教育软件评价机构一般采用定性和定量相结合的评价方式，评价标准是从幼儿教育和计算机技术等专业角度来设定和表述；幼儿教育软件评价工作由评价机构组织专业的"评价主体"实施，包括幼儿教育者、教育技术专家等。为增加软件评价的有效性，除对软件进行实证测试研究，幼儿教育评价机构还引入家长和儿童参与幼儿教育软件评价工作，与前者形成"评价共同体"，有效避免评价过程中的主观性，进而推动评价活动高效开展、评价信息有效利用和评价目标最高效达成。

（三）技术与幼儿教育的综合化

幼儿教育软件评价是一种兼具技术性和教育性的综合性工作，幼儿教育软件评价机构不仅考虑技术的问题，更考虑幼儿教育的问题。作为学习辅助工具，幼儿教育软件具有技术特征。其开发设计、安装更新和使用维护需以技术为支撑，以便教育者、家长和幼儿的简易操作。作为人机互动型认知工具，幼儿教育软件兼具教育特征。评价工作的开展需要以幼儿的身心发展水平，如学习能力、兴趣、性别、年龄等客观内容为前提，以幼儿教育软件的使用对幼儿潜能的教育影响为考量，更好地促进幼儿的适宜性发展。尤其是大多数评价机构以美国幼儿教育协会关于幼儿教育的基本立场——"发展适宜性实践"作为幼儿教育软件评价的基本立场，这为幼儿教育软件评价机构未来的发展奠定了理论基础。

（四）自我构成与运行的系统化

从内部角度看，幼儿教育软件评价机构可视为一个"自我完整"的系统，包含成熟的哲学理论思想、明确的评价目标、专业完善的评价标准、全面具体的评价内容、科学客观的评价方法。从外部角度看，各评价机构在运行上有较为固定的资金支持和自主管理的体系（政府资助的评价机构不受资助方的限制和约束），不同子部门在相互协调的基础上组成评价机构，形成评价合力，共同完成评价工作；在评价活动中，幼儿教育软件评价机构结合教育性、技术特征和软件内容等方面对幼儿教育软件进行系统性分析：信息收集、内容分析、质量判断、结果发布、信息反馈、改进完善，以提高幼儿教育软件评价的效度，达到全面评定幼儿教育软件适宜性的目的。

**五、美国幼儿教育软件评价机构发展经验**

研究美国幼儿教育软件评价机构并非为综述其发展历程，而是总结先进成熟的经验以期对我国幼儿教育软件评价和幼儿教育软件评价机构的发展有所裨益。总体而言，美国幼儿教育软件评价机构的发展经验归结为以下两个方面：

一是美国幼儿教育软件评价机构发展经验的优势。首先，美国幼儿教育软件评价机构在其发展之初就保持了高度的专业性，而客观性这一要求也自始至终伴随着幼儿教育软件评价活动的开展。其次，美国幼儿教育软件评价机构的研究性发展道路是其享誉世界的重要原因，也是评价机构维系良性发展的主要因素。最后，国家层面对信息技术之于幼儿教育的高度重视和科学技术在幼儿教育领域的高效应用是美国幼儿教育软件评价发展先进和评价机构成熟快速发展的重要动力。

二是美国幼儿教育软件评价机构发展经验存在的问题。首先，专业性既是美国幼儿教育软件评价机构发展经验的优势，也是其劣势，原因在于一些研究型评价机构开发的评价列表可能过于专业性，致使幼儿教育经验不足的初用者如家长和幼儿不能有效利用这些评价工具获取所需的评价信息。其次，一个不可忽视的事实就是一些幼儿教育软件评价机构开发的评价工具，尤其是评价列表的更新速度滞后。例如，在幼儿教育领域和信息技术领域品誉极高的 Haugland/Shade 发展性软件评价量表修订版完成于 1997 年，距今已过 17 年之久。虽然，该量表仍然具有很高应用和研究价值，但仍不能避免对现代信息技术教育快速发展所带来的种种问题的考虑。最后，任何幼儿教育软件评价机构无法但必须面对的现实问题是，如何使幼儿教育软件评价发展的步伐及时赶上幼儿教育软件更新换代的速度，因为信息技术的发展和应用始终让幼儿教育软件评价研究无法望其项背。因而，幼儿教育软件评价机构和研究者还需时刻对幼儿教育软件评价研究保持高度的热情。

美国幼儿教育软件评价机构的发展如同其幼儿教育软件评价研究一样，都存在着长足发展的优势，也有着无法忽视的问题。借鉴美国幼儿教育软件评价和评价机构的先进发展经验并非完全照搬吸收，我国幼儿教育软件评价和评价机构的发展有着自身的独特性，研究者将这些研究成果"请进来"和"拿来"的同时，也应审慎、科学地对待其中存有的些许瑕疵，唯此才可始终贡献于我国刚刚起步的幼儿教育软件评价和评价机构的发展。

**六、美国幼儿教育软件评价机构发展趋势**

**（一）幼儿教育软件评价机构的评价与研究一体化**

受实证主义传统的影响，美国幼儿教育软件评价机构素有科学研究的取向。如西北教育、儿童与计算机公司和哥伦比亚公立学校等在成立之初以教育研究为主，之后发展到软件评价领域，并与评价实践相结合。这些机构在研究的基础上根据客观实际选择调整评价标准或指标，提高幼儿教育软件评价的效率，促进软件评价的科学发展，实现评价与研究的一体化。此外，NAEYC 和苏姗·霍兰德倡导的发展适宜性实践的思想在幼儿教育软件评价领域获得高度认同，成为幼儿教育软件评价机构开展评价研究的指导思想。在继承研究传统的基础上，美国幼儿教育软件评价机构正营造评价与研究关系密切化的良性环境，走向以"研究促进软件评价、以评价促进软件发展"的幼儿教育软件评价发展路径。

（二）第三方机构将成为美国幼儿教育软件评价的主力军

第三方的幼儿教育软件评价机构是独立于软件开发者和用户的非政府性组织，不充当国家政策的代言人，具备专业的软件评价基质，在评价过程中能够保持相对独立性，追求幼儿教育软件评价客观性、专业性和科学性，提供的软件评价服务趋于多样性和针对性。从上文评价机构的分析看，第三方机构在幼儿教育软件评价机构类型的组成中所占比例较大，组织形式也呈多元化，其成员数量仍处于不断扩展的态势，在丰盈幼儿教育软件评价机构组织形式的同时，也在愈发突显其促进幼儿教育软件评价有效性的角色和作用。

（三）加强不同评价机构之间的合作

幼儿教育软件评价是一项消耗成本的工作，一些评价机构为验证软件的教育效果引入了软件使用的实验研究，加剧了软件评价工作的繁杂性。如果不同的幼儿教育软件评价机构之间开展合作项目，建立一个包含评价机构及相关评价信息的机构库，在各自的评价过程中互相分享借鉴评价结果，将会避免不必要的工作。这一问题已经引起了相关机构的关注，如 EPIE 协会和哥伦比亚大学师范学院早在 1981 年就合作开展评价分析学校微机课程软件的计划；信息产业联盟和软件发布者联盟于1999 年合并形成软件与信息产业联盟，旨在使成员之间共享软件产品信息，评选最优软件产品。此外，若幼儿教育软件评价的主观性问题能够减到最低限度，不同评价机构的评价结果将会趋向一致性，进而为各幼儿教育软件评价机构创立基本的合作条件。

（四）幼儿教育软件评价机构的业务趋向网络化

在美国幼儿教育软件评价机构早期发展阶段，评价信息的载体大都以传统的纸质媒介为主（如书籍、杂志或手册等）。随着技术的发展，许多评价机构都建立了自主管理的网站或数据库，用于发布评价信息或者在线研讨等，幼儿教育软件评价机构的业务范围得以拓宽，相关的评价服务逐步趋向网络化。这成为评价机构、软件开发者和软件用户之间互通有无的桥梁：出版商可以零距离聆听软件用户的心声，评价机构则能对软件用户的反馈做出及时有效的回应，三者之间形成幼儿教育软件评价的"环形圈"。在学前教育信息化逐步推进的今天，以网络为载体的评价方式因方便快捷备受美国幼儿教育软件评价机构和软件使用者的日益青睐。这种以网络为媒介的评价业务契合时代的呼唤，将会继续向前发展。

## 第四节　英国幼儿教育软件评价机构

### 一、英国幼儿教育软件评价机构概述

英国在幼儿教育信息化领域中处于世界领先地位，这与政府政策和财政的引导支持、信息技术资源在幼儿教育阶段的开发利用是截然难分的。除此之外，幼儿教育软件评价机构的系统构建也是一个重要因素。因此，了解和把握英国幼儿教育软件评价机构的发展概况对于深入研究幼儿教育软件评价和学前教育信息化有着不可估量的价值。

本研究在研读相关资料的基础上发现，促成英国幼儿教育软件评价机构发展的原因主要归结为两个方面：一是科学技术的飞速发展。以互联网技术和信息技术为代表的新兴技术在 20 世纪 90 年代和 21 世纪前期如雨后春笋般地快速生长，其发展步伐和令人瞩目的教育应用价值改变了人们对于教育和学习方式的传统理解。这些新兴技术促使了一系列教育资源和学习工具的诞生，并在教育领域中得到广泛的应用，使人们目睹了耳目一新的教育方式和学习方式的变革，也引领教育开始走向信息化时代。例如，英国政府于 1978 年提出要把计算机引入校园，30 多年后的今天，英国已经走在了教育技术革新领域的前列；[①] 二是英国 ICT 教育的全面推行。20 世纪 70 年代，面对着风云变幻、错综复杂的国际形势，加之传统国际地位所要应对的挑战也日益艰难，英国开始着手于教育的重大变革，信息技术教育被列入学校教育课程体系中。90 年代中后期，ICT（Information and Communication Technology）教育在学前教育领域得到延伸，教育软件作为学习工具和教育资源在幼儿教育领域被广泛应用，这就需要以较高的标准来保证这些教育软件教育价值的最大化，而幼儿教育软件评价机构正是扮演这种标准评判和执行的角色。如何评判这些教育资源和学习工具的价值、如何有效地服务于 ICT

---

① 许林：《BECTA 在英国 ICT 教育中的作用及其启示》，《电化教育研究》2010 年第 7 期，第 113—116 页。

教育的需求成为教育机构的首要任务，因而，幼儿教育软件评价机构应运而生，并逐步成熟发展起来。

从 20 世纪 90 年代至今，英国幼儿教育软件评价机构已经历 20 余年的发展历程，大体而言，可划分为三个时期：

第一，酝酿期。在 20 世纪 90 年代之前的这段时间里，英国并没有幼儿教育软件评价机构，甚至没有幼儿教育软件评价机构的雏形。这首先是因为技术的限制，教育软件的功能和适用性并未在幼儿教育领域中获得普遍认可，其使用规模也未引起相关教育评价机构的重视。其次，当时英国传统国际地位正面临来自世界范围内的挑战，对于国内教育发展的关注不能做到面面俱到。但是，英国在这一时期对于信息技术教育做出的努力仍对后来的教育信息化起到了不可忽视的作用，例如"英国在 1988 年通过的《教育改革法案》将信息技术课程列入了全国统一课程中"，① 这对于信息技术与教育的整合以及信息技术工具的应用起到了积极作用，也为英国幼儿教育软件评价机构的发展奠定了政策引导性的基础。

第二，蓬勃期。20 世纪 90 年代，英国政府开始重视信息技术教育价值的全面呈现，技术在幼儿教育领域的广泛应用和个人计算机的普及促进了包括教育软件在内的幼儿教育资源和工具的蓬勃发展。随之而来的，关于如何评判这些幼儿教育软件的质量以及提供教育者和家长所需的教育评价服务成为人们普遍关注的问题。为了满足这方面的需求和完成 ICT 教育计划的实施，诸多幼儿教育软件评价机构应运而生。例如，教师评价教育媒体（TEEM）建立于 1997 年，教育传播与技术署（BECTA）就建立于 1998 年，其他的一些幼儿教育软件评价机构也纷纷在此时期建立（详见表 3 - 14 介绍），英国幼儿教育软件评价机构在此时期呈现出欣欣向荣的景象。

第三，深化发展期。进入 21 世纪，英国幼儿教育软件评价机构的特点在此时期表现为三个方面：一是服务目标明确，以满足 ICT 教育计划的实施和用户的教育资源需求为定向。二是实现了机构内部发展的部

---

① 陈淑慧：《英国 ICT 教育带来的启示》，《中国教育信息化》2012 年第 18 期，第 4—7 页。

分网络虚拟化，进入 21 世纪以来，互联网技术快速触及教育机构的各个领域，幼儿教育软件评价机构也普遍采用互联网技术来使评价过程、信息收集、结果发布等等实现了互联网化，一些机构还开发了基于互联网的信息搜索数据库和平台，建构了评价者、用户双向沟通的虚拟交流平台，促使幼儿教育软件评价趋向网络化。三是机构组织类型的稳固定型。目前，英国幼儿教育软件评价机构基本形成了以政府机构和第三方机构为主的发展类型，这两种类型的幼儿教育软件评价机构极大地促进了英国的教育信息化。以上三方面正积极推动着英国幼儿教育软件评价机构走向技术深化的发展时期。

## 二、英国幼儿教育软件评价机构相关研究

近年来，国内一些研究者基于教育信息化研究的借鉴需求，对英国的教育机构做了较为整体的探讨。例如，韩英、林培英（2004）从软件评价体系借鉴的角度对英国从事 ICT 教育服务的教师评价教育媒体（TEEM）在评价者的选用、评价过程和评价标准等方面进行了较为详尽的论述；[1] 许林（2010）从工作方向、战略目标、工作内容三个方面对英国教育传播与技术署（BECTA）进行了宏观概述，并针对我国的教育信息化工作的实际情况，提出了一些相应的建议与思路。[2]

但是需要指出的是，这些研究都是基于英国教育信息化所做的努力和成就对于我国所能借鉴的层面来讨论教育评价机构，而不是从幼儿教育软件评价机构的层面来研究。国外对于英国幼儿教育软件评价机构的研究为数不多，因而本研究主要基于精心选备和深入研读相关互联网和期刊文献资料的前提下来探寻英国幼儿教育软件评价机构的发展情况，并获得了英国一些典型幼儿教育软件评价机构的基本概况（见表 3 - 14）。

---

① 韩英、林培英：《英国 ICT 教育软件评价组织形式探析——以 teem 网站为例》，《远程教育杂志》2004 年第 4 期，第 33—34 页。

② 许林：《BECTA 在英国 ICT 教育中的作用及其启示》，《电化教育研究》2010 年第 7 期，第 113—116 页。

**表3-14　　英国典型幼儿教育软件评价机构划分类型及简介**

| 机构组织类型 | | 典型例子 | 成立时间 | 性质 | 优势/劣势 |
|---|---|---|---|---|---|
| 政府机构 | | 教育传播与技术署 | 1998年 | 非营利 | 优势：评价结果具有权威性和客观性，具有很强的领导力。<br>劣势：评价业务非专一，并非专门性的幼儿教育软件评价机构。 |
| 软件生产企业 | | Aspexsoftware公司 | 1994年 | 营利 | 优势：评价信息获取便捷，软件产品有很高的品誉。<br>劣势：评价信息简单，涉及评价的其他环节内容较少。 |
| 第三方机构 | 公司 | 教师评价教育媒体 | 1997年 | 非营利 | 优势：各项评价环节极为专业，评价效度和信度较高。<br>劣势：评价主体构成单一化，影响评价需求多元化。 |
| | 在线网站 | Schoolzone | 1997年 | 非营利 | 优势：评价信息获取便捷，对于评价结果转发的奖励措施促进了评价者参与评价的积极性，有利于评价的发展。<br>劣势：评价资金问题值得慎思。 |
| | 杂志出版机构 | Practical Pre-School | — | 非营利 | 优势：评价信息获取便捷、经济，多主体参与评价，以软件测试作为评价结果基础。<br>劣势：多平台和融合机构的管理可能给评价工作带来影响。 |

### 三、英国幼儿教育软件评价机构典型代表分析

#### （一）政府机构

教育传播与技术署①（British Education Communication and Technology Agency，简称BECTA）是英国教育部于1998年设立的非营利机构，其职能是负责教育领域信息通信技术的应用，为教育和技术的发展与学校之间架起桥梁。其具体任务是扩大网络途径，支持信息和技术的应用，改善技术并推动有效的管理，评价信息和通信技术的实践，调研、整合并推广与技术相关的教学法。同时还专门督查、研究信息技术在学校应用的综合效益情况，每年都发布年度督查报告，对学校信息技术应用情

---

① British Education Communication and Technology Agency. http：//www.becta.org.uk/.

况进行评估，重点调查信息技术对学校管理、学和教等的影响及效益。① 同时，BECTA 每年还出版各种有关的教育政策、规划和方案等，并使这些资源可在网上获得免费下载，以便更多的学校、教育机构和企业及时了解相关政策、全国的 ICT 教育发展状况、新技术的使用情况。

除了上述所提供的服务以外，BECTA 也负责全国的教育信息化评奖工作。为了鼓励在教育信息化中作出的努力和贡献，BECTA 设立了四个奖项。"信息与通信技术应用奖"（ICT Application Awards）主要鼓励对 ICT 的应用实践；"信息与通信技术优秀奖"（ICT Excellence Awards）用于评选在 ICT 应用方面比较优秀的学校、地方政府和组织等等；"英国教育培训与技术展奖"（British Education and Training Technology Awards）奖励那些发明高质量教育产品的公司或组织机构，而这些公司生产的教育产品一般代表了 ICT 教育创新产品的发展方向；"数字媒体创新奖"（Innovation for Digital Media Awards）则鼓励创新在教育中所应用的数字视频、数字静像和数字音乐。这些奖项的设立旨在鼓励广大教师有创意地将 ICT 用于教学，增进教学效果，提高学生学习成就。

BECTA 还有一项重要的工作，就是举办"英国教育与技术培训"（British Education and Training Technology，简称 BETT），并设立各种奖项来表彰当年开展 ICT 教育的先进学校、机构以及提供各种新产品、新服务、新方案的教育企业。该项活动最早开始于 1985 年，BECTA 成立后由其负责与其他协会和政府部门合作举办。BETT 奖是英国教育产品界最具权威的评奖之一，共包含 16 个类别的奖项，其评价范围涉及各个阶段包括幼儿教育、中小学教育、继续教育、成人教育以及特殊教育所适用的教育产品。该奖的评价过程（见图 3-3）大致是：首先由软件提交者或生产者通过评奖网站在线申请，填写包括软件基本信息的表格；其次由教育专业人员对这些申请表格进行审核，合格后通知这些软件生产者提交软件；接着在开始第二轮评审前，提交软件的生产者需要缴纳一定的会费和税，之后由多位教育专家对提交的软件进行为期 4 天的评审，每个软件产品仅能申请一个奖项；最后在网上公布获奖者，获

---

① About British Education Communication and Technology Agency. http：//en. wikipedia. org/wiki/Becta.

取评奖的反馈信息。在评价过程中,一般由三十余位评审员来完成一个产品的评价,来自学校以及用户使用产品后所提供的反馈也在评审考虑范围内,而且在世界范围内的任何国家都可以提交产品来参与评价和申请该奖项。

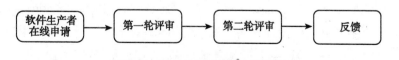

**图 3 – 3 BETT 奖评审过程示意图**

从以上内容可以看出,BECTA 在英国教育信息化中扮演着极为重要的角色,对于幼儿教育软件评价和在 ICT 教育方面所做的贡献和成就有着难以估量的价值。该机构无论是在 ICT 教育所建立的标准还是对评奖工作的开展,都有着极大的影响力和权威性。然而,该机构是政府公共服务性质的幼儿教育软件评价机构,而且主要是从宏观上对教育信息化的各方面工作进行指导协调,虽然其业务涉及英国学前教育阶段,但是并非专门针对幼儿教育阶段适用的教育软件产品,这在一定程度上影响了该机构对幼儿教育软件产品评价的专一性,可能降低幼儿教育软件评价的信度。

(二) 软件生产企业

Aspex Software[①] 建立于 1994 年,是一个独立的教育软件生产公司,拥有着稳定的家庭和学校用户基础,生产的软件已在多个国家使用,并且长期是 Tesco 计算机公司(全球 500 强企业)面向学校的可靠代理商。自 20 世纪 90 年代起,Aspex Software 就开始开发适用于儿童使用的免费跨课程的教育软件,并且为学校和家庭用户提供帮助。Aspex Software 开发的软件适用的年龄范围较广,包括 4—14 岁及 14 岁以上、6—9 岁、5—11 岁、7—16 岁及 16 岁以上。Spex 和 Tab 软件是软件中的经典,由于其具有激励性、关联性、操作简便性以及趣味性等功能,这些软件在生活中常为儿童和成人所使用。

该公司生产的软件都是 3D 版的,其中 Spex 软件使用 2D 和 3D 版本,适用于 4—14 岁及以上的儿童,主要功能是设计空间和打印设计的

---

① Aspex Software. http://www.aspexsoftware.com/index.html.

成品，能够帮助用户设计虚拟的厨房、客厅、卧室、书房、盥洗室，还有 3D 的家具可供摆放。该款软件包含了数学因素，比如房间设计和家具购买的预算、数据表、条形图、饼状图等等，充分开发学习者的数学计算能力。Spex 软件是一个开放性的教育软件，因而很多儿童将其视为教育游戏类型的软件。Spex 系列软件的最新产品叫做 SpexWorlds，包含了六个儿童教育软件设计程序。其中的 House 软件是一个设计房间的游戏软件；Lunar 软件是一个月球基地游戏，儿童可以设计外太空基地；SpexWorld 是一个设计城镇、学校、操场的软件，甚至还为埃及法老设计坟墓。Spex 系列软件在学校的个人电脑上的使用大放异彩，这使其成为了最受欢迎的教育软件之一。

该公司评价的软件产品主要来自自身生产的软件产品，这些评价信息可以在该公司的网站上查询到，并且是免费的。虽然 Aspex Software 公司生产的教育软件产品具有很高的品誉和教育价值，但是其关于自身产品的评价信息过于简单，尤其是软件评价人员、评价过程、评价方式和评价工具的内容都很少涉及，软件用户只能获得很少的关于软件评价信息，这对于软件评价的深入研究有着极为不利的影响，尤其是限制了基于用户维度的软件评价研究。

（三）第三方机构

除上述几种类型外，还存在着独立于幼儿教育软件用户和开发者的第三方幼儿教育软件评价服务机构。该组织类型的一些机构虽然获得来自政府的资金支持，但是在管理性质上仍是独立于政府。总体来看，英国的第三方幼儿教育软件评价机构组织类型主要包含以下三种：

1. 公司

教师评价教育媒体①（Teacher's Evaluating Educational Multimedia，简称 TEEM）成立于 1997 年，是一个独立于政府的、非营利性质的教育评价机构，其主要业务是从事教育软件和教育网站方面的评价服务。TEEM 所获得的资金和帮助来源广泛且都是无偿的，例如英国教育技术部给予了该组织资金援助，剑桥大学所在地的教育联合财团提供了价值不菲的主机设施并对其网站进行维护，大不列颠教育用品协会则成立了

---

① Teacher's Evaluating Edueation Multimedia. http：//teemeducation. org. uk/about-teem.

专家顾问组负责该组织的定期会议等。TEEM 自 1998 年以来一直为教师提供数字资源方面的建议和帮助，该公司由教师组成，也为教师提供服务，帮助教师获得最好的电子资源。该公司自成立以来，其评价出现在全国各类出版媒体、教育媒体和会议中，其对计算机游戏软件的教育价值方面所做的评价将被继续引用和使用。英国《时报》曾这样报道："Teem 对学校软件的评价是货真价实的"；《导报》报道：TEEM 评价的深度和详细度涵盖程序的方方面面，而且还附有实践的教学实例。①TEEM 组织主要基于教育软件受用者维度来开展评价工作，其宗旨是为一线的广大教师提供可以信赖的、实用的教学软件参考，所提供的评价服务对象涵盖各个教育年龄阶段，包括早期幼儿教育、小学教育、中学教育以及其他年龄段。然而，有研究者对该组织进行了专门的研究，认为，"其评价对象主要是在 1—4 学段（英格兰和威尔士的教学学段，一学段：5—8 岁；二学段：8—11 岁；三学段：11—14 岁；四学段：14—16 岁）教学适用的 ICT 软件、网站和工具等"。②TEEM 组织专门用于发布评价信息的平台被称之为"Evaluation Service"，主要发布有关教育资源的评论、评价和案例研究。评价者对资源的评价遵循了一个相关框架，主要考虑以下几个方面：内容、课程领域、易使用、功能性以及价格。TEEM 提供三种类型的评价服务以满足不同情境的需求：一是"专业性评论"（Professional Reviews），主要关注教育资源和产品的内容、功能性和关联性，此类评论预备了一个标准化的框架供评价工作开展。二是"产品评价"（Product Evaluations），该评价以目标用户使用资源时所表现出的有效性为考量，保证了资源之间的比较性。三是"案例研究"（Case Studies），主要关注个体性研究并考虑相关的标准，例如学校类型、能力水平、管理、进步程度，每一个计划都有详细的结果。

参与 TEEM 评价工作的人员都是工作在一线的教师，且这些教师自愿申请成为评价者。作为 TEEM 的评价者所应该具备的条件有：正执教于 1—4 学段；讲授课程属国家课程之列；自己拥有电脑；需要定期查看自己的 E - mail；能够遵守规定的工作时间。评价者如要申请评价不

---

① 韩英、林培英：《英国 ICT 教育软件评价组织形式探析——以 teem 网站为例》，《远程教育杂志》2004 年第 4 期，第 33—34 页。

② 同上。

同的内容还应符合一些附加要求：课程内容的评价者应该是使用课程软件或网站的1—4学段的教师；教学工具和软件（教学应用软件，包括文字处理软件、数据库、技术包等）的评价者应该是掌握信息技术的主要教师；教育网站的评价者应是在教学中使用互联网的教师。教师申请成为评价者获得通过后，在成为正式评价者之前要参加TEEM组织的专门培训。这些培训一般在晚上或周末节假日进行，培训的一切开销费用由TEEM负责。此外，TEEM组织评价软件是有偿的，提交软件的生产者评价一个软件需交纳5英镑的管理费和25英镑的评审费。评价结果会正式通知软件的生产者，并在TEEM网站上公布，供购买软件的用户参考。TEEM开展的评价工作主要在网上进行，所遵循的流程如图3－4所示，最后生成的评价报告如表3－15、3－16所示。

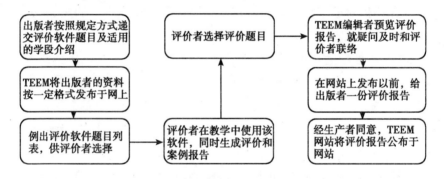

图3－4　TEEM评价过程示意图

表3－15　　　　　　　　　软件与评价者基本信息①

| 评价软件名称 | | 适用学科 | |
|---|---|---|---|
| 出版者 | | 使用专题 | |
| 评价者 | | 使用学段 | |
| 工作单位 | | 学生年龄 | |
| 使用日期 | | 其他用途 | |
| 使用时间 | | 使用的机器配置 | |

① 韩英、林培英：《英国ICT教育软件评价组织形式探析——以teem网站为例》，《远程教育杂志》2004年第4期，第33—34页。

| 表 3 – 16 | 教学案例撰写指标① |
|---|---|
| 评价角度 | 评价指标 |
| 教学基本情况 | 是否达到了教学目标；软件使用的对象是个人还是小组；整堂课都在使用软件还是局部使用、讲课前做了哪些准备工作，包括：查阅了哪些参考资料、关于信息技术方面做了哪些准备工作，是否了解学生搜集信息能力现状；软件在解释、探究、说明教学内容的哪个方面作用比较明显？要用具体事例说明；是否方便与当地或者其他地区的专业人士交流；使用后，软件采取什么措施巩固学生课堂知识。 |
| 课堂教学方式 | 教学组织方式：使用屏幕讲解还是复习；小组使用还是全班使用；为调动学生的积极性，教师如何适时引导学生；是否组织小组或者成对同学依次操作电脑；即兴或者作为课题计划的一部分在课堂上带动学生使用信息资源进行探究。场所资源利用：授课是使用单机还是网络；是否利用了教室里的其他辅助设施，如耳机。教学组织：计算机在一堂课上的使用比例；调节学生之间电脑的使用问题。如何处理信息技术的影响；使用信息技术对课堂教学的组织和学科有什么影响；采取什么措施消除不良影响，如是否把小组分配到不同场所的方法解决嘈杂的问题。 |
| 应用信息技术完成学科的教学目标 | 课堂教学如何达到教学目标，做一个简单的课堂实录，记录关键地方：软件在完成教学目标的哪个方面是有效的，而不仅仅只是激发学生的学习动机或作为表现好的奖励。哪些是其他教学方法做不到的：如何处理学生过分注意软件表现形式，而忽略教学内容的问题；如何提高学生学习效率，而不是任由他们在互联网或者CD上漫游；补充材料是否正是学生想要获取的知识，还是只增加了一个解释而已；作为学习中的一个环节，是否能与其他学校的学生或专家学者交流；要求学生使用信息技术完成作业的情况，包括学生完成的过程、教师的评价方式，用具体事例说明。学生如何从软件的资料中挖掘信息：辨别资料来源，比较各种资料之间的差异；收集搜索类别，制定搜索计划，确定搜索关键字以及如何扩大缩小范围；收集、整理、存储资料为以后提取、解释和修改；解释挖掘的信息；确定信息的有效性、可靠性和合理性。 |
| 软件中的信息技术因素 | 准备工作：使用信息技术教学前花费多少时间忙于技术方面的问题，如软件运行是否需要其他辅助程序。教学中：是否要在授课过程中解释软件的应用；是否使用准确术语向学生解释教学中遇到的技术术语，如搜索条件中"与"和"或"的区别；是否利用信息技术为学生提供一个良好练习范例；是否再三强调正确使用软件的方法。课后总结：学生在哪些地方不需要精深的信息技术；学生是否掌握基本操作；没有掌握又是如何解决的。 |
| 监控和评价 | 监控学生学习的方法：明确教学目标和完成教学目标过程中信息技术的应用，适时参与学生信息技术的行为，引导他们向目标方向前进，提出关键性、需要对软件做出反应才可以回答的问题；使用什么方式识别完成的学科教学目标标准和信息技术进步水平。评价学生：是否记录了学生不同阶段的作业，可以联系前后分析学生的进步过程。 |
| 特殊教育要求 | 评论软件在课堂教学中对学生其他教育方面作出的贡献 |

TEEM 组织作为幼儿教育软件评价机构最大的优势在于其高度的专

---

①　韩英、林培英：《英国 ICT 教育软件评价组织形式探析——以 teem 网站为例》，《远程教育杂志》2004 年第 4 期，第 33—34 页。

业性，这是由于其评价团队主要由教师构成。然而，这可能是该机构存在不足的原因之一，因为评价者构成的单一性，其他能够作为评价主体的人员如家长、儿童等被排除在外，造成了评价主体构成的不完整，进而可能影响到幼儿教育软件评价的整体有效性。尽管 TEEM 组织也是非专门性的幼儿教育软件评价机构，但是该机构在教育评价领域的极高品誉并不影响其关于教育产品评价标准的可移植性研究，而且该机构进行的评价过程严格而专业，其评价工作具有较强的借鉴价值。

2. 在线网站

Schoolzone① 是由英国牛津市的一些饶有激情的家长、教师于 1997 年建立的一个网站，其建立得到了英国 400 位教师的帮助。该网站的目的是为满足教师、学生和家长在获取安全的、分化型的互联网资源方面的需要。为了避免各方出现的利益冲突并保持工作的严格独立性，该网站不向学校兜售任何商品，也不隶属于任何出版者或其他公司。Schoolzone 是一个极为专业和综合性的网站，它拥有全英国最大规模的教师研究团体，对于开展市场研究、内容开发、评价和咨询服务有着丰富的经验。网站还与 2000 位客户开展了良好的合作，业务涉及教育资源和课题的全部领域，包括教材、软件、培训以及硬件，目的在于分享优质的实践经验和建议。

Schoolzone 提供的主要信息服务包括四部分：一是免费资源银行（Free Resource Bank），囊括了超过 5 万个精挑细选的、已评价的和评级的免费资源；二是新资源（New Resource），用户可以浏览供应者提供的最新教育资源；三是更新（Updates），用户可以查看最新的教育新闻、研究和政策变化等；四是项目和培训（Events&training），为教师和学校提供数以千计的项目和培训机会，可以按照地区、学科、类型、关键词来搜索。因为 Schoolzone 是一个纯粹基于教师服务的平台，并且基于供应者的利益角度与学校开展合作，以提高产品的质量，其发布的总结和评价都是适合于儿童的，所以该网站在此方面拥有值得挖掘的潜在价值。用户从 Schoolzone 上获取信息的途径是浏览该网站推荐的信息资源，此类信息已经依照学段、学科和语言的标准归类，并且每个资源对

---

① Schoolzone. http：//www. schoolzone. co. uk/index. asp.

应着简单的描述和评论，例如资源适用的教育阶段、作用、包含的基本信息等等，用户可以根据网站的搜索设置直观地获得所需信息。

Schoolzone 的评价信息主要来自于"同行评论"（peer reviews），目前该网站拥有超过 7 万个注册的教师，而且每月有大约 80 万个访问者在该网站上搜索关于教育资源、服务和网站方面可用的相关建议。"同行评论"具有以下特点：一是由有经验的产品使用者来撰写，避免了因不理解产品而获得消极反馈；二是撰写评论的使用者获得一笔费用来保证评论的质量；三是评论短小而精辟，但是涵盖了购买时所需考虑的标准；四是所有用户可以将其反馈直接加入评论中；五是用户可以变为评论者，通过每条评论的评论箱（Comments boxes），用户可以开展有关他们评论的产品的讨论，还可以设置通知来管理用户反馈。Schoolzone 关于"同行评论"的付费水平有三个：120 英镑、350 英镑和 600 英镑，费用标准主要根据评论在网站展示的时间、促进后续评论程度以及被转发的数量。

作为幼儿教育软件评价的服务者，Schoolzone 的优势体现在互联网技术在评价工作中的应用和"同行评论"的构建。前者保证了该机构在提供评价服务方面的便捷性，后者保证了这种便捷性以评价有效性作为基奠。还有比较特别的是，该机构按照评价者关于评论有效反馈并给予奖励的措施创造性地促进了幼儿教育软件评价的良性发展，并且最大限度地保障了评价的有效性，这一点值得其他幼儿教育软件评价机构借鉴。

3. 杂志出版机构

*Practical Pre-School*[①] 是一个将其自身与 *Child Care* 这两个原来独立、优秀的杂志融合成一个资源体的杂志，其目的在于为那些致力于早期教育的有识之士出版杂志、书籍以及教育资源。合并后的 *Practical Pre-School* 发布的内容包含专业信息、激发性的活动构思以及易使用的实用性教育资源，该杂志对于那些致力于幼儿的家庭教育和早期教育环境设置的有识之士来说是一个最具综合性的资源，并基于"早期教育基础平台"（Early Years Foundation Stage）的开发给杰出的幼儿教育及看护提供了良好帮助。

---

① Practical Pre-School. http: //www. practicalpreschool. com/cgi-bin/go. pl/magazine/index. html.

现在的 *Practical Pre-School* 仍然包含两个部分，具体地说：*Practical Pre-School* 提供重要信息和激发性的活动构思，主要包括关于教育资源的新闻、为护工和学前教育管理者提供管理指导等等；*Child Care* 为保育员或幼儿看护提供重要的报道和具有激发性的混合年龄群体（不同年龄的儿童组成的活动群体）活动构思，主要包括提高幼儿教育和看护实践的专业发展途径、儿童室内外活动和发展的特征以及与家长合作的注意事项、其他幼儿护理者或教育者的实践经验等等。

Practical Pre-School Awards 的设置是为了奖励那些在专业性的儿童看护和教育环境领域中适用于早期幼儿教育及一学段和二学段（KS1&KS2）的优秀、创造性和专业性的教育设备。在过去的几年里，Practical Pre-School Awards 变得越加出色。所有进入该奖项的产品都经过了实践者的精心谨慎测试，甚至接受了来自儿童的敏锐评论。每一个进入奖项的产品都由儿童和其看护者在至少两个独立的环境中进行了测试。测试者依照给定的一系列标准来标示教育设备，这些标准包括：产品在试验开始和结束过程中对儿童的吸引性、耐用性、适应性、教育价值、娱乐价值、价格等等。被评产品若达到90%及以上的标准便可获得金奖（Gold award），达到80%—89%的标准获得银奖（Silver award），达到70%—79%的标准获得铜奖（Bronze award），凡是进入评奖队列的产品都须经过严格的评分系统，和生产这些产品所赋予的精心考虑和巨大努力一样，Practical Pre-School Awards 展示了这些产品的卓越质量。[①] 为了有效地进行 Practical Pre-School Awards，Practical Pre-School 设置了"tester"这一角色，每年由来自全国的幼儿护理者、保育员、看护或教育者等担任产品的评价者，扮演了"tester"。

Practical Pre-School Awards 评奖对象涵盖婴儿、幼儿和小学阶段的教育产品，其中幼儿教育阶段的产品类别包括：教师资源、设备和工具；儿童玩具、游戏（0—3岁和3—5岁年龄段使用）；儿童看护；音乐和多媒体；电子类和新技术类型；现代外国语；书籍和出版物；经典玩具和游戏；创造性的玩乐模具；室外玩具和设备。这些类别的教育产品主要适用于3—5岁或学前教育阶段的儿童，每一个获奖产品按其性质和功能进行

---

① Practical Pre-School Awards. http：//www. practicalpreschool. com/magazine/awards. shtml.

归类，评奖信息主要包括：生产者、联系方式、网址、价格、适用年龄、产品的简单描述以及评分比（产品符合的标准比率，前文已述）。描述的内容主要有产品的优势、功能、适用领域等等。

每年，Practical Pre-School 要求测试者将进入评奖队列的产品置于自己设置的环境中进行为期三周的测试，之后将测试报告填写到给定的表格中。测试报告必须清晰明了，在符合预定标准的项目上做有标记，另外还有评论部分。若要成为测试者，申请者需给组织者写信或者发 E – mail，之后申请者会被要求完成一个详细的表格并返回给组织者。若申请成为下年的测试者，所有申请者须在当年底发出申请，例如若要成为 2014 年的测试者须在 2013 年 12 月 31 日前发出申请，因为 2014 年 1 月将会选定测试者。然而，作为测试者是没有酬劳的。

Practical Pre-School 是一种新型的媒介机构，它在传统的杂志基础上有机融合了两种媒体机构，并且有效利用了互联网技术为其发展提供的支持，尤其是给教育产品评价信息方面的快速传递提供了快捷通道，满足了当前用户对于教育产品评价的需求。另外，该机构引入了如儿童和其他幼儿教育者等多种评价主体参与产品评价，这对于幼儿教育软件评价的有效性从多用户维度进行了保证，而且评价者还需自己设置对软件产品的测试，该项工作有利于对软件产品的定性研究。

### 四、英国幼儿教育软件评价机构运营模式及其特点分析

与美国不同，英国幼儿教育软件评价机构的发展有着较为深厚的教育历史背景，因为其教育的发展有着千年的悠久历史。现有英格兰和威尔士、苏格兰、北爱尔兰三个公共教育系统，各自独立立法，自主实施行政管理，既有各自的特点，又保持共同的传统。① 而且近年来，英国政府极为重视教育信息化的建设，在很多方面做了积极的努力和大量的工作，ICT 教育计划在全国的推行就是很好的证明。这同时也说明了英国政府对教育的积极干预作用，这一点也淋漓尽致地体现在幼儿教育软件评价机构的发展过程中。英国官方性质的幼儿教育软件评价机构成立的主旨在于保

---

① 张胜仁：《英国教育的九大特点》，《湖北职业技术学院学报》2008 年第 1 期，第 3—8 页。

证实施 ICT 教育计划，而并非是专门的幼儿教育软件评价机构。但是无独有偶，该机构却是英国幼儿教育软件评价机构发展的"风向标"，因为该机构提出和制定其他教育机构所参照的 ICT 教育标准，也是其他幼儿教育软件评价机构进行活动的一个重要参照。所以，英国幼儿教育软件评价机构的运营模式概括为"政府性的积极引导与民间机构的共同互动"，即政府性的幼儿教育软件评价机构主导、其他幼儿教育软件评价机构自主性发展。在三十余年的发展历程中，英国幼儿教育软件评价机构的运营模式还显示出了以下较为明显的特点。

（一）机构组织类型、评价方式多元

与美国幼儿教育软件评价机构相似，英国幼儿教育软件评价机构也以多元化为首要明显的特点，这主要体现在两个方面。首先是机构组织类型的多元化，同一类型机构的组织形式也迥然不一。总体来看，英国幼儿教育软件评价机构组织类型呈现"分支"型发展，主要包括三个组织类型：政府机构、软件生产企业和第三方机构，其中第三方机构又包含公司、杂志出版机构和在线网站三个子类型。作为幼儿教育软件评价的主要主体，幼儿教育软件评价机构在组织类型上显现出的多元化能够保障幼儿教育软件评价视野的广泛性和价值需求的多元性。这是因为，虽然权威性的评价机构所遵循的评价价值取向以及提出的评价理念具有公认性和标准性，但是单一评价主体倡导的价值理念并非具有完全的普适性，而且幼儿教育软件评价服务的需求也存在差异，这就要求多种类型的幼儿教育软件评价机构能够互相取长补短，共同丰富幼儿教育软件评价的多元价值追求。

运用的评价方式多样是英国幼儿教育软件评价机构的另外一个多元化特点，但是与美国幼儿教育软件评价机构所广泛采用的量表式评价方式不同，英国幼儿教育软件评价机构一般采用互联网在线评价方式。例如，英国享有盛誉的 TEEM 组织的评价工作几乎都在网上进行，包括评价报告、案例分析和评价反馈都是以互联网为媒介进行传递。互联网在线评价方式有着不可比拟的优越性，一是极大促进了幼儿教育软件评价工作的效率，缩短了以往评价工作的进程，能够快速有效地获得评价反馈并进行相应的完善；二是降低了评价的工作成本，节约了时间和资金的花费，尤其是跨时空性的优势使得互联网在线评价成为便捷的评价途径。此外，其他运用的评价方式还有奖项式评价。例如，作为政府机构的英国教育传播与技术署（BECTA）负责全国的教育信息化评奖工作，该机构设立了不同的奖项来表彰和鼓励在信息技术教育方面所作出的贡献。这不仅促进了学前教育信息化和幼儿教育软件评价的发展，而且从官方层面给予了幼儿教育软件评价机构以重要的肯定，有益于幼儿教育软件评价机构的蓬勃发展。

（二）幼儿教育软件评价机构具有专业化基质

英国幼儿教育软件评价机构的专业化主要体现在两个方面：一是评价人员的专业化。因为"从人力资源管理与发展的角度来分析，人始终是决定组织发展水平高低、速度快慢的关键"。[①]作为幼儿教育软件评价机构的核心构成部分，评价人员的专业化决定了机构发展的专业性。所以，各幼儿教育软件评价机构也非常重视自身人员构成的专业性。一些有代表性的幼儿教育软件评价机构主要聘用教育专业人员来从事此项评价工作。例如，参与 TEEM 组织评价工作的人员都是工作在一线的教师，这些教师本身具备了专业的教育素养，并且经过了 TEEM 组织的一系列严格筛选和专业培训而成为评价人员；而 *Schoolzon* 则是一个极为专业和综合性的网站，它拥有全英国最大规模的教师研究团体，对于开展市场研究、评价和咨询服务有着丰富的经验。

二是评价活动或评价工作开展的专业化。英国幼儿教育软件评价机构的评价工作都是基于专业的研究基础而开展，评价报告需是经过专门测试才能完成的。例如，Practical Pre-School 要求测试者将进入评奖队列的产品置于自己设置的环境中进行为期三周的测试，之后才完成测试报告。另外，TEEM 组织的评价过程也包含了一个必不可少的步骤——评价者在教学中使用该软件，之后生成评价和案例报告。这些幼儿教育软件评价机构所采取的类似措施保证了软件评价的有效性，从而使得整个评价过程具备了专业化特征。

（三）评价服务与评价功能综合

英国幼儿教育软件评价机构的综合化特点指向两个维度：一方面是幼儿教育软件评价机构的评价对象范围广泛。幼儿教育软件的评价是幼儿教

---

① 刘志军、李良虎：《发展性学校评价提升学校专业性之路径分析》，《教育测量与评价》2009 年第 7 期，第 13—17 页。

育软件评价机构关注对象之一，而幼儿教育阶段适用的其他教育资源、产品以及其他教育阶段如中小学所适用的教育资源和产品也在幼儿教育软件评价机构的评价范围之列。由此可见，这些幼儿教育软件评价机构并非是完全的专门性幼儿教育软件评价机构，其评价对象呈现着综合化的特点。

　　另一方面是幼儿教育软件评价机构的功能广泛。幼儿教育软件评价是幼儿教育软件评价机构的主要功能之一，除此之外，各幼儿教育软件评价机构还开展了其他业务，如发布教育资源信息、提供教育培训、教育管理方面的咨询和服务等等。例如，作为英国 ICT 教育计划实施的官方核心机构，教育传播与技术署（BECTA）承担的任务众多，包括支持信息和技术的应用、调研整合并推广与技术相关的教学法、督查和研究信息技术在学校应用的综合效益情况、发布年度督查报告等，即便是从事的评价业务也涵盖对信息和通信技术实践的评价、对学校信息技术应用情况进行评估。综合化的特点使得幼儿教育软件评价机构拥有了较为宽广的发展空间，并为其提供了开展幼儿教育软件评价工作所需的丰富背景和实践途径，在一定程度上有利于幼儿教育软件评价的专业性发展。

（四）评价业务网络化

　　英国幼儿教育软件评价机构大多兴起于 20 世纪 90 年代，而此时逐步发展的互联网技术为幼儿教育软件评价机构的发展注入了动力。通过文献资料的研究不难发现，几乎每个幼儿教育软件评价机构都拥有自主管理的网站，并以此为载体将其评价业务实现了高度的网络化，这主要是基于互联网途径获取评价资源和信息的便捷性以及评价成本的经济性考量的。首先，互联网的便捷性能够缩短或减少幼儿教育软件的评价过程，包括评价人员的筛选、信息搜集、评价工具制定与获取、评价实施、评价反馈和评价结果的发布都能在尽短时间内完成，从而在整体上避免了传统评价过程中的烦琐和复杂。其次，互联网的超时空性使评价者之间、评价者与用户之间实现了评价信息资源的无限共享，用户能够快速而经济地获取所需的评价信息资源，有时甚至是免费的资源，而且能够及时与评价者进行有效的沟通、反馈。例如，TEEM 组织将评价报告公布于网站，以便寻求软件信息的老师查阅。作为新型的媒介机构，*Practical Pre-School* 杂志也通过网络来发布教育资源和有关新闻，为护工和学前教育管理者提供管理指导等等。此外，该杂志机构设立的 Practical Pre-School Awards 的大部分工作和后期的评奖结果也主要在网上进行。

### 五、英国幼儿教育软件评价机构发展经验

从前文看来，英国幼儿教育软件评价机构有着较为明显的背景作为发展基点，即政府在全国范围内推行 ICT 教育，这一政策性引导也是英国幼儿教育软件评价机构发展和开展工作的中轴。所以总体而言，英国幼儿教育软件评价机构的发展经验归结如下：

一方面是英国幼儿教育软件评价机构发展具有的优势。首先，英国政府从官方层面和全国范围内进行关于信息技术教育计划的实施，并将这一目标做到了"实然"的过程，包括建立了具体负责的机构和可供参照的教育标准，使各个教育机构包括幼儿教育软件评价机构有了十分明确的服务目标，为幼儿教育软件评价机构的发展营造了比较规范性的"软件"环境。其次，英国幼儿教育软件评价机构具备了坚实的"硬件"基质，即拥有高度的专业性和发展性。幼儿教育软件评价机构在评价人员、评价过程、评价结果等软件评价的各个环节上都有着专业的技术性来把关，信息技术和互联网技术在评价工作中的广泛应用是英国幼儿教育软件评价机构技术化发展的重要因素。

另一方面是英国幼儿教育软件评价机构发展存在的问题。首先，英国幼儿教育软件评价机构没有共识性的评价理论作为评价工作的指导思想，这与美国已经广泛形成的"发展适宜性"软件评价思想有所不同。其次，英国幼儿教育软件评价机构在评价方式的选择上较为缺乏或者单一，一般是在线评价或者是奖项式评价。一些幼儿教育软件评价机构虽然发布了较为明确的软件评价报告指导，例如 TEEM 组织发布的评价报告撰写标准，虽然涵盖内容详尽，但是在报告的处理上存在一定难度，主要适用于教育专业人员和具有专业背景知识的评价者使用，因而家长和其他教育者主要选择在线评价或者通过在线网络获取评价结果信息来满足所需。虽然，该组织的评价标注具有极高的代表性和权威性，但是可移植性和普适性有所欠缺。另外，许多幼儿教育软件评价机构虽然发布了有关软件评价的信息，但是关涉评价工具的内容比如评价量表的样表或者评价指南之类鲜有可见。相比来看，美国许多幼儿教育软件评价机构广泛采用量表式评价工具，这样在评价结果的处理上可以很好地进行量化和定性研究的结合。再

者，许多英国幼儿教育软件评价机构为了保证软件评价的专业性和质量，在评价人员的选择上多以教师、家长或其他幼儿教育者为主，儿童或幼儿不在考虑之内，因而使得评价主体的构成有所缺失，造成评价"共同体"的不完整，这与当前第四代教育评价理论①所提倡的共同协商、建构的理念有所违背。最后，英国第三方幼儿教育软件评价机构应当发挥的作用和发展规模有待加强。第三方幼儿教育软件评价机构是独立于软件开发者和用户的非政府性组织，不充当国家政策的代言人，在评价过程中能够保持相对独立性，在促进幼儿教育软件评价和幼儿教育信息化中扮演重要的角色。但是从前文介绍来看，英国的第三方幼儿教育软件评价机构在组织类型上并不丰富，较具影响力的 TEEM 组织等，与美国第三方幼儿教育软件评价机构相比，无论在数量上和组织类型上都是不可比的。

在欧洲和世界范围内，英国在教育领域的影响亦不可忽视，尤其是近年来在教育信息化方面做出了巨大努力，取得了令人瞩目的成就。研究英国幼儿教育软件评价机构的发展和经验是对英国在教育信息化方面的工作做一个浅显的把握，对于我国目前方兴未艾的学前教育信息化有着积极的借鉴意义。然而如达摩克利斯之剑固有存在的两面性一样，英国幼儿教育软件评价机构的兴起与发展既蕴含着无可比拟的优势，也存在着无法忽视的问题，认识和把握这些发展经验的长足之处和不足之点对我国幼儿教育软件评价机构的未来发展有着积极的影响。

### 六、英国幼儿教育软件评价机构发展趋势

20 世纪 90 年代以来，英国政府开始推行 ICT 教育，从官方层面上极力鼓励信息技术在各个教育阶段的应用。与此同时，英国幼儿教育软件评价机构大多发展于这一时期（见前文英国幼儿教育软件评价机构的典型代表分析）。所以，研究英国幼儿教育软件评价机构的发展趋势必须将其置于英国 ICT 教育计划推行的背景之下来看待，这是因为英国幼儿教育软件评价机构的服务导向是以政府的教育政策为依据。总体看来，英国幼儿教育软件评价机构在深受 ICT 教育计划影响的前提下也呈现出了以下几个

---

① 　第四代教育评价理论兴起于 20 世纪 80 年代的美国，由古巴和林肯（Guba G. Egon、Lincoln S. Yvonna）在其所著的《第四代评价》一书中提出，其倡导新的教育评价应"共同建构"、"全面参与"、"价值多元化"等理念。

发展趋势。

（一）政府机构主导，非官方机构自主发展

为了推行 ICT 教育计划，英国政府成立了官方的机构——教育传播与技术署（BECTA）以开展相应的工作，并于 2000 年将 ICT 列为英国国家法定的中小学非核心基础学科，之后颁布了 ICT 课程标准作为该课程实施和评价的依据。在此方面，英国与美国有所不同。前者是在政府机构主导的情形下形成了包括幼儿教育软件评价在内的教育信息化的指导思想，而后者是在幼儿教育软件评价领域取得共识的前提下形成的关于幼儿教育软件评价的指导思想，具有高度的自组织性。例如，美国以全美幼儿教育协会（NAEYC）颁布的"发展适宜性实践指导方针"和幼儿教育专家苏姗·霍兰德提出的"发展适宜性软件标准"为代表性、权威性的幼儿教育软件评价标准，很多幼儿教育软件评价机构也以此为参照，作为自身的思想指导。但是在英国，幼儿教育软件评价研究领域并未就幼儿教育软件评价标准和评价指导思想形成较为统一的共识，诸多幼儿教育软件评价机构以 ICT 教育计划的标准为主要参照。而且这一标准是由官方机构 BECTA 颁布，该机构在英国教育信息化工作中发挥着核心力量的作用，在幼儿教育软件评价发展中起着主导作用。相比而言，英国其他幼儿教育软件评价机构则无法拥有这样的强势力量来形成关于幼儿教育软件评价的共识，更无法取代 BECTA 在英国教育信息化中的角色，即便是具有很强影响力的 TEEM 组织也是以 ICT 教育计划的相关标准为最终导向。所以，英国幼儿教育软件评价机构的发展趋势是以官方政府机构为主导，其他幼儿教育软件评价机构自主性地发展，呈现出类似"百鸟朝凤"的景象。

（二）幼儿教育软件评价机构的评价与研究一体化

英国幼儿教育软件评价机构的评价与研究一体化主要源于两方面：一是满足多维教育服务的需求。幼儿教育软件评价是幼儿教育软件评价机构的主要功能之一，除此之外，还提供着其他方面的教育服务。这就需要幼儿教育软件评价机构持续地研究教育市场的资源需求，实现软件评价功能和研究教育服务功能的一体化，以更好地满足英国教育信息化的需求。二是幼儿教育软件评价实证研究的需要。幼儿教育软件评价本身具有复杂性，尤其是在软件评价过程后期对软件的定性研究中，其在教育方面的价值判断需要以坚实的实证研究作为基础，这样才能保证幼儿教育软件的教育价值得以最大限度地真实显现，幼儿教育软件评价才具有科学性、客观性和有效性。加之英国也素有实证主义的研究传统，许多幼儿教育软件评价机构秉持这一传统开展软件评价与研究的工作，尤其是一些非官方的第三方机构。为了适应教育市场的变换以获得长久健康的发展，幼儿教育软件评价机构将软件评价研究置于十分重要的地位，以评价研究来保障评价工作的质量。总体看来，英国幼儿教育软件评价机构形成了以"研究促进软件评价、以软件评价促进幼儿教育信息化"的发展路径。

（三）幼儿教育软件评价机构的发展联盟化

英国幼儿教育软件评价机构的联盟化发展指的是其自身与其他机构的结盟性发展，这是由幼儿教育软件评价机构的综合化特点和幼儿教育软件评价本身的复杂性所决定的，主要表现为外部的结盟和内部的发散。首先，诸多幼儿教育软件评价机构扮演的角色众多，有些并非专门性的幼儿教育软件评价机构。这些机构在开展幼儿教育软件评价工作的同时，还提供其他的教育服务，这就需要与各式的其他机构相关联，逐渐形成了固定的，如网络式的同盟体。例如，TEEM 组织在资金来源、技术支持等方面与英国其他教育机构和组织形成了长期稳定的协作关系，机构间组成了合作"共同体"，这对于该机构的健康发展起到了不可或缺的作用。BECTA从建立到取消时一直与其他机构保持密切的合作关系，其开发的用于学校评价自身 ICT 教育情况的 "Self-review Framework" 就是在与 Qualifications and Curriculum Development Agency、Training and Development Agency、the National College for School Leadership 等机构的合作基础上共同建立的。所以从外部来看，这是幼儿教育软件评价机构与其他机构的结盟合作。

其次，幼儿教育软件评价机构为了更好地承担评价服务的功能在评价过程中形成了以自身为纽带的交流平台，并逐渐发展至规模庞大的评价研究"共同体"。这种"共同体"由评价者与评价者之间、用户与评价者之间相互作用而成，而幼儿教育软件评价机构则是维系该"共同体"的核心力量。例如，Schoolzon 不仅拥有全英国最大规模的教师研究团体，还与 2000 位客户一起开展了良好合作，为其采用的"同行评论"方式提供客观全面的资源。从内部来看，这是幼儿教育软件评价机构关于幼儿教育软件评价的同盟关联。

（四）幼儿教育软件评价机构的技术化

英国幼儿教育软件评价机构的兴起恰值科学技术即将迈向新纪元的20世纪90年代，以互联网技术和信息技术为代表的科学技术在此时期深刻影响了英国幼儿教育软件评价机构的发展，使之在未来的发展中呈现出技术化倾向。这主要表现在两个方面：一是互联网技术在评价工作中的广泛应用，例如多数幼儿教育软件评价机构拥有自主管理的网站，并将其评价业务和其他服务实现了网络化，包括评价者、使用者、生产者三者之间的沟通也以网络为纽带，形成了虚拟的幼儿教育软件评价交流关系；二是幼儿教育软件评价机构的管理技术化，多数幼儿教育软件评价机构集成评价平台、资源平台、交流平台和管理平台为一体，这种高度综合化的融合不同以往仅具备单一或少数功能的教育评价机构。然而，要实现跨平台的有机整合和构建和谐运作的系统不仅需要拥有坚实的技术作为支撑，也需要专业的技术人员来架构。因而，英国未来的幼儿教育软件评价机构将会朝技术化的方向发展，这样才能承担起公共服务的角色。

## 第五节　新西兰幼儿教育软件评价机构

### 一、新西兰幼儿教育软件评价机构概述

新西兰是一个教育比较发达的国家，教育经费开支占政府开支第三位，其早期教育发展迅速。[1] 近年来，新西兰政府尤其高度重视信息与通讯技术（Information Communication Technology，简称 ICT）在幼儿教育领域的应用。因而，新西兰幼儿教育软件评价机构的发展与两个主要因素紧密相连：一方面是科学技术的快速发展。信息技术与学前教育的关系逐步深化，各类新的教育技术成果例如教育软件等不断地涌向幼儿教育家庭和市场，在此情形下，如何评价和选择适宜的教育产品，如何严守学前教育信息化质量则显得尤为突出。作为学前教育信息化的重要参与者和教育服务机构，幼儿教育软件评价机构的作用不可或缺。另一方面是由于新西兰政府致力于学前教育信息化的不断推进，与此同时带动了幼儿教育软件评

---

① 郑晶：《新西兰早期教育十年战略计划及其启示》，《教育导刊》2009 年（1 月下），第61—63 页。

价机构的逐步兴盛。新西兰的幼儿教育软件评价机构发展，不仅是其学前教育化的缩影，而且有着浓重的教育政策导向背景。2002 年 9 月，新西兰政府发布了一项名为"通向未来的道路"的早期教育十年战略计划政策文件以促进新西兰早期教育的发展，[①] 而幼儿教育软件评价机构 New Zealand Open Source Society 就是在此之后建立的（2003 年），其服务宗旨直接定位于为新西兰教育信息化提供开放性资源。在具备了如此强劲的发展动力后，新西兰幼儿教育软件评价机构也勃勃生机。总结来看，新西兰幼儿教育软件评价机构从 20 世纪 90 年代兴起至今已历经 20 年左右时间，大致与新西兰教育信息化进程同步，可以分为以下三个阶段：

第一，基础准备阶段。在 20 世纪 90 年代初，新西兰开始探讨教育信息化的可行路径，学前教育信息化如火如荼地开展起来。例如，ICT 教育计划的初步制定、教育信息化基础设施的建设、信息技术引入到幼儿教育中等，一些教育机构也基于市场的需求为教育者和家长提供相关教育产品的服务，这其中就包括教育软件。在这一时期，新西兰所做的是关于学前教育信息化的自发性、尝试性探索，因而还未有幼儿教育软件评价机构，但是其雏形初露端倪，正是这些提供基本服务和先期探路的教育机构为后来的幼儿教育软件评价机构的产生做了铺垫。

第二，推广普及阶段。这一阶段主要涵盖 20 世纪 90 年代中后期，教育信息化的深化促进了幼儿教育软件评价机构的欣欣向荣。在初期的探索和实践后，新西兰政府于 1998 年颁布了 ICT 教育行动计划，制定了 ICT 在教育中应用的目标和具体实施计划。[②] 这表明新西兰教育信息化进入了推广普及阶段，幼儿教育软件评价机构有了较为明确的发展方向。例如新西兰 Pixelpark 公司于 1997 年开始专攻教育游戏产品，其中不乏面向幼儿教育阶段的软件产品，并在自身产品的基础上开展相关评价。

第三，有效深化阶段。21 世纪以来，新技术的应用、人们对高质量学前教育的诉求促使新西兰政府制定了一些规划。2008 年，新西兰

---

① 郑晶：《新西兰早期教育十年战略计划及其启示》，《教育导刊》2009 年（1 月下），第 61—63 页。

② 董传梅：《新西兰早期教育信息通信技术政策》，《早期教育》2009 年第 7、8 期，第 26—27 页。

政府先后颁布了《ICT 基础设施的网络架构——早期教育服务的政策与指导》以及《早期教育 ICT 基础设施与信息的安全政策与指南》，对早期教育机构引入和应用 ICT 需要遵循的原则给予了具体的说明。这些原则主要概括为四个方面：（1）遵从幼儿身心发展的规律，适宜地促进幼儿发展；（2）重视幼儿健康和安全问题，确保所有使用者可以安全、放心、合适地利用 ICT；（3）有效运用 ICT 资源，并能够确保教育经费可以承担，且做到可持续发展；（4）促进 ICT 资源的再利用，最大限度地促进家庭和社区的资源共享。① 针对于此，新西兰幼儿教育软件评价机构实现评价网络化、资源搜索人性化、教育产品高质量化等等，可以清楚地看到，幼儿教育软件评价机构在这一时期有了更高的定向。

## 二、新西兰幼儿教育软件评价机构相关研究

近年来，国内关于新西兰教育信息化和早期教育信息化的研究渐行渐起，但主要关注新西兰在这些方面所做的政策努力和取得的一些成就。例如，董传梅从早期教育 ICT 的政策发展背景和政策内容两个方面对新西兰早期教育十年战略计划做了基本梳理；② 孙艳、苏玉霞将新西兰基础教育信息化划分为基础建立阶段、推广普及阶段、扩大应用与有效管理阶段，并研究了新西兰在信息基础设施、信息化教师专业发展方面的现状；③ 郑晶则简要介绍了新西兰早期教育的计划和取得的成就，并对今后几年计划实施的重点做了概括。④ 我们发现，这些都是关于新西兰在教育信息化方面所做的努力和成就的有关研究，而未曾涉及新西兰幼儿教育软件评价机构的研究。因而，本研究主要在精心选备和深入研读相关互联网和期刊文献资料的前提下来探寻新西兰幼儿教育软件评价机构的发展情况，并获得了新西兰一些典型幼儿教育软件评价机构的基本概况（见表 3－17）。

---

① 董传梅：《新西兰早期教育信息通信技术政策》，《早期教育》2009 年第 7、8 期，第 26—27 页。

② 同上。

③ 孙艳、苏玉霞：《新西兰基础教育信息化进程述评》，《外国教育研究》2008 年第 5 期，第 29—32 页。

④ 郑晶：《新西兰早期教育十年战略计划及其启示》，《教育导刊》2009 年（1 月下），第 61—63 页。

**表 3 – 17　　　新西兰典型幼儿教育软件评价机构划分类型及简介**

| 机构组织类型 | | 典型例子 | 成立时间 | 性质 | 优势 | 存在主要的问题 |
|---|---|---|---|---|---|---|
| 政府机构 | | Software for Learning | — | 非营利性 | 1. 兼顾了原著民族教育的需求；<br>2. 给予用户评价软件较高的自主性。 | 1. 缺乏幼儿教育软件评价如评价标准、评价工具等的研究；<br>2. 评价者构成单一，用户参与评价程度不高；<br>3. 可供选择的评价方式较少。 |
| 第三方机构 | 中介商 | Pixelpark | — | 非营利性 | 在评价中保持中立，有着极高的客观性、公正性。 | |
| | 协会组织 | New Zealand Open Source Society | 2003 年 | 非营利性 | 评奖影响力和品誉较高。 | |

### 三、新西兰幼儿教育软件评价机构的典型代表分析

（一）政府性质的机构：Software for Learning

Software for Learning[1] 网站是由新西兰教育部建立的一个面向教师服务的政府性质机构，其目的是让教师了解如何选择软件，并为教师提供软件与学习环境整合方面的帮助，该网站所列出的软件都是在新西兰学校和幼儿教育课程中应用后所推荐的，包括社会性软件、免费软件和非免费性软件（social software，freeware，non-freeware）。而且为了提高推荐软件的质量，该网站鼓励有关软件产品的任何反馈信息。

该网站所列出的软件既没有暗含获得新西兰教育部认可的意思，也没有排除软件消极性的方面，因而用户需要对软件产品进行自己的评价，包括考虑学生的安全、数据的安全性以及内容的准确性和现实性（尤其是社交性软件或 web2.0）。另外，用户还需对软件供应商提供的执照和其他概念性术语进行自己独立的考虑。Software for Learning 网站所列的社会性软件都经由教育者所推荐，能够在不借助广告的情况下安装，允许用户对其他读者所见内容设置权限，能够对个人数据存储进行隐私设置，含有条款和条件，包括不可接受内容的样例。此外，网站拥有学生数字作品样例的链接，这些样例有学习者一系列创造性的作品组成，这些样例是一种激励，也是对软件适用学习领域的说明。

Software for Learning 网站中对软件的评价主要以简单的梳理和分类

---

[1]　Software for Learning. http：//softwareforlearning. tki. org. nz/About.

查询为主。用户可以根据软件类型和内容的科目类型为分类依据，查看相应的软件，每一个软件都有简单的描述，内容包括格式是否可以下载、是否免费、是否 CD/DVD 格式、是否基于网络软件、是否是开放性软件、是否是免费软件、是否适用于 Linux 系统和 Mac 系统或 Windows 系统。教师或者是家长也可以向网站推荐软件，所推荐的标准主要是以下几个方面：概述，主要是软件的名字和简单的介绍，包含目标受众和目的；在教室使用的情况；使用软件的效果或给学生带来的挑战；学生反馈和使用软件后的效果。

该网站是新西兰政府管理的网站，而且基于原著民族的需要，提供毛利民族教育所需的教育服务。与该网站同属性质的还有 Enabling e-Learning 网站，这些都是新西兰政府为了促进教育信息化而建立的服务机构。总体来看，Software for Learning 网站的影响是巨大的，其提供的服务范围也涵盖广泛。但是，网站对于幼儿教育软件的评价还只是停留在应用的阶段，对于软件评价研究、软件测试等还需进一步拓展。

（二）第三方机构

1. 中介

中介①公司是一家位于新西兰克赖斯特彻奇城市的游戏产品中介商，该公司为新西兰游戏产品零售商提供游戏产品服务，而不直接向公众出售产品，这些软件和游戏产品针对的对象包括 5 岁以上的幼儿到成人。自 1997 年以来，Pixelpark 公司专攻兴趣游戏市场，提供来自欧洲和美国的流行游戏产品，并且在纸牌游戏、棋牌游戏、角色扮演游戏和教育软件方面发展成为新西兰主要的供应者。

该公司还建立了一个购物网站，包括产品类别、产品发布者信息、最新发布产品和即将上市产品等板块，其中"产品类别"（categories）板块将产品分为棋牌游戏、卡片游戏、教育类游戏、经典游戏、主题游戏、品牌产品、书籍、角色扮演游戏、模型等类别，用户可以根据网站提供的分类指导来浏览并选择中意的产品，更为方便的是该网站还提供了这些产品供应商的联系信息，用户可以直接联系这些厂商来购买产品。

———————

① Pixelpark. http：//www. pixelpark. co. nz/.

Pixelpark 公司提供的游戏产品不是普通的游戏，而是一个游戏家族，许多产品获得了国际游戏产品奖项。让人着迷和高质量是这些游戏产品的代表特征，有些甚至是令人赞叹的艺术品。这些游戏产品具有策略性、教育性和趣味性。此外，该公司会组织专业的游戏评审员对其提供的游戏产品或者软件产品进行评论，评价所涉及的内容见表 3 - 18。

表 3 - 18　　　　**Pixelpark** 公司关于幼儿教育软件评价的指标示例①

| 评价指标 | |
| --- | --- |
| 软件简单描述 | |
| 学习内容 | |
| 增加学生的哪些技能？ | |
| 幽默、音效和动画 | |
| 打印功能 | |
| 高质量的图像 | |
| 易使用 | |
| 娱乐性与学习 | |
| 学习者自主创造作品？ | |

作为中介商，Pixelpark 公司能够在评价中保持相对的独立性，保证了幼儿教育软件评价的客观性和公正性，提供了较好质量的教育软件，这也是作为第三方幼儿教育软件评价机构可以获得长足发展的重要特质。然而明显不足的是，该网站在教育软件产品方面所提供的信息仍有待深入，例如评价标准过于简单、评价工具信息的缺乏、评价者的组成来自单方，这些问题可能是其在幼儿教育软件评价方面迈进时所亟须解决的。

2. 协会组织：New Zealand Open Source Society②

2002 年，新西兰 David Lane 写了一封建议政府促进开放软件资源使

---

① 袁媛：《国外幼儿教育软件评价机制研究》，硕士学位论文，河南大学，2012 年，第 55 页。

② About New Zealand Open Source Society. http：//en. wikipedia. org/wiki/New_ Zealand_ Open_ Source_ Society. New Zealand Open Source Society. http：//nzoss. org. nz/.

用的公开信。之后，Peter Harrison 提议通过新西兰 Linux 用户群体来建立一个全国性的组织以提高和促进开放软件资源的使用，这个提议以及相关会议促成了新西兰开放资源协会（New Zealand Open Source Society，简称 NZOSS）作为一个正式的法人协会组织于 2003 年成立。NZOSS 倡导、促进使用免费和开放的软件资源（Free and Open Source Software，简称 FOSS），代表社区、政府和教育部门的利益，主要通过促销软件来维护新西兰的 FOSS 用户、开发者以及贡献者的利益。其在教育领域的目标是：开发包括硬件和软件的教育资源，发展满足教育机构、政府需求的支持服务，支持和建立工作室、唤起使用硬件和软件公共益处的意识，提供与开放资源有关的专业杂志、文献，加强州范围内硬件和软件的知识，促进技术的发展，并形成设计开发和编码的高标准，为学生提供包括奖学金、奖励和支持在内的帮助。

New Zealand Open Source Awards①（新西兰开放资源评奖）是由 NZOSS 于 2007 年在新西兰各方的赞助下设立的一项评奖活动，旨在提高和促进开放软件资源的使用，并通过讲述真实成功的例子提高对开放资源优势的认识。奖项的种类有政府中使用的开放资源、商业中使用的开放资源、教育中使用的开放资源、艺术中使用的开放资源、开源软件项目、开源贡献者、开放资源提倡者和开放资源人民选择奖，本研究则主要介绍在教育中使用的开放资源和开源软件项目。该评奖于 2008 年、2010 年和 2012 年举办过，每次评奖聘请约 8 名评审作为评委。以 2010 年 New Zealand Open Source Awards 为例，申请者通过网上提交参评产品，评审过程中有 7 位专家参与评审，之后宣布入围奖项产品的名单，整个评奖过程一般于当年 1 月持续到 11 月（评审过程见图 3 - 5）。

**图 3 - 5 新西兰开源资源奖项评奖过程**

---

① New Zealand Open Source Awards. http：//www. nzosa. org. nz/home.

虽然 New Zealand Open Source Awards 具有很高的品誉，在网上有发布获奖产品的信息，但是关于软件评价人员、评价方式和评价工具的内容都很少涉及，软件用户只能简单地根据获奖信息来选择软件产品，这对于软件评价的深入研究有着极为不利的影响，尤其是限制了基于用户维度的软件评价研究。

### 四、新西兰幼儿教育软件评价机构运营模式及其特点分析

新西兰的教育与英国教育有着较为密切的历史渊源，其教育信息化发展状况与英国有着极为相似之处，尤其是在幼儿教育软件评价机构的建设方面，两个国家都是以官方性质的机构为主，并以 ICT 教育计划的实施为重，同时引导其他幼儿教育软件评价机构的积极发展。然而由于政治、经济等其他社会因素的影响，新西兰学前教育信息化的起步稍晚于英国，所以导致其在幼儿教育软件评价机构方面的建设不如英国所取得的成就显著，这一点可从新西兰幼儿教育软件评价机构的数量和组织类型得以验证。针对于此，新西兰目前形成了主要以教育部建立的评价机构为主、其他类型的幼儿教育软件评价机构逐渐兴起的运营模式，即以政府性质的幼儿教育软件评价机构为主、其他幼儿教育软件评价机构积极自主地发展，共同以促进 ICT 教育在学前教育领域的深化为最终目标。虽然新西兰偏于一隅，远离欧洲和北美等教育信息化程度较高的地区，但其在教育信息化的方面仍然成就颇丰，幼儿教育软件评价机构的运营模式也有着自身的特点。

（一）机构在评价过程中保持客观性

客观性是新西兰幼儿教育软件评价机构最基本的特点，也是新西兰幼儿教育软件评价机构一直努力保持的特质之一。这主要体现在，新西兰幼儿教育软件评价机构对其提供的软件的描述是中肯和客观的，没有加入利益导向的内容如广告等，对于用户也不会施加主观性的影响。例如，Software for Learning 网站对于软件的评价描述比较简单，相当于一个用户参考，不过这些内容都是经过教育专家推荐的，具有一定的指导性。为此，用户需要结合这些内容并根据自己的实际所需来评价要选择的软件，在软件评价上拥有较高的自主权。

（二）评价服务网络信息化

网络技术的快速发展及普遍应用使得网络信息化成为新西兰幼儿教

育软件评价机构最为显著的特点，这主要体现在每个幼儿教育软件评价机构都拥有自主管理的网站，教育资源信息的发布、评价信息的获得、评价反馈的及时回应等等几乎实现了网络化。这也主要归功于新西兰政府和民间机构在教育信息化进程中对基础设施的大力建设维护，提供了其教育信息化走向深层空间所需的硬件保证。因而，互联网的便捷性、超时空性和时效性才能够让幼儿教育软件评价机构对网络技术的应用大放异彩，俨然已成为评价机构发布信息、与用户沟通交流、开展评价的虚拟平台。

（三）评价对象和评价功能综合

新西兰幼儿教育软件评价机构的综合化特点主要是指两个方面：一是幼儿教育软件评价机构的评价对象范围广泛，除幼儿教育软件之外，其他教育资源、产品也在幼儿教育软件评价机构的评价范围之列；二是幼儿教育软件评价机构的功能广泛，各幼儿教育软件评价机构还开展了其他业务，如发布教育资源信息，提供教育培训、教育管理方面的咨询和服务等等。由此可见，这些幼儿教育软件评价机构并非是完全的专门性幼儿教育软件评价机构，并不只针对幼儿教育软件。新西兰幼儿教育软件评价机构的综合化特点使其拥有较为宽广的发展空间，并为其提供了开展幼儿教育软件评价工作所需的丰富背景和实践途径，在一定程度上有利于幼儿教育软件评价的专业性发展。

**五、新西兰幼儿教育软件评价机构发展经验**

新西兰教育信息化开展于 20 世纪 90 年代中期，从发展历程上来看，幼儿教育软件评价机构也肇端于此时期。可以说，二者几乎同步迈进，彼此作用和影响，而且在实践过程中取得了卓越的成就。归纳来看，新西兰幼儿教育软件评价机构的发展经验如下：

一方面是新西兰幼儿教育软件评价机构发展具有的先进经验。首先，新西兰幼儿教育软件评价机构拥有良好的发展外部环境。一是政府于 1998 年开始实施 ICT 教育计划，而且之后接连发布了一系列的相关教育政策和规划，为幼儿教育软件评价机构等这些扮演着教育信息化的重要参与者提供政策性保障；二是新西兰的基础教育信息化在信息基础设施状况、信息化教师专业发展状况等各个方面都达到了世界先进水平，① 在实践过程中也取得了较为具体的操作经验，这为幼儿教育软件评价机构奠定了发展基础，使其拥有了生长的"温床"。其次，新西兰幼儿教育软件评价机构具备了坚实的发展潜质。一是拥有高度的客观性，很多幼儿教育软件评价机构为了保持其提供评价服务和教育服务的质量而避免广告或利益的影响，采取中立的立场面向服务对象；二是信息技术和互联网技术在评价工作中的广泛应用，这是新西兰幼儿教育软件评价机构技术化发展的重要因素。最后，多数新西兰幼儿教育软件评价机构以公共服务为目的，这有别于利益导向的幼儿教育软件评价机构，有力保证了幼儿教育软件评价的健康发展。

另一方面，新西兰幼儿教育软件评价机构的发展也存在着不可忽视的问题。首先，幼儿教育软件评价研究的缺乏，幼儿教育软件评价理论的研究也相对缺失。评价理论的研究能够为幼儿教育软件评价实践走向深化提供远瞻的视角。然而研究发现，新西兰幼儿教育软件评价领域缺乏共识性的评价理论或指导思想，各评价机构主要依靠自身定位和社会需求来开展评价工作，难免会陷入无思想武装的窘迫之境，无法为评价实践提供有效和规范性的指导，所以大多新西兰幼儿教育软件评价机构不能将幼儿教育软件评价与研究实现一体化。其次，幼儿教育软件评价机构有待加强评价工作的深化。新西兰幼儿教育软件评价机构关于评价者的选择和确定、评价标准的构建与权衡、评价工具的制定与选用、评价方式的说明与应用、被评价软件的实测、评价过程的具体实施、评价信息的收集和反馈、评价结果的形成与发布等方面所做的工作略显单薄，这大大限制了其幼儿教育软件评价在幼儿教育信息化中所发挥的作用。最后，需要着力发展第三方幼儿教育软件评价机构。在这一点上，新西兰与英国相似，与美国第三方幼儿教育软件评价机构相比，无论在数量上和组织类型上都是不可同日而语。虽然新西兰教育水平先进，其各类教育机构的发展相对完备，幼儿教育软件评价机构也正在蓬勃发展，但是第三方评价机构的数量、组织类型较少，亟待快速补充，这样才能为新西兰不断迈进的幼儿教育信息化提供多元和全面的力量。

---

① 孙艳、苏玉霞：《新西兰基础教育信息化进程述评》，《外国教育研究》2008 年第 5 期，第 29—32 页。

相比美国和英国而言，新西兰教育信息化和幼儿教育软件评价机构兴起较晚，幼儿教育软件评价研究也不如其发达。但难能可贵的是，新西兰政府对于信息技术在教育领域的应用价值给予了高度关注，尤其在幼儿教育方面，与社会各界共同给予了极大支持，并在实践过程中取得了可以推广的具体经验。发展于这样环境下的新西兰幼儿教育软件评价机构虽然"初出茅庐"，但是却有着"旭日东升"的前景，这对于处在同样境遇的中国幼儿教育软件评价及评价机构提供了最佳"教材"。

**六、新西兰幼儿教育软件评价机构发展趋势**

由于历史渊源的关系，新西兰教育与英国教育发展情况类似，其幼儿教育软件评价机构建设与发展情形也极为相近，所以二者有着相同的发展趋势。但是在具体情境中，新西兰幼儿教育软件评价机构有着自身的特点。

（一）政府积极引导参与，非官方机构繁荣发展

在新西兰，并未有权威性或领导性的幼儿教育软件评价机构。我们所能看到的就是，一方面政府从宏观上在积极建立教育信息化发展所需的各种构架，如教育政策的保障、基础设施的建设等；一方面从微观上着力参与教育信息化的服务，如建立 Software for Learning 等提供幼儿教育软件评价服务的网站。可以说，新西兰政府将幼儿教育信息化推进到了"脚踏实地"的层面，这对于其他幼儿教育软件评价机构起到了较好的引导作用。与此同时，新西兰的非官方幼儿教育软件评价机构也在踊跃建立以响应幼儿教育信息化的倡导，例如 New Zealand Open Source Society 就是在个人的倡议下并依托民间非官方团体建立的第三方幼儿教育软件评价机构。这充分显示了新西兰民间非官方幼儿教育软件评价机构积极参与教育信息化、为公众提供教育服务的热心，也体现了新西兰幼儿教育软件评价机构发展的"自觉"意识。因而总体看来，在新西兰形成了一个政府积极引导并参与、民间非官方幼儿教育软件评价机构繁荣发展的局面，二者共同促进新西兰幼儿教育信息化的逐步推进。

（二）幼儿教育软件评价机构的技术化

新西兰幼儿教育软件评价机构兴起于 20 世纪 90 年代，此时恰值科

学技术迈向新纪元，互联网技术和信息技术深刻影响了新西兰幼儿教育软件评价机构的发展，使之在未来的发展中呈现出技术化倾向，这主要表现在互联网技术在评价工作中的广泛应用。新西兰幼儿教育软件评价机构以互联网为依托，将其评价业务和其他服务实现了网络化，而包括评价者、使用者、生产者三者之间的沟通也主要以网络为纽带，这是新西兰幼儿教育软件评价机构在网络信息化方面的一个缩影。其次，新西兰幼儿教育软件评价机构集成评价平台、资源平台、交流平台和管理平台为一体，要实现这种跨平台的有机整合、构建和谐运作的系统不仅需要坚实的技术力量作为支撑，也需要专业的技术人员来设计、建立和管理，因而新西兰未来的幼儿教育软件评价机构将会朝技术化的方向发展。

## 第六节　国外幼儿教育软件评价机构发展趋势及启示

在我国，信息技术被引入教育领域已有二十余年的历史，幼儿教育软件评价研究作为对学前教育信息化领域一个方面的初步探索也开展了几年的时间，总体看来，取得了一些可喜的成就。比如，一些专家学者和研究机构致力于幼儿教育软件评价理论的基础研究、对于评价方法和模型框架的梳理、对评价标准或指标的深入分析等，这对于我国幼儿教育软件评价和评价机构的发展都是极其有益的。但与此同时，我们在研究过程中也发现，我国幼儿教育软件评价机构一个明显不足之处是缺乏持续的动力、操作性的实践经验和可推广的发展路径。从时间上来看，我国在教育信息化方面的起步时间大致与新西兰相同，然而经过十几年的发展建设后，新西兰教育信息化已经步入有效深化的阶段，而我国目前还停留在初期起步阶段，学前教育领域的信息化水平亦是差之千里。综合研究国外主要发达国家的幼儿教育软件评价机构之后发现，我国在幼儿教育软件评价机构的建设上可以获得以下几个方面的有益启示：

### 一、应重视我国幼儿教育软件评价机构的理论构建

我国幼儿教育软件评价机构在幼儿教育软件评价理论研究上应当着重关注两个方面，一是弥补幼儿教育软件评价理论研究的不足。当前我

国幼儿教育软件评价理论的研究仍以借鉴、移植国外先进的幼儿教育软件评价理论研究为主，这对于我国当前处于起步阶段的学前教育信息化和幼儿教育软件评价研究来说是可取的和必然的，同时也是一种构建自我幼儿教育软件评价研究体系方便、快捷、有效发展的路径。但与此同时可能导致的不良后果就是，我国对于幼儿教育软件评价理论本土化研究的不足，这是我国幼儿教育软件评价机构表现出来的首要问题，同时也是我国教育技术、学前教育和教育评价等相关科学领域整体显现出来的弊端。

二是形成本土的幼儿教育软件评价理论体系。我国在教育软件评价领域的研究已经开展二十余年，积累了较为成熟的教育软件评价理论研究成果。但是，教育软件评价研究的成果还未有效延伸至幼儿教育软件评价研究领域，因而目前我国的幼儿教育软件评价理论研究还未形成系统性的体系。此外，我国近年来发展迅速的教育评价研究也未与幼儿教育软件评价进行有效沟通与融合，这需要相关研究机构和研究者对此予以深入关注。我们应当清醒地意识到，任何的科学研究若要获得长久的发展动力必然需要建立一个本土化的研究体系，进而逐步发展到科学理论研究自觉的实然状态。

鉴于此，我国可以充分借鉴美国幼儿教育软件评价机构 KIDS & Computers Inc（儿童与计算机公司）的相关发展经验。现实可行的途径是基于大学、研究所等科研单位来开展幼儿教育软件评价的基础理论研究，同时和教育软件生产企业合作来实现相应的幼儿教育软件评价理论的实践验证，由此形成具体可行的操作性经验，进而推广普及。

## 二、应实现我国幼儿教育软件评价主体多元化的互动发展

评价主体在教育评价的实际过程中是主要的因素，"他们在评价中控制活动的方向与进程，对确定评价问题、选择评价方法、使用评价结果起决定性作用"。[①] 而在我国，由于幼儿教育软件评价研究的不成熟，关于评价主体多元化的认识还不是很到位，幼儿教育软件评价主体的构

---

① 蔡敏：《论教育评价的主体多元化》，《教育研究与实验》2003 年第 1 期，第 21—25 页。

成比较单一。在实际评价工作中，主要是以学科专家、技术专家等为主要评价主体。例如，我国教学软件评价在实践中形成的一种三级评审模型，参与教育软件评价的评审员主要由评审工作人员、学科专家、教育软件系统专家担任，因此也叫做"专家评价法"。但是，该评审的最终结果往往依赖专家的态度，故而评价过程中存在较强的主观性。

近年来，教育评价理论已经走向第四代的"共同建构"、"全面参与"和"回应—协商—共识"，评价亦并不是"外在于人的"、"纯客观"的过程，而是参与评价的所有人，特别是评价者与评价对象双方交互作用，形成共同的心理建构的过程。[①] 从国外评价主体多元化的趋势来看，多元评价主体共同参与幼儿教育软件评价对幼儿教育软件评价机构的建设所起到的积极作用已是毋庸置疑。例如美国和英国的多数幼儿教育软件评价机构在评价工作中引入的评价主体有教师、家长、学校管理者、专业评论员等，这种多元的评价主体可以从不同角度为用户提供有关幼儿教育软件情况，来满足不同的群体的需求。目前，我国教育评价学术界和一些幼儿教育软件企业也已经开展评价主体多元化的实际探索，但是由于客观现实的制约，还处于不断实践的过程中，所以在实现幼儿教育软件评价主体多元化的发展上仍有极大的空间。

### 三、应加强我国第三方幼儿教育软件评价机构的建立

本研究发现，国外那些学前教育信息化程度比较发达的国家的第三方幼儿教育软件评价机构的发展同样繁荣，而且这些国家的政府也积极创设良好的生存环境来鼓励这些第三方幼儿教育软件评价机构的健康快速发展。尤其在美国，第三方幼儿教育软件评价机构在政府、学校和社会之间不断进行自主改革与调适，构建起自我管理体系进行行业自律，很好地发挥了社会中介的作用，在提供了优质学前教育服务的同时，也促进了幼儿教育软件评价的长足发展。

我国幼儿教育软件评价机构以政府性机构和临时评审委员会为主，一些第三方机构的科研单位如大学、研究所等虽然也有幼儿教育软件评

---

① 卢立涛：《测量、描述、判断与建构——四代教育评价理论述评》，《教育测量预评价》2009 年第 3 期，第 4—7 页。

价的相关工作开展，但这些机构都不是专门的和常规开展幼儿教育软件评价工作和研究的机构。因而，我国在学前教育信息化进程中还要依据人民群众和教育服务的需要来着力建设一些具有高质量、高品誉、高竞争力的第三方幼儿教育软件评价机构，这对我国当前幼儿教育软件市场走向规范的发展道路是亟须的。

### 四、应建立我国幼儿教育软件的发展性评价机制

因为教育软件的实时更新和大量涌现，幼儿教育软件评价就需要建立一种与时俱进的评价机制来确保各个评价环节的顺畅进行，并保证幼儿教育软件评价的有效性。评价机制是幼儿教育软件评价机构关于影响评价效果的评价主体、评价标准、评价工具、评价方法、评价方式以及评价过程所形成的一种具有自发性、规范性和相互作用的联系，而发展性评价机制则加强和促使这种联系转向一个自我维系、自我更新的"生态系统"。结合我国当前发展性评价的一些理论和实践探索，我国应当建立发展性的幼儿教育软件评价机制，即关注幼儿教育软件评价的过程性、全面性和发展性，以幼儿教育软件评价的发展为基点，内部评价和外部评价相结合，促进幼儿教育软件评价研究的不断发展。

### 五、应注重我国幼儿教育软件评价机构的内外部审核的结合

幼儿教育软件评价机构在学前教育信息化中所扮演的重要角色决定了其自身需要保持较高的生命力，因此，幼儿教育软件评价机构的长效运行是至关重要的。从国外幼儿教育软件评价机构的先进发展经验来看，内部审核与外部审核相结合的途径是一种促使幼儿教育软件评价机构长效发展的有效途径。一方面，内部审核让幼儿教育软件评价机构对其评价工作全部环节进行"类似元评价"的自我管理和评价；另一方面，外部审核通过外部评价机构或其他幼儿教育软件评价机构对幼儿教育软件评价机构开展类似"同行评价"的监督。这样一种可以借鉴的经验对我国尚处无序可循的幼儿教育软件评价机构发展状态来说无疑是一种指导，也是幼儿教育软件评价机构实现自我优化、进而依托自身建立长久健康的幼儿教育软件市场体系的"良药"。

# 第四章

# 幼儿教育软件评价机制

明确了幼儿教育软件相关理论与评价机构之后，我们对幼儿教育软件评价机制进行探讨。首先，对幼儿教育软件评价机制进行内涵分析；其次，在分析中外幼儿教育软件评价机制发展概况的基础上，重点对美国、英国、新西兰等国的幼儿教育软件评价机制进行重点研究；最后，讨论国外幼儿教育软件评价机制对我国的启示。

## 第一节　幼儿教育软件评价机制的界定

本节主要对幼儿教育软件评价机制进行内涵分析，首先分析评价机制的内涵，之后讨论幼儿教育软件评价机制的要素。

### 一、评价机制

机制的定义。

机制一词的英文是 mechanism，最早来源于希腊文。《辞海》中"机制"一词的定义原指机器的构造和动作原理，生物学和医学通过类比借用此词。生物学和医学在研究一种生物的功能（例如光合作用或肌肉收缩）时，常说分析它的机制，这就是说要了解它的内在工作方式，包括有关生物结构组成部分的相互联系，以及其间发生的各种变化过程的物理、化学性质的相互联系。阐明一种生物功能的机制，意味着对它的认识从现象的描述进到本质的说明。

"机制"一词最早用于自然科学领域，后来引申到社会科学领域，"如果把社会、教育、文化、教育等多领域看做一个系统来认识的话，机制被用于对这些系统内部循环结构及其相互关系的一种描述"。① 机制简单来说就是制度的方法和规则。机制包含有以下几个基本含义，第一是各要素之间的练习，即结构；第二是事物在有规律性的运动中发挥作用即功能；第三是发挥功能的作用过程和原理。在一个系统中，机制包括了事物之间的结构和体制，体现了事物的性质和联系。事物的任何一种机制的形成应有两个方面的因素，一个是内因，指的是组成系统的各要素之间的联系，竞争以及协同共同发挥作用；一个是外因，事物的变化和发展，不仅仅需要各组成要素的联系、作用，还需要与系统外部与系统进行物质、能量的交换。事物机制的形成正是内因和外因共同作用的结果。

机制与体制。机制与体制很容易被人们混淆使用，当然两者之间有密切的联系，同时也有本质的区别。辞海对"体制"的定义，指国家机关、企业事业单位在机构设置、领导隶属和管理权限等方面的体系、制度、方法、形式等的总和。机制强调的是各要素之间的运行的原理与功能等，如果将体制说成是一个系统的框架，而机制是推动该系统框架运行的助推器。一个科学的体制，必须要有相应的机制作为其保障。

评价机制是体制的下级概念，自然与机制的概念是分不开的。根据机制的概念与含义，评价的各要素包括评价主体、评价方法/标准、评价过程这几个基本的要素。评价机制是指组成评价的各个要素之间的结构、评价功能以及评价各要素的运行过程和原理，还包括影响评价的外部因素，即评价监督体系。

## 二、幼儿教育软件评价机制

根据以上对幼儿教育软件评价机制的概念的界定，我们得出幼儿教育软件评价机制是影响幼儿软件评价效果的评价主体、评价内容、评价方法/标准和评价过程之间的联系以及运作原理，以及幼儿教育软件外部评价监督体系，以促进教师更好的教和幼儿更好的学。

具体来说，幼儿教育软件评价机制的要素有幼儿教育评价的评价主体、评价内容、评价方法/标准以及评价过程等。由于幼儿教育软件评

---

① 黄林芳：《教育发展机制论》，上海财经大学出版社 2006 年版，第 56 页。

价涉及幼儿教育与信息技术两大领域，所以评价主体具有多元性，这使得评价内容、方法与标准也具有明显的多维性与开放性，这是幼儿教育软件评价机制的主要特征。

评价主体、评价内容等要素不是独立存在的，而是相互作用与影响，形成相对稳定的结构、过程与运行原理，从而有效发挥幼儿教育软件评价所需的各项功能。在系统运行过程中，来自社会与家庭的评价与监督起着重要的推动作用，特别是后者，即来自家庭的要素不可忽视。幼儿家庭在评价主体、评价内容、评价方法/标准以及评价过程中有着较强的参与性和推动作用。

幼儿教育软件评价机制的目的是通过教师更好的教与幼儿更好的学，促进幼儿的全面发展。

## 第二节　中外幼儿教育软件评价机制发展概况

本节在分析我国幼儿教育软件评价现状的基础上，讨论我国幼儿教育软件评价机制存在的问题，最后将视野扩大至全球，为后文重点讨论发达国家的幼儿教育软件评价机制打下基础。

### 一、我国幼儿教育软件评价现状以及存在的问题

近年来，我国对幼儿教育信息化以及幼儿教育软件的发展比较重视，开展了一系列的比赛或者活动。如从 2006 年开始的每年一届的中国教育技术协会中小学专业委员会幼教协作研究会举办的"全国幼儿园信息技术应用作品评选"，到现在已经进行了第五届，虽然开始的较晚，但是也得到了长足的发展，这 5 年内评出了很多的优秀作品。在 2011 年的"第五届全国幼儿园信息技术应用作品"中，主要的参赛项目类别是教育活动实录、多媒体课件、主题论文、教育博客以及幼儿园的网站，其中对幼儿园的网站评价给出了详细的评价指标体系，主要以网站栏目内容、表现形式和运行和管理三个方面进行的评价。对教育教学工具类软件系统评价的指标从设计目标、结构与功能设计、技术性能、人机界面设计、创新与使用五个方面对软件进行评价。

目前我国对幼儿教育软件评价研究比较深入的是郭力平教授，他以

美国的一个标准为基础进行修订，在一本书中对 kid pix 软件进行了评价。

2001 年由教育部组织的全国中小学教育软件与资源征集评审结果表示：有参赛资格的有 2242 件软件，评审通过的仅仅 412 件，评审通过率只有 18.3%，其中公司送审的有 187 件，教育单位送审的 225 件。导致通过评审率如此低的原因主要是观念陈旧、内容滞后、不适合教学需要、导航设计混乱、检索功能薄弱等，主要从技术和设计理念方面来进行评审。技术方面的问题与软件设计理念方面的问题都很大。而国外对中小学的教育软件相对幼儿教育软件还是比较重视的，由此可以想到我国幼儿教育软件也会存在诸多问题。

从我国的一些学前教育网来看，目前有北京学前教育网列出了一些幼儿教育软件以及对其的评价，但是其评价可以说是最简单的描述，评价过于简单，而且在网站中所列出的软件更新较慢，所有的软件更新的时间在 2007 年之前。

国内一些生产软件的企业也对其软件做出了适当的评价，如 WaWaYaYa、金山画王等软件，以金山画王为例，该公司的官网上有对金山画王的评价，从软件设计目的、软件功能性、软件技术性（录像、打印和保存等功能）对软件做出了评价，这种评价比较适合于初始了解、接触该软件的需要者，对与专业人员就显得过于单薄，如教师为孩子选择软件时。

从以上我们对我国幼儿教育软件评价的分析可以看出，我国幼儿教育软件评价过于简单、对软件评价信息更新不及时、没有权威的标准以及缺乏专业的评价组织等问题。

**二、我国幼儿教育软件评价机制存在的主要问题**

我们主要从幼儿教育软件的评价目的、评价主体与评价过程三方面来进行探讨。

（一）我国幼儿教育软件评价目的存在的问题

由于我国对幼儿教育软件评价的项目较少，而评价目的不尽相同，大致可以分为以下几类：一是不以营利为目的的，大部分这种形式的评价比较简单，主要为家长或者研究人员提供一种信息的展示，而且并不是请专业人员进行评价；二是一些商业公司以营销为目的的对软件的评价，这种软件评价由各自的公司提供，只能针对某一个软件或者针对的某一平台；三是以研究为目的，促使幼儿教育软件的发展，这种情况一般在某一基金的支持下，研究人员为高校或者相关组织专家，选择的评价标准较科学，如郭力平教授对评价的研究以及针对某些个软件所做的评价。

从上面提到的情况可以看出，只有第三类，即以研究为目的的评价才能真正促进幼儿教育软件发展，但是相关的评价专家与人员尚为数不多。

（二）我国幼儿教育软件评价主体存在的问题

我国幼儿教育软件目前评价主体主要是软件评价研究人员、生产软件者。评价主体在整个评价过程中是首要的，也是影响评价工作最重要因素，其阅历经验和思想会影响整个评价的结果，一个专业的评审员在专业基础上面会尽量减少自己的主观因素。

我国评价主体还是以专业人员和生产软件者为主，而教师和家长的评价基本上是没有的，这会影响软件的宣传，如果一个软件由一线教师和家长来评价，因为是直接与幼儿接触的会增加软件评价的可信度。专业人员的评价也是有必要的，一个专业幼儿教育软件评价的组织、一个权威奖项的评价人员会提升评价的质量，而这也是我国所缺少的，到目前为止我国还没有一个专业的幼儿教育软件评价组织和奖项，这也是所应该加强的方面。多元评价的主体是我国幼儿教育软件评价发展的方向。

（三）我国幼儿教育软件评价过程存在的问题

这方面主要是针对奖项式和专家评价过程进行的陈述，对于家长或者教师个人来说，评价过程主要以观察为主，他们评价的目的也是选择适宜的软件供给幼儿进行学习，促进幼儿更好的发展。这种过程相对比较简单，此处不再赘述，这种方式最重要的是找到一种合适的发展适宜性的评价标准，而由于我国评价标准较少，教师或者家长知道的更少，因此这方面的评价过程较少人实施。而奖项式的软件评价过程，在我国是以上级向下级部门发布信息，这种形式收集到的资料一般都是学校里面的教师做的软件，针对社会上的比较少，宣传力度过低，包含的范围比较小。社会上的非营利性的组织发起的奖项很少，针对的是全国性的企事业单位和学校的。我国奖项式的评价过程比较封闭，一般公布整个评价的步骤，但是很少公布评价主体是谁，评价主要关注哪些方面，评价评审多于一轮以上的比较少，对于这种评价的透明性和公平性值得商榷。高校的专业人员对软件评价过程，他会根据某一个评价标准或者实验室对软件教育性、娱乐性、技术性等软件全部方面进行评价，评价较科学，但是这种评价一般是由某一专家或者是几个人进行的，因此评价过程与评价主体主观思维性较大。虽然高校的研究人员评价过程是较专业的、科学的，但是这种评价出来的软件毕竟是少数的，还有高校的评价一般都是研究人员才能接触到，影响范围较狭窄。

### 三、国外幼儿教育软件评价概况

1984 年，在 ERIC 数据库中输入"software"和"evaluation"得到 419 条相关的数据资料，这些文献的类型为学位论文、论文、研究结果以及软件设计相关文献。2003 年斯瓦米纳坦（Swaminathan）和叶兰德（Yelland）在《儿童教育》杂志上发表的论文 Global Perspective on Educational Technology：Trends and Issues 指出，美国、英国、澳大利亚、印度、新加坡等国家和地区的幼儿教育信息化都在蓬勃发展中。目前各个国家都较重视幼儿教育软件评价，走在前列的依旧是西方发达国家，如美国、英国、希腊、爱尔兰、澳大利亚、荷兰等国家。2005 年在荷兰举办的第十二届人工智能应用教育国际会议（12th International Conference on Artificial Intelligence in Education），其中有一个研讨会主题是学生在使用软件时针对动机和情感（学习动机、学习挫折、喜爱/不喜爱、高兴/不高兴、学习心情、学习态度）调查的分析，而这些会直接影响学习者最后的学习成效，研讨会上有一篇文章是专门针对幼儿在玩游戏时的情感与动机的研究。其中 Julie Marshall 和 Ray Adams 应用观察法以及定性分析法对教育软件的动机与情感方面进行了评价。爱尔兰的国家教育技术中心（National Centre for Technology in Education，NCTE）从软件设计内容、设计与导航、安装与使用、帮助文档等方面对幼儿教育软件进行评价。荷兰的唐纳（Afke Donker）和马可波洛斯（Panos Markopoulos）（2001）认为，幼儿教育软件可用性评价有三种方法，分别是有声思维、结构式访谈以及所书写的问卷集。希腊盖加多（Elissavet Georgiadou）和伊科诺米季斯（Anastasios Economides）（2001）等认为，教育软件的评价应从组织内容、技术支持以及更新过程、学习评价等几个方面进行。澳大利亚的盖斯辛格（H. Geissinger）（1997）认为，教育软件评价的主要方法是形成性评价和过程性评价。

下文我们将重点讨论美国、英国和新西兰的幼儿教育软件评价机制。

## 第三节　美国幼儿教育软件评价机制

### 一、美国幼儿教育软件评价目的和功能

美国作为世界发达国家，在幼儿教育软件评价方面处于世界领先水平。美国幼儿教育信息化开始于 20 世纪 80 年代，计算机已经是幼儿日常教学的工具之一，当然他们认为应该把计算机作为辅助性的，不能代替直觉体验的物品，比如说积木等实物；软件是计算机应用的基础。随着幼儿教育信息化的发展，主要的学习工具——幼儿教育软件以及评价也受到了重视，相关的理论研究成果较为丰富。对于评价目的和功能，虽然没有正式的表述，但是根据相关文献可以明确以下几个目的和功能：

（一）引导教师和家长选择适宜的幼儿教育软件

评价的一个最基本的功能就是具有导向的功能，"教育评价是目的性、规范性很强的活动，合理的评价活动具有明确的评价目地、预设的评价标准以及严格的评价程序，就像一个'指挥棒'，对教育发展起着'定标导航'的作用"。[①] 全美幼教协会（NAEYC）早在 1996 年所著的文献 Technology and Young Children-Ages 3 Through 8 明确指出，"在决定哪些技术被用于支持幼儿的学习，教师起着至关重要的作用。教师必须依据发展和学习的观点来评价和选择软件，并且要仔细观察幼儿使用软

---

① 肖远军：《教育评价原理及应用》，浙江大学出版社 2004 年版，第 15 页。

件情况来辨识机会和问题，以便于做出适当的调整"。① 同样在后面的论述中还提到"加强与幼儿发展相关的软件评估的机会是必须的"，② 从一定程度上讲，在使用信息技术时，幼儿学习的好坏一部分是与软件的选择有关系，而幼儿是没有能力辨识哪些软件有价值，哪些无价值的，这个任务就交给了幼儿教育工作者或者家长。当前美国很多幼儿软件评价机构（如 Children's Software Revue, Multimedia Schools 和 Family PC）都制定出了它们自己的评价标准，教师或者家长可以根据其制定的评价指标体系来选择适宜的软件供幼儿进行学习和使用。更好地引导教师和家长选择具有发展适宜性的幼儿教育软件。

（二）促进幼儿教育软件市场的发展

随着计算机技术的普及，越来越多的信息技术方面的公司开始关注幼儿教育信息化。幼儿教育软件已经成为一个产业，与早期的幼儿教育软件相比，其质量在系统性、智能性以及互动性方面都有所提高。虽然现在训练—练习性的幼儿教育软件数量还是占有绝对的数量，但是发展适宜性软件也受到了大家的肯定。不管是对于美国还是其他国家，大部分的幼儿教育软件的设计和开发还是由企业完成，根据 2002 年行业统计报告，全世界主要开发幼儿教育软件的企业还是在美国，比如 Topic Entertainment、Disney Interactive 等知名企业。当然这些比较大的企业也有它们自己的幼儿教育软件评价标准，例如迪士尼公司和微软。通过评价幼儿教育软件，可以了解它们的基本情况、对幼儿发展的价值所在，以此来促进幼儿教育软件市场的发展，督促企业开发出越来越多的发展适宜性幼儿教育软件。

（三）促进幼儿的学习和发展

任何评价目的都是为了价值主体能得到价值的提升，幼儿教育软件评价也不例外，评价的最终目的就是为了幼儿的发展和学习。其评价的指向不但是为了幼儿的发展，而且也是为了幼儿升入小学做准备。

**二、美国幼儿教育软件评价主体**

美国幼儿教育软件评价开始于 20 世纪 80 年代，经过几十年的发

---

① NAEYC. Technology and Young Children-Ages 3 through 8，1996：1.

② NAEYC. Technology and Young Children-Ages 3 through 8，1996：6.

展，美国幼儿教育软件评价发展的比较成熟，形成了评价精度高、评价主体多元化等特点，下面我们选择了一些评价主体进行优劣势分析。

**表4－1　　　　　　　　　　部分评价主体优势和劣势①**

| 类型 | 例子 | 优势/劣势 |
|---|---|---|
| ·地方教育部门等教育机构<br>·公立学校 | ·加利福尼亚教学技术交换中心<br>·哥伦比亚公立学校 | 优势：评价针对学校的学生而设定，所提供的信息较适合教师，评价者与企业没有关系，增加了评价的有效性。<br>劣势：评价常常滞后于市场，因为多个评价者没有进行相互间可靠性培训，评价的可靠性可能减少。 |
| 软件和硬件企业 | ·苹果电脑软件指南<br>·微软软件指南<br>·IBM软件指南 | 优势：这些册子是免费发放，针对在某一个特定平台使用该学习软件是有用的。<br>劣势：评价是针对特定平台所编写的，评价可能是过时的或者概括性程度不高。 |
| 软件目录册子 | ·教育软件机构（ESI）<br>·BrainPlay.com<br>·SmarterKids.com<br>·Amazon.com | 优势：册子可以提供有用的、及时更新的价格和平台信息。在某些情况下，在线目录还为用户提供了针对软件产品书写评语的机会。<br>劣势：评价背后隐藏一种销售动机，软件的描述可能会片面强调优势，减少其劣势。 |
| 商业性杂志和在线出版物 | ·Family PC<br>·技术和学习<br>·媒体和方法<br>·课程管理者 | 优势：评价是及时的、更加精确的和全面的，是数个竞争产品之间的比较。<br>劣势：杂志的收入有广告商的支持，而这些广告商一般是参加软件评价的企业。很难找到对这些软件的尖锐批评，评价人来源不一，几乎不具备评价者的内部一致性，评价比较广泛。评价受利益的驱使。 |
| 贸易组织评奖活动 | ·软件出版协会（SPA）②<br>·EdPress | 优势：获奖软件由行业内部经投票选出。<br>劣势：需要交会费，淘汰了小公司，减低了获奖的有效性。 |
| 大学 | ·南伊利诺斯大学<br>·亚利桑那州立大学 | 优势：客观，更具有分析性。<br>劣势：缺乏全面性和可靠性。 |
| 独立的评论专家 | ·The Oppenheim Toy<br>·Portfolio, Dr. Toy | 优势：评论由具有很强的儿童发展背景教育者或者有丰富儿童游戏知识的教育者编写。<br>劣势：因为这些专家主要是评论工具的，他们可能对软件的相关知识不一定了解。可能受利益驱使。 |
| 非营利性团体组织 | ·家长选择基金会<br>·教育产品信息交流协会（EPIE） | 优势：可以对软件市场提供全面的客观的报道。<br>劣势：评价对基金的依赖性较高，造成评价的综合性程度随年度会有变化。 |

---

① Warren Buckleitner. The State Of Children's Software Evaluation-Yesterday, Today and In the 21st Century. Information Technology in Childhood Education, 1999：211—220.

② 注：软件出版协会现改名为"软件与信息产业协会"（Software & Information Industry Association，简称SIIA）。

### 三、美国幼儿教育软件评价方法/标准

对幼儿教育软件的评价一般采用分析评定法、指标体系评定法、观察式评定法、实验评定法。但是用得比较多的还是指标体系评定法，这种方法受评价人员主观影响较小。现在美国对幼儿教育软件评价用得比较多的有以下几种形式：在线评价网站、列表、表格、问题集列表和选择的标准等形式。而在评价中一般会包括需求分析、学生参与反馈、选择软件的标准等方面。

我们在第三章讨论幼儿教育软件评价机构时，已经对各评价组织与机构的评价标准进行了阐述，下面我们主要讨论部分评价指标的侧重点。

美国幼儿软件评估专家霍兰德和希尔德（Daniel D. Shade）制定的 Haugland / Shade 评价标准是基于发展适宜性实践思想提出的，很多国家的研究者以此为基础做出修订，例如我国的华东师范大学郭力平教授和国立台中教育大学邱淑惠教授。Haugland/Shade 软件评价标准从技术、幼儿和教师三个方面对幼儿教育软件评价。在 1996 年，他们对该评价标准进行了修订，主要的变化是加上了"非暴力"这一评价的指标，这也是幼儿教育软件非常值得关注的一个方面，因为幼儿是一个积极的观察者，模仿性极强，而是非观念不很强，因此远离暴力、体现社会价值的幼儿教育软件在促进幼儿社会化和控制情绪方面才是有利的。同时，技术特征主要加上了"打印"和"保存"的指标，这有利于幼儿的自我满足感，可以在操作的过程中体会到成就感。

西伊利诺斯大学早期学前教育最佳实践中心为教师和家长制定了一个包括检验软件是否适宜性的 16 个标准指标，它们分别是：软件提供一个发散性的路径（divergent path）和选择的机会；软件是开放性的，在一个非压迫的环境下积极探索；软件提供问题解决的机会；软件允许幼儿成功；软件可以激发孩子的兴趣；软件鼓励积极参与；软件包含高质量的动画、图像、声音和颜色；内容反映多样的社会；内容是发展适宜性的；反馈是有效的且是自愿的；不要求"无错误"输入的回应；方案是容易协商的；课程的运行在一个合适的速度；易退出；指令是清

晰的易遵循的；软件与教室的硬件是相配的。该评价指标也是在发展适宜性实践思想的基础上制定的软件评价指标。但是该评价指标的缺陷是评价等级不是很清晰，用词比较模糊。

哥伦比亚城市学校（Columbus City Schools）教学对象为 K－12 的学生。他们对学校的技术和软件在教学中的应用比较重视，在 2008 年就制定了教学软件教学大纲评价指标体系，该体系主要包括三个部分的评价：一个是教学大纲，二是软件设计，三是技术兼容性，分别由不同的部门进行评估。我们这里主要介绍对软件这部分的评价。该软件评价的目的是为了使教师更好的选择软件并进行教学，主要是从技术、应用、内容和学习方式这四个方面对软件的质量做一个评估。该评价指标也是在发展适宜性的基础上制定的软件评价指标。由于针对的教学对象较广泛，所以并不是仅仅针对幼儿教育方面的老师，因此评价方面比较宽泛，不具体。评价人员一般都是教师，与软件开发者没有什么关系，因此能在一定程度上增加评价的有效性。美国幼儿教育软件在线评价的网站比较多，但是有很多的网站却没有提供一套明确的评价指标，如 KidsDomain 网站，有一些网站对幼儿软件评价做了更深入的研究，如 Superkids 网站、Children's Software Review 等软件。SuperKids 从 1996 年开始为家长和教师提供教育材料。Superkids 教育软件评价将评价的主体分为教师、家长和儿童，从不同侧面对软件做出评价。在这三类主体对软件评价之前都有一段关于评价主体信息、硬件配置情况以及一般软件质量评价的描述，以 5—1 分别为每一项指标打分，5 分表示优秀，4 表示很好，3 表示一般，2 表示差，1 表示不适用。该软件评价标准通过对教师、家长和幼儿三个评价主体，对幼儿教育软件进行评价，当然最主要的是给家长和父母一个选择软件的指南。家长方面主要针对的是幼儿在使用软件时的学习兴趣和兴趣保持的时间，以及简单的了解软件适合的人群。教师方面主要是针对教育价值、内容、技术方面、互动、年龄适宜性等方面对软件教育思想和技术进行评价。对于评价主体为幼儿的评价标准主要针对幼儿使用软件时的兴趣与娱乐性。该评价标准与以上提到的评价标准最大的区别就在于它的主体有三部分组成，每项主体评价的侧重点不同，可以更加全面的了解软件各个方面，以及孩子在使用软件时的感觉与家长或者教师所观察到的区别，以便更好地引导市场上开发出高质量幼儿教育软件，引导教师和家长选择更适合孩子年龄阶段和学习类型的软件，从而促进幼儿的发展。

**四、美国幼儿教育软件评价方式与过程**

1995 年，西北教育技术联盟（The Northwest Educational Technology Consortium，简称 NETC）的考莫斯基（Komoski）和普拉尼克（Plotnick）在"Seven Steps to Responsible Software Selection"文章中指出，软件的选择应按照以下七个步骤，也即最初软件评价过程。七个步骤是：需求分析、详述需求、分辨有前途软件、阅读相关的评述、预览软件、提出建议和获得使用后反馈。根据上面提到的评标标准的类型对各种类型的评价过程做一个简单的梳理，主要是由列表/表格式评价方式、在线的评价方式和奖项式评价方式等。

*（一）列表/表格式评价方式*

列表/表格式评价方式一般是由学校或者评价组织机构专门为教师或者家长服务的，所制定的评价指标，例如，Haugland/Shade 软件评价标准、哥伦比亚城市学校制定的教学软件评价指标、西伊利诺斯大学早期学前教育最佳实践中心的软件评价标准等这种类型的软件评价形式还是比较多的，其中哥伦比亚城市学校的教学软件评价指标主要是针对本地区各个学校老师使用，判断教学软件支持学生的学习程度和是否完成教学大纲的要求。Haugland/Shade 软件评价标准和西伊利诺斯大学早期学前教育最佳实践中心的软件评价标准都是为了更好地指导教师和家长选择更适宜的软件。

在此以哥伦比亚城市学校为例进行说明。该评价标准主要是为本校服务的，主要评价三个部分：课程部门评价的课程大纲；教学信息服务和课程部门评价的软件设计；教学信息服务和管理信息服务部门评价的技术兼容性。首先，由委托人提出申请并填写需求分析和产品基本信息。需求分析主要了解该教学软件论述的是什么？该产品怎么配合该校的课程？详细论述与课程大纲和学业成绩相关的内容、背景和认知水平。该产品怎么加强该学校的课程和提高学生的成绩。产品信息主要包括出版商、供应商、地址、电话、价格参考（升级包、站点许可证、网络版、学校版）。其次，对课程大纲的评价，由课程专家和教学技术专家完成这一部分。主要评价软件怎么提升学生成绩，怎么很好的用在教室内，教师怎么学习来使用该软件，出版商什么样的专业发展或培训材料是可用的？出版商建议的年级适合该校同年级的课程吗？第三，软件设计由教学技术专家和课程专家评价，从技术品质、易用性、内容和学习风格四个方面对软件进行评价。最后，对技术需求的评价，由教学信息服务或者是管理信息服务。从安装/程序启动、产品与网络和浏览器兼容性、是否建议购买该软件这几部分构成。该评价指标主要是确定该软件是不是适合在学校使用，一般都是比较大型的软件，由学校出钱购买。针对性比较强，只是针对某一个学校或者某一个区域使用，局限性比较大。但是其他的学校或区域可以以该评价标准为基础做出适合自己学校或者区域的软件。

（二）在线的评价方式

该类型的软件评价比较适合家长和教师在准备给孩子购买软件时的参考，因为有很多的评语是家长、教师和孩子使用之后的评价。一般提供的信息和参考价格都是最新的，但是也不能避免这些软件评价与销售动机联系在一起。前文曾讨论过 Superkids 教育软件评价网站，我们以此为例，说明该类型的评价过程。

Superkids 教育软件评价网站是一个为家长和教师提供评价信息的专业性网站。Superkids 评语书写者由家长、教师和幼儿组成。这一系列的评价不是在实验室完成的，由于评价者都是比较熟悉的家长、教师和幼儿，评价者更具有大众性。这一系列评价指标的评价目标是尽可能模拟幼儿教育软件使用的实际环境，避免一些实验的偏差，当然也并不是说这些评语是完美的，然后让学校或者家长来购买这些软件。每一个孩子都是不同的，在不同的教育发展阶段有不同的喜好和需求，在选择软件时它能够提供一些没有偏见的信息。购买者应密切注意对选定的软件类别的比较评价，这些评语结合孩子的知识将会帮助家长和教师选择更加适宜的软件。

以论坛的模式评价软件自然有其优点，软件的评价者都是软件的使用者，更能真实的表达使用者的感受，但是缺乏专家的评审，家长或者教师有时候不是从专业的态度去审查，即使在网站上有专家审查也很难找到是专家评价的证据。

（三）奖项式评价方式

CODiE 奖是由是美国"软件与信息产业协会"（Software & Information Industry Association，简称 SIIA）颁发的唯一核心大奖，为了表彰商业软件，数字资讯和教育技术产业所取得的杰出成就，是软件和信息界最具影响力的奖项之一。我们在前文已经有所介绍，在此以 2012 年 CODiE 奖项评价过程为例进行说明。

整个评价过程持续时间从 2011 年 8 月到 2012 年 5 月，在提名阶段，每一个申请的产品都会有一部分的会费，SIIA 会员或者是非营利性组织会费：每个产品申请 1 个奖项 350 美元，申请 2 个奖项 645 美元，每个产品申请 3 个奖项 940 美元。非会员会费：每个产品申请 1 个奖项 995 美元，每个产品申请 2 个奖项 1695 美元，每个产品申请 3 个奖项 2390 美元。由于会费较高，有些小型的企业也许会因为会费的问题而不报名参加评奖，对于奖项的有效性有所影响。在第一轮评审提名产品时的评审员都是教育技术界资深的专家，评审人员也是通过报名然后由该单位的人员去评选的，参与评审的人员不得与产品商有任何的利益关系，相对来说比较公平。每一个评审员评审最多 5 个被提名的产品，被提名产品公司或者人员不能直接与评审员联系。在专家评审完之后宣布入围的产品，根据提名产品的数量来确定入围产品的数量，提名产品多，入围相对也多些。一般宣布入围的产品都是比较优秀的产品，在选择优胜者时会员投票数占提名产品总分 20%。最后就是能获得奖项的产品。2005 年和 2007 年，霍顿·米夫林哈考特集团下的 Destination Math 获得了数学类最佳小学教育解决方案。Blackboard learn 平台获得了 2004 年度的"最佳基础教育解决方案"和"最佳整体解决方案"两个 CODiE 奖项，能获得该奖项的产品基本上都是世界公认的顶级项目。

**五、美国幼儿教育软件评价监督**

幼儿教育软件评价监督体系一般都是为学校使用。一般的评价标准列表是由教师或者家长自用的，在选择软件时有好的参考指南。美国幼儿教育软件评价的形式较多，而且也有很多的评价标准，家长可以根据网站提供的信息进行筛选，最终筛选出对自己孩子发展适宜性的软件。学校使用的软件，一般由学校亲自设计评价，由于评价的单位分别由各个选项上级部门进行，单位之间也可以相互牵制。奖评式的评价一般是由发奖者对评价监督，例如 CODiE 奖，他们的评审员筛选都是很严格的，一旦发现有作弊或者有与参与评价产品有利益关系的行为，立即取消其参与评审的资格。

## 第四节　英国幼儿教育软件评价机制

英国对信息技术教育和幼儿信息技术教育都比较重视，出台了很多幼儿教育应用信息技术的政策。在 20 世纪 90 年代末，英格兰科研机构和大学等组织开始对幼儿教育信息化展开研究。1998 年，英国对幼儿学习要求中指出学生应该能够探索信息交流技术（Information Communication Technology，简称 ICT），1999 年英国制定的早期教育学习目标指出幼儿教育工作者应该发展幼儿对信息技术的兴趣；2000 年英国教育就业部与英国资格鉴定和管理局制定了基础阶段课程指南，提出了幼儿教育发展和应用信息技术的框架；2003 年英国基础阶段文件指南提出了对培训幼儿信息技术能力更加具体的操作；2005 年英国资格鉴定和课程管理局制定了早期教育指南 "ICT in foundation Stage"，将幼儿教育应用信息技术分为三个阶段；2006 年英国教育署的儿童、学习和家庭部开展了幼儿教育应用信息技术评估研究；2008 年确立了幼儿教育应用 ICT 的法律地位和幼儿教育信息合法化的地位。苏格兰在 1999 年的《3—5 岁课程框架》提到了信息技术；2000 年颁布了幼儿信息技术教学指南，详细规定了儿童发展信息技术能力的七个方面；2001 年苏格兰学习和教育部对幼儿学习中的信息技术角色进行调查；2003 年苏格兰委员会启动了名为 Early Learning, Forward Thinking：The Policy Framework for ICT in Early Year 幼儿教育信息技术方案，该方法说明幼儿教育环境应用 ICT 的指导方法和对幼儿教育培训 ICT 培训；2008 年苏格兰委员会颁布新的课程，要求幼儿教育机构适宜地使用信息技术提高早期教育质量。英国在幼儿教育信息化方面的举措为幼儿教育软件评价机制的形成与发展奠定了基础。

### 一、英国幼儿教育软件评价组织和主体

英国本身是一个比较开放的国家，幼儿教育软件评价组织也比较多

元，主要的幼儿教育软件评价主体一般分为组织、奖项、专业软件评价公司、生产软件对自己产品的评价等形式。前文我们已经对英国幼儿教育软件评价机构进行了探讨，介绍了若干影响力比较大的幼儿软件评价机构，如教师评价教育媒体（Teacher's Evaluating Educational Multimedia，简称 TEEM）、英国教育技术教学奖（British Educational Technology in Teaching Awards，简称 BETT 奖）、Practical Pre-school Awards 、Software Evaluation Center 等组织机构，下面我们主要讨论这些评价主体的特点。

教师评价教育媒体主要任务是为教师提供和建议教学软件、网站等数字资源，是一个从事教育软件和教育网站评价的组织，是一个第三方评价机构，独立于政府和出版机构。它成立后受到了多方面的无偿基金支持，英国技术部、剑桥大学，以及大不列颠教育用品协会都对 TEEM 提供过资金援助。对于幼儿软件专业评估主要涉及教学内容、课程覆盖范围、易用性、功能和成本效益等方面。评价对象一般为幼儿早期教育、初级教育、中级教育阶段所使用的教学软件、网站等。TEEM 的评价人员一般是一线的教师，自愿申请成为评审员，只有满足以下几个条件才能成为评审员："讲授国家课程；拥有自己的电脑；定期查看自己的 E－mail；可以遵守规定的工作时间。"[1] 在进行评价之前要对评审教师进行培训方能成为正式的评价者。

Open Source Schools 是由英国教育技术与传播署（British Education Communication and Technology Agency，简称 BECTA）支持的一个项目，其门户网站主要目的是帮助学校对开源教育软件清晰的了解、使用和发展。与其他国家相比，英国比较支持学校使用开源的软件，关于开源软件的组织和软件指南也很多。

英国奖项式的评价相对而言比较多，而且也是比较权威的，如英国教育技术教学奖、Best Party Games 奖和 Practial Pre-school 奖等。BETT 奖被称为教育界的奥斯卡奖项，最权威的教育产品奖项之一，其评价范围涉及各个年龄段的教育产品以及继续教育和成人教育阶段，学校和用户的使用反馈也在评审考虑范围内。对一个产品的评价一般要涉及 30

---

[1] 韩英、林培英：《英国 ICT 教育软件评价组织形式探析——以 teem 网站为例》，《远程教育杂志》2004 年第 4 期，第 33—34、10 页。

多位的评审员。全世界任何国家的产品都可以申请该奖项，共包括 16 个类别的奖项。BETT 是展示运用教育中有用的信息技术的年度贸易展，开始于 1985 年。BETT 的目的是致力于展示英国和国际上最好的教育技术产品、资源和最好的实践，现在有数千实践者通过使用技术提高学习知识，是国际上评价教育产品和购买产品方面提供信息最好的组织。

软件评价中心（Software Evaluation Center）是一个免费软件评价网站，主要目的是为了对软件评价以及为需要选择的软件提供信息。该网站为用户提供软件评价列表、评价标准等信息。对于幼儿教育软件提供了一些幼儿教育软件评价指南，虽然没有特意为幼儿教育软件提供软件评价信息，但该网站提供的软件评价列表是针对所有软件的，因此对幼儿教育软件也有一定的借鉴意义。

大学的幼儿教育软件评价一般都是在做某些项目时针对某一款软件或者地方所做的软件，例如剑桥大学在对赞比亚幼儿使用信息技术和软件时所做的软件评价指标；英国中央兰开夏大学的加文·辛普森（Gavin Sim）等通过实验法对某一个幼儿软件的可用性、娱乐性和学习性进行了评价；英国密德萨斯大学的朱莉·马歇尔（Julie Marshall）和蕾·亚当斯（Ray Adams）通过实验法对教育软件的动机和情感方面进行了评价，该实验主要的实验对象是 8—11 岁的学生。

软件生产商也有对其生产的幼儿软件进行相应的描述，只是仅仅在某一个平台上，但是针对性较强，例如微软、苹果等国际大公司和英国本地的公司 Puge、Aspex Software 等。

## 二、英国幼儿教育软件评价方法/标准

### （一）专业幼儿教育软件评价组织的评价

以 TEEM 为例，TEEM 评价服务主要是对软件评价、评阅和个案研究。专业性评审主要关注内容、功能性和相关性三个方面，有一个标准的框架。个案研究法一般关注个体研究和诸如学校类型、能力、管理、过程的相关标准，评价结果也是针对某一个特定的项目。它的评价标准我们在第三章已经有所讨论。该评价方法主要关注的是教师在用软件进行教学时的教学基本情况，以及课堂教学组织方式等方面的情况，对于软件的技术特性以及是否适宜性探讨的较少，该评价标准与其他不同的

是增加了对特殊教育的评审标准。虽然只是简单的提到，但是至少说明考虑到了这方面的问题，也值得我国进行学习和借鉴。

（二）商业软件评价公司的评价

以软件评价中心网站为例，该网站是一个免费的在线软件评价网站，没有针对哪一些软件的评价，不过该中心有一个软件评价列表，主要是从七个方面对软件进行评价。

总体的需求：主要是软件基本信息和兼容性。

管理与安全：易用性、列表选择、密码、个人与团队设置、审查跟踪等方面。

报告：易于进行报告、数据输出能力、可定制报告等。

基于网页的软件：购买或租赁、数据拥有者、功能、回应速度、花费分析、网络接入等。

生产商和支持：稳定性、专业性、服务水平协议、更新路径、客户群等。

用户自定义数据：个人认为应该包括的因素。

花费比较：软件或硬件花费、可能的未来花费、执行成本、培训费用等问题。

从以上七个方面可以看出，这基本上是一个比较全面的软件评价，既包括对软件的技术方面也包括对经济方面的考虑，但是对于专门的幼儿教育软件的评价针对性不强，软件类型比较宽泛，既适用于商业性软件也适用于教育软件。

（三）大学评价组织的评价

剑桥大学 ANTSIT （Appropriate New Technologies to Support Interactive teaching in Zambia）项目的一个报告中对赞比亚幼儿在使用软件以及对软件评价方面做了简短的介绍，他们认为幼儿教育软件应该从以下几个方面进行评价：可用性，怎么样快速地让学生和家长学习和使用信息技术和软件？软件实用性以及学习资源和操作系统的配套，怎么样很好地运行软件？需求的能量；可靠性；信息技术和交互式教学风格的整合能力。

英国中央兰开夏大学加文·辛普森等通过实验法对某一个幼儿软件的可用性、娱乐性和学习性进行了评价。对软件的可用性和娱乐性可以采用教师直接观察和用户评论的方法来了解软件这两个方面的特性。

一般大学对软件评价的过程都会选择实验的方法，相对数据的收集和结果的分析都比较科学。但是大学评价也有其局限性，针对的评价软件并不是时下比较流行的和最新的，而且评价的软件数量较少，不易于推广。

（四）软件生产商的评价

微软出版商所制作的评价标准，主要目的是为了为教师提供软件信息并评价其适用性。其评价标准如表4-2。

该幼儿软件评价标准主要评价的是技术方面，对于幼儿教育软件最重要的内容在该软件中却没有体现。

Aspex Software 是英国一款专门针对学校或者家庭所使用的幼儿教育软件，同时有 PC 和 MAC 版本的软件，主要的服务对象是 5 岁以上的学生。在其官方页面上也对该软件进行了评价，主要是从安装、内容、与课程的相关性、设计与导航、易用性、特殊幼儿需求、课件方面对该软件进行了评价。生产商对于自己的软件的评价一般都带有倾向性，销售的动机较大。这可能会导致避谈一些软件的缺点，而只介绍幼儿软件的优点，而且其评价主要针对的是某一个平台或者是某一个学科的评价，范围较狭窄。

### 三、英国幼儿教育软件评价过程

（一）列表/表格式

列表/表格式评价指标一般都是为了家长或者教师选择更加适合自己孩子或者学生的软件。整个评价过程与美国列表/表格式的过程基本上是一致的，这里不再赘述。

（二）奖项式

奖项式的软件评价过程一般都是由产品生产商申请，由专家评审做出判断，以 BETT Awards 2012 为例说明英国奖项式的软件评价的过程。2012 年 BETT Awards 主要运用在关注教育产品和服务，共有 16 个类别的软件，主要产品针对的对象包括各个年龄段，早期幼儿、小学学生、中学学生、成人；还包括专门针对特殊教育需求的产品。所有的产品是通过 BETT 奖的网站进行在线申请，经过两轮评审后进行反馈。具体评奖已经在第三章有所论述。

表 4 - 2　　　　　　　　　　微软幼儿教育软件评价标准

**基本信息**

| 软件名称 | | 时间 | |
|---|---|---|---|
| 软件生产商 | | 花费 | |
| 主题范围 | | 年级 | |

**技术信息**

| 计算机平台/程序 | | CD/ROM | 是　否 |
|---|---|---|---|
| 硬件驱动所需空间 | | DVD | 是　否 |
| RAM 需求 | | 其他？ | |

**软件种类**

| 介绍型 | | 模拟 | | 教授型 | |
|---|---|---|---|---|---|
| 说明型 | | 创作型 | | 训练—练习型 | |
| 图像编辑 | | 文字程序 | | 标准演讲式 | |

| | 软件特征 | 强烈同意 | 同意 | 不同意 | 不适用 |
|---|---|---|---|---|---|
| 1 | 对于特定的年龄组，指导清晰并且易于遵循。 | | | | |
| 2 | 通过手册或在线屏幕帮助可以得到有用的指导。 | | | | |
| 3 | 对于学生来说很容易终止程序。 | | | | |
| 4 | 学生很容易开始他们停止的程序。 | | | | |
| 5 | 寻找特定的项目是简单的且复杂，搜索可以完成。 | | | | |
| 6 | 程序功能是完善的，没有漏洞。 | | | | |
| 7 | 使用程序时是令人愉快的。 | | | | |
| 8 | 图像和动画是有意义的。 | | | | |
| 9 | 声音可以开启/关闭的。 | | | | |
| 10 | 根据学生的反应，程序可以自动分支。 | | | | |
| 11 | 可以由教师设定使用者水平。 | | | | |
| 12 | 软件包含教师的管理工具。 | | | | |
| 13 | 软件涵盖有很广泛的技能水平。 | | | | |

其他想法

（三）专业组织式

TEEM 组织的评价过程是以网络为基础进行的，生产商与评价者不能直接接触。首先，由生产商递交评价申请，并填写软件的基本信息和适用的年龄段，再按照一定格式将软件发布到网上；其次，有评价者（一线教师）在课堂教学中使用软件，对软件进行评价并对使用情况进行报告，由 TEEM 的编辑部阅读评价报告，有问题与评价者联系；最后，将软件评价报告发送至生产商，在得到他们同意之后将软件评价报告发布到网站上，为教师和家长提供信息。

（四）实验法

加文·辛普森、斯图尔特·麦克法兰（Stuart MacFarlane）等人在评价幼儿教育软件可用性、娱乐性和学习性时采用的评价方法主要是实验法，以观察法辅助，采用实验设计方法，结合岗位压力测试来衡量学习效果，观察评估可用性和趣味性。

### 四、英国幼儿教育软件评价关注特殊教育

英国幼儿教育软件评价发展的也较成熟，评价主体有专门的软件评价组织，例如商业性软件公司、大学的研究者、家长或者教师等。而英国的幼儿教育软件评价关注特殊教育，如 TEEM 的组织在制定评价标准时考虑到了特殊儿童的需求。国外在幼儿教育软件评价中主要关注的是正常的儿童，而特殊教育的儿童更应该收到重视，因为软件的优点可以在一定程度上弥补特殊儿童的缺陷，这在英国学者的一些文章中也有所体现。这样一来就可以督促软件生产商在制作软件时将特殊儿童的需求考虑在内，生产功能更加强大的软件。不仅仅能完善幼儿教育软件的评价，更能提高软件质量，促进幼儿信息化的发展。

## 第五节　新西兰幼儿教育软件评价机制

新西兰对幼儿教育信息化比较重视。2004 年新西兰教育部发起了"The Role and Potential of ICT in Early Childhood Education"的全国性调查，主要是为了帮助早期教育机构制定信息技术发展战略和最低标准，尽可能早的让幼儿接受到信息技术教育带来的便利。2005 年新西兰教育部长发表了"Foundations For Discover"的早期教育信息技术框架，为信息技术在早期教育中的应用提供了指南。2006 年新西兰教育部正式

把早期教育纳入基础教育信息技术的整体考虑中。2007 年由新西兰教育研究委员会（NEW ZEALAND COUNCIL FOR EDUCATIONAL RE-SEARCH，简称 NZCER）发起名为"Assessment Practices and Aspects of Curriculum in Early Childhood Education"的全国性调查报告，"信息技术在幼儿教育中的使用比 2003 年更为普遍，大部分的服务机构（新西兰将幼儿教育服务机构包括幼儿园、Playcentre 等。）数码相机和计算机拥有率分别达到了 97% 和 88%，3/4 有电子邮箱和网络，超过一半的服务有扫描仪"。① 报告中同时指出，超过一半的教师或者教育者评价计算机软件、计算机硬件以及其他的技术为"好"或者"很好"。2008 年新西兰教育部又发布了关于早期教育应用信息技术的网络安全问题。在新西兰幼儿教育信息化中比较重视教师培训、专业学习和能力以及网络的安全等问题。一个显著的特点是新西兰政府对该国最多的少数民族——毛利人的幼儿教育信息技术有专门的政策，且教育部设立了"TKI"教育信息的网站，有毛利语和英语两种语种供选择。

新西兰幼儿教育信息化的发展相对成熟，为幼儿教育软件评价奠定了良好的基础。下文将对新西兰幼儿教育软件评价目的和功能、评价主体、评价过程进行详细阐述。

**一、新西兰幼儿教育软件评价目的和功能**

新西兰教育部（Ministry of Education）在 2010 年发布的"Ministry of Education Position Paper：Assessment"认为教育评估不依赖于国家测试，强调的是教师的专业判断、学习原则和实践评估、信息共享和支持学生学习的重要性。② 新西兰政府对幼儿以及中小学信息技术的使用比较重视，主要的目的是为了引导教师或者学校找到合适的软件来教授学生，促进信息技术在中小学的使用。新西兰支持幼儿使用电脑的年龄在 5 岁以上。

**二、新西兰幼儿教育软件评价主体**

前文已经对新西兰幼儿教育软件评价机构进行了阐述，在此我们着

---

① Linda Mitchell. Assessment practices and aspects of curriculum in early childhood education. 1—43. http：//www. nzcer. org. nz/pdfs/16544. pdf.

② Ministry of Education Position Paper：Assessment. http：//www. minedu. govt. nz/—/media/MinEdu/Files/TheMinistry/MOEAssessmentPositionPaper_ October11. pdf.

重分析其特点。Software for Learning 是新西兰教育部下 TKI 的分支网站，TKI（毛利语 Te Kete Ipurangi "在线学习中心" 的前缀缩写）提供两种语言：英语和毛利语，体现了政府对新西兰少数民族学习的重视和支持。该分支网站提供软件的选择、软件的评价、软件介绍等方面知识，以及在学校使用软件进行教学时应注意的问题、软件评价（简单描述，分类以及学科分类）、会员或者是用户可以推荐软件。该分支对幼儿教育软件提供总体的评价，例如对软件的可下载性、是否免费、适用系统（Mac 或者 PC）、是否是开放性资源软件都逐一列出。一些商家也可以在该网站中列出所卖产品的折扣。有些软件课堂中所使用的软件情况也被列出。

Pixelpark 和 Boardgames 都是新西兰生产软件或者游戏的厂家。软件和游戏的对象年龄从 5 岁以上的幼儿到成人。该公司会组织专业的游戏评审员对游戏或者软件进行评论。商业公司对软件评价的一般评价对象是它们自己公司的产品，销售的动机比较大。

成立于 2007 年的 New Zealand Open Source Awards 是依附于 New Zealand Open Source Society 组织的，该奖项是国家组织的为了提高和促进开源软件的使用所设立的。这些奖项运行并且提供新西兰人对开源项目的直接贡献或者对推广开源软件和项目的促进作用，同时也对新西兰的组织开放。该奖项在 2007 年、2008 年、2010 年和 2012 年已经举办了四次。奖项的种类有政府中使用的开放资源、商业中使用的开放资源、教育中使用的开放资源、艺术中使用的开放资源、开源软件项目、开放资源贡献者、开放资源提倡者和开放资源人民选择奖。在此，我们主要介绍在教育中使用的开放资源和开源软件项目。

大学对幼儿教育软件的评价研究比较科学，惠灵顿维多利亚大学就对早期教育使用信息技术评价做了深入的研究，是新西兰最古老的大学之一，也是世界上比较著名的学府。该大学对幼儿教育软件评价做了深入的研究，主要关注以下四个方面的内容：第一，参与性学习；第二，组织支持改变；第三，新知识和技能参与性使用；第四，幼儿的成绩。

### 三、新西兰幼儿教育软件评价标准和过程

Software for Learning 网站中对软件的评价主要以简单的梳理和分类

查询为主。可以根据软件类型和内容的科目类型为分类依据，每一个软件都有简单的描述，格式有是否可以下载、是否免费、是否 CD/DVD 格式、是否基于网络软件、是否为开源软件、是否为免费软件、是否适用于 Linux 系统、Mac 系统软件、Windows 系统。教师或者是家长也可以向网站推荐，主要是从概述（主要是软件的名字和简单的介绍，包含目标受众和目的）、在教室使用情况（软件在您的教室或者是学校使用的情况）、收益和挑战、学生回应和成绩等几方面进行评价。

商业公司的幼儿教育软件评价销售动机比较强，评价的对象是本公司生产的软件，主要从技术方面对幼儿教育软件进行评价。奖项式评价以 New Zealand Open Source Awards 评奖为代表，其过程是公开提名（奖项针对过去两年的产品，可以通过网上提交参赛作品）、评判过程（专家评审）、宣布入围名单。其整个过程从 1 月份持续到 11 月份，共 11 个月。

### 四、新西兰政府重视幼儿教育软件评价和信息共享

新西兰与美国、英国对教育软件评价比较，最大的区别是新西兰政府给予了极大地支持。不论是对信息化的建设还是软件选择方面，该国都有专门的网站。政府的支持直接影响着学校、研究者的重视程度，如 TKI 的网站就是新西兰教育部下属网站，而且以教育部牵头对全国幼儿教育信息化的发展也做了很多次的调查。以国家性质所做的调查，调查数据具有全面性和真实性的特点，而分析的结果也较科学，这点是值得我国进行学习的。同时，还在有的调查或者网站中单列出幼儿教育软件，虽然说其评价比较简单，但是软件的类型较全面，软件数量也较多。

在信息化社会中，网络的出现为信息共享提供了一个平台，幼儿教育软件评价的发展也离不开网络的平台。新西兰幼儿教育软件评价的一个显著特点就是开放性，而这表现在软件的制作上就是开源软件，以 Software for Learning 网站为例，其评价的软件除了有运行系统、适用类型，还有一项就是软件是否是免费的，这项是其他国家幼儿教育软件评价中所没有关注的，随着网络的普及，这种开源软件得以彰显。新西兰在这方面的另一个表现是所设立的新西兰开源软件奖。

## 第六节　国外幼儿教育软件评价机制对我国的启示

随着信息技术的发展，我国教育信息化得到了长足的发展，国家也颁布了一系列的政策法规来达到其期望的效果。《国家中长期教育改革和发展规划纲要（2010—2020 年)》中，强调信息技术在基础教育中的重要作用，并指出要加快教育信息化的进程。但是在幼儿教育中的使用却没有明确的说明。我国幼儿教育信息化起步较晚，幼儿教育软件质量的优劣直接影响幼儿教育信息化的发展与学习效果，而评价对于诊断幼儿教育软件的质量是不言而喻的，但我国幼儿教育软件评价却存在很大的问题，如评价主体和过程单一，没有适合我国国情的评价标准等。针对当前问题，通过对发达国家——美国、英国和新西兰的幼儿教育软件评价机制的研究，其经验对我国幼儿教育软件评价机制具有重要的借鉴和启示作用。

### 一、评价主体：建立幼儿教育软件多元评价主体

根据上述对美国、英国和新西兰幼儿教育软件评价机制的分析可知，这些发达国家经过几十年的发展，在软件评价的实施方面积累了丰富的经验。评价主体是评价最基本的要素之一，直接影响评价标准、评价过程等问题。美国、英国和新西兰这三个国家在评价主体方面有一个共同特点，即评价主体的多元化。如美国和英国，评价主体由教师、专业组织或者机构、学校工作人员、专业评论员和大学等组成，多元评价主体可以从不同角度为家长、教师、开发商等提供有关幼儿教育软件情况，可以满足不同的群体的需求。

目前我国幼儿教育软件的评价主要是开发软件的公司对自己软件的评价，局限性比较大。北京学前教育网（http：//www.bjchild.com/）中对幼儿教育软件评价也只是简单的描述，缺乏更深入的评价。

我国现在还没有一个专门的幼儿教育软件评价组织机构，首先应该建立一个独立于企业和学校的第三方的组织机构，一些发达国家基本上都有类似的机构，如美国的家长选择基金会、EPIE，英国的教师评价教育媒体等一些非营利性的组织，这些组织作为评价主体更加公平。"教

育评价组织是一群评价管理者和工作者为了达到特定评价目标，实行人力的分工和职能的分化，使用不同层次的权力和职责，以充分发挥人力和智力资源作用而形成的集合体"。① 因为评价组织具有共同的评价目的、愿景以及科学的法则，所以其评价质量较高，而且对于其他的评价主体具有引导性的作用，因此建立我国专业的幼儿教育软件评价组织势在必行。郭力平教授认为应该建立一个以大学科研人员为核心的幼儿教育软件评价组织，这不失为一个便捷的途径。

目前我国对幼儿教育信息化奖项式的评价形式已有一定的进展，例如挂靠在中央电化教育馆的中国教育技术协会中小学专业委员会主办的"全国幼儿园信息技术应用作品"奖项，虽然目前没有专门对软件的评比，但是这对于我国幼儿教育信息化发展来说是一个极大的进步，相信在不远的将来会有类似的专门对软件的评比形式。

总之，我国应该建立一套集组织式、奖项式、教师或家长等于一体的多元评价主体，使软件评价机制更加完善，促进我国幼儿教育软件的发展，提高软件开发质量。

**二、评价标准：制定适合我国国情的评价标准**

评价标准是评价活动过程中需遵循的价值准则。任何一种标准的制定都与主体以往的经验有着不可分割的关系，不存在任何环境下都适用的标准，要根据实际情况选择适宜的评价标准。基础教育新课程改革中明确指出要构建多元化的评价体系，作为评价机制中最重要的元素的评价标准也必须是多元的，对于个体和群体都有合适的、可参考的标准。制定评价标准的价值取向与评价主体是密切相关的。

目前，我国对幼儿教育软件评价方法和标准主要是在美国Haugland/ Shade 评价标准基础上进行的修订，比较有影响力的两个版本是：华东师范大学教授郭力平修订版和台湾国立台中教育大学学者邱淑惠的版本。而美国、英国以及新西兰都有根据本国国情的多元评价标准，如美国 Haugland / Shade 评价标准、哥伦比亚公立学校教学软件教

①　张为民：《教育评价组织的概念与变革刍论》，《天津市教科院学报》2004 年第 1 期，第 73—75 页。

学大纲评价——教学软件设计评价标准等分别针对个人（家长或教师等）和学校的群体等；英国的 TEEM 软件评价标准、剑桥大学 ANTSIT 项目中软件评价标准等。

在国内，还没有制定出适合我国国情的本土的发展适宜性的幼儿教育软件评价标准。评价标准的制定需要幼儿教育工作者、幼儿教育研究者以及教育软件设计者等共同努力，当然评价标准一般来源于评价主体需要、软件的本性和规律以及实践过程的提炼。

全美幼儿协会提出的"发展适宜性"原则已经是全世界幼儿教育的基本原则之一，因此我们在制定评价标准时，要以发展适宜性为原则，结合我国国情，在素质教育的基础上，提高知识的学习。教师在对幼儿使用软件时的评价将形成性评价与总结性评价结合，以鼓励教育为主。

### 三、评价过程：评价过程规范化和透明化

评价过程是表示评价主体对幼儿教育软件评价的历程。一个动态的概念，在整个评价机制中是非常重要的，它的规范化和透明化与高质量的评价是密不可分的，并直接影响着软件的"命运"以及幼儿的学习和发展。美国、英国和新西兰等发达国家幼儿教育软件评价机制是属于多元的，有适合各种主体的评价标准和规范化及透明化的评价过程。在美国大部分的评价标准都是免费的，可以直接在网络上下载，其评价过程更是值得我们学习。以老师或者家长为评价主体的评价标准较多，由机构或者组织构建出适宜一定条件的表格/列表式的评价标准，个人可以选择评价标准来评价某一款幼儿教育软件，使用软件之后，家长或教师可以通过网络论坛的形式将自己使用软件的情况共享出来，以便为后来使用者提供参考意见。这种评价过程是由一线的观察者来完成、书写的，他们一般与软件提供者没有直接关系、更关心幼儿的发展，相对来说比较真实、可靠，但是其科学性不强；以幼儿教育或者教育技术专家为主的评价过程相对比较科学，例如美国哥伦比亚公立学校、CODiE 奖项式的评价过程以及英国的 TEEM 专门软件评价组织、BETT 奖项等评价方式，评价主体由专家来完成，这种过程一般透明性和规范性都比较强，奖项式的评价主体通过申请、遴选等方式选拔出来，整个评价过程都由专门机构监督，每一个评价过程的参选者都是匿名方式，每一步的

评价过程都提前发布在网络上，每进行一步就在网上公布进入下一个轮的名单。

　　相对而言，我国对幼儿信息技术或者软件的评价过程没有发达国家那样公平与透明。教师或者家长没有意识将孩子已经使用过的软件情况在网络上与大家共享，也有很多家长或者教师对软件都比较迷茫。现在我国在幼儿教育信息化方面奖项走在最前端的是中国教育技术协会中小学专业委员会举办的"全国幼儿园信息技术应用作品"奖项，虽然我国对幼儿教育软件评价没有特别的奖项与组织，但是有对课件评价和幼儿园网站详细评价指标体系。而其评价过程是申请（推荐）获奖者，中间由谁去评价，怎么样评价，评价的重点哪里，申请者有的多少人等重要内容都没有对外公布，这种封闭的过程会严重影响该奖项的影响力与权威性。我国商业公司对公司的幼儿教育软件也只是简单的描述，例如 WaWaYaYa、金山画王以及淘米等生产的一系列的软件或者游戏都是对自己产品的描述，很少有社会上已经用过的人在论坛里面回复，商业公司的利益性决定了他们在介绍或者评价软件时避免软件缺点而宣扬其优点。

　　对于我国幼儿教育软件评价的发展来说，应该在多元评价主体的基础上，使评价过程更加规范和透明，特别是对软件发展有促进作用的奖项式的评价尤需倡导。由教师和家长作为评价主体时，在论坛的平台上，将观察到的幼儿的表现以及自我对软件的评价发布到网络上，为需要软件的人员提供一定的参考。幼儿教育软件奖项直接引导着幼儿软件的开发和使用的方向，在幼儿教育软件发展过程中起着很重要的作用，因此幼儿教育软件的奖项设置在我国幼儿教育软件发展初始阶段是势在必行的和毋庸置疑的。奖项的发起者最好是由专业的组织或者现在我国比较著名的幼儿教育协会，在网站上发布信息；作有力的宣传；以自愿为主，政策为辅的方式；对奖项的基本情况如评价过程以及评价主体等在网络上公布，每一个步骤由专人监督和审核，评判的过程以公平、透明为原则。在选择评价主体时，根据不同目的可以从一线幼儿教师、高校科研人员、幼儿教育软件专家中进行选择。

### 四、设立幼儿教育软件奖项

　　纵观美国、英国和新西兰的幼儿教育软件评价机制，这些发达国家都有一个共同的特点，即都有比较权威的教育软件评价奖项，如美国的CODiE 奖、英国的 BETT 奖和新西兰的新西兰开放资源奖，这些奖项有些是国际性质的，如 BETT 奖；有的是仅仅为了国内的教学和使用，如新西兰开放资源奖。奖项在一定意义上影响着幼儿教育软件的发展，如果遵循公平、透明的原则，会促进幼儿教育软件的发展，反之则会阻碍其发展和前进，使幼儿教育软件走向商品化和利益化。国外发达国家的奖项一般是奖项会依附于某一个社团、组织或者政府，因此我国应该在借鉴国外的基础上来建立我国专门的幼儿教育软件奖项，它的设立不但可以促进评价的发展，而且会提高市场上软件的质量。我国幼儿教育软件的奖项最好也是依附于某些组织或者社团，而不建议依附于政府的组织；同时，我国教育技术学界的很多社团也应考虑将教育软件评选作为一个重要的内容。对于评审的产品来源，根据软件类型或者是内容的不同，分为几个主题，这也是美国、英国和新西兰等国家奖项设立的共同点，其科学性也是得到验证的，在这方面我国应该借鉴学习。

直接影响奖项的权威性是评审团，其他国家教育软件奖项评审对这方面都是最重视的，在奖项网站说明评审员的个人信息，以保证参选产品与评审员无利益关系。评审员最好采用社会报名的方式，同时评审员组成最好是多元的，如理论研究者（教育技术专家和幼儿教育专家）、一线教师、技术人员等。评审标准是我们本节第二部分所论述的，也是我国需要加强的方面，在借鉴的基础上制定出适合我国国情的评价标准，当然奖项的发起者也可以根据具体情况自主制定评价标准。

评审的过程最好经过至少两轮的评审，每一轮的评审侧重点应不同，比如技术、内容、开发软件依托的教育理论等方面。

### 五、其他方面：政府支持、少数民族和软件评价导航网站

这些国家的幼儿教育和幼儿教育软件发展之所以走在世界的前列，与其政府的支持是不可分割的。美国联邦政府牵头很多提高幼儿教育质量的项目，如《学前儿童应评估什么？如何评估？》以及开端计划。英国从其幼儿教育信息化发展历程可以看出，政府在其中发挥了很大的作用，教育部代表发表的讲话以及就业部、学习部所发起的调查等都是在政府的支持下完成的。新西兰 Software for Learning 是新西兰教育部下

TKI 的分支网站，说明了新西兰对教育软件的重视，新西兰还关注起本国少数民族——毛利人，甚至网站可以用两种语言阅览，还专门出台了针对毛利人的特殊政策。纵观这三个国家幼儿教育软件评价，其共同点是每一个国家都有幼儿教育软件评价导航的网站，这便于教师或者家长找到适宜的软件评价而选择适合自己孩子使用的软件。

基于对我国幼儿教育软件的分析发现，质量比较高的幼儿教育软件比较少，所以评价方面落后于发达国家也是不足为奇的。而我国政府对幼儿教育软件的支持力度也是比较低的，大部分的政策中提到的对软件的应用一般都是中小学教育软件，学前教育的论文较少，学前教育是为幼儿入小学时做的准备，在幼儿时期的教育或者学习会影响孩子一生。因此我国政府应该加强幼儿信息化特别是幼儿教育软件的投入和支持。我国作为拥有 55 个少数民族的国家，在人数较多的民族上，如壮族和满族，可以增加些少数民族语言的评价信息（由当地政府支持）。软件评价导航网站是对各个评价组织、评价标准、评价组织等的一个大的汇总，并对其有简单的描述。这种类型网站可以由非营利性组织或者高校的工作人员来完成和管理，为教师、家长或研究者提供幼儿教育软件评价方面信息，同时该网站管理者还可以对某些软件做出自己的评价。

# 第五章

# 幼儿教育软件评价标准

我国幼儿教育软件评价尚未自成体系，没有本土化的、成熟的、经过检验和考量的评价标准，但是幼儿家长和幼儿教师对幼儿教育软件的需求十分殷切，因此构建本土化的幼儿教育软件评价标准体系势在必行。我们从实际的问题出发，以研究国外发达国家幼儿教育软件评价标准为依托，在对幼儿教育软件质量和价值进行描述的基础上，从多维对象的视角出发，构建出适宜我国幼儿教育软件发展的标准指标体系，这对我国幼儿教育软件评价工作的完善有一定的意义。

## 第一节　幼儿教育软件评价标准概述

我国学前教育信息化事业刚刚起步，对于幼儿教育软件评价的研究很少，没有建立起完善和系统的幼儿教育软件评价指标体系。自20世纪八九十年代幼儿教育信息化起步开始，至今很长一段时间内，幼儿教育软件的评价工作都滞后于幼儿教育软件的发展，人们对计算机进入教学的认识也仅仅停留在学会如何使用计算机的技术层面上。随着政府层面对学前教育信息化的政策倾斜，幼儿教育软件的发展也得到了广泛的重视，但是软件的评价问题依然不容乐观。

从2006年开始，中国教育技术协会中小学专业委员会幼教协会研究会举办每年一次的"全国幼儿园信息技术应用作品评选"，至今已有七年，其中有五种参赛类目：教育活动录像、多媒体课件、教育博客、幼儿园网站、主体论文。幼儿园网站从建设及使用绩效方面进行评价，其指标与要求详见附录"全国幼儿园网站绩效评估指标体系"。

从 1997 年开始的由全国多媒体教育软件大奖赛组织委员会举办的"全国多媒体教育软件大奖赛"，至今已有 17 届，根据不同学校、不同学段的教育教学要求和特点，按照基础教育、中等职业教育、高等教育分组（按照作品第一作者所在单位划分）设置参赛项目。其中基础教育组的开展形式有：课件、信息技术与学科教学整合课例、学科主题社区、一对一数字化学习综合课例、教育教学工具类软件系统。从表 5 - 1、表 5 - 2 可以看出评价体系相对割裂、分离，且描述上生硬、不具体，缺乏针对性，可操作性不强。

表 5 - 1　　　　　　　　　　　课件评价标准

| 评比指标 | 分值 | 评比要素 |
|---|---|---|
| 教学设计 | 30 | 教学目标、对象明确，教学策略得当；界面设计合理，风格统一，有必要的交互；有清晰的文字介绍和帮助文档。 |
| 内容呈现 | 25 | 内容丰富、科学，表述准确，术语规范；选材适当，表现方式合理；语言简洁、生动，文字规范；素材选用恰当，结构合理。 |
| 技术运用 | 25 | 运行流畅，操作方式简便、快捷，媒体播放可控；导航方便合理，路径可选；新技术运用有效。 |
| 创新与实用 | 20 | 立意新颖，具有想象力和个性表现力；能够运用于实际教学中，有推广价值。 |

表 5 - 2　　　　　　　　　教育教学工具类软件评价标准

| 评比指标 | 分值 | 评比要素 |
|---|---|---|
| 设计目标 | 10 | 设计目标和使用对象定位明确。 |
| 结构与功能设计 | 25 | 系统结构清晰，模块化程度高，交互性强；功能设计满足教育教学需求。 |
| 技术性能 | 25 | 采用主流技术路线，程序运行安全稳定；操作简便快捷，导航方便合理；新技术运用合理有效。 |
| 人机界面设计 | 20 | 布局合理、重点突出、网络统一、美观大方；交互操作符合认知习惯；多媒体呈现方式合理快捷。 |
| 创新与实用 | 20 | 设计新颖，技术实现难度大，特点鲜明；实际教学应用效果显著，有推广价值。 |

下面列出上海市某幼儿园的计算机教学评价表（表 5 - 3），可以看出该评价是面向过程的评价，从教师、幼儿、教学活动、软件四个维度评价计算机教学。每部分占分值 25%，二级指标权重的计算方法我们还无法考量，正在争取与幼儿园获得联系。可以看出该评价表不太完整，且评价描述无具体描述，相对比较模糊。此外，一级指标均值四分

之一，缺乏合理性。但是从教师、幼儿以及软件和活动过程的角度来划分指标，还是值得借鉴的。

表 5 - 3　　　　　　　　　上海市某幼儿园计算机教学评价表

| 活动过程 | 教学思路 | | 环节衔接 | | 师幼互动 | | 教学具准备 | | 重难点设计 | | 合计分值 |
|---|---|---|---|---|---|---|---|---|---|---|---|
| | 3 分 | | 5 分 | | 6 分 | | 3 分 | | 8 分 | | 25 分 |
| | 得分 | 分析 | 得分 | 分析 | 得分 | 分析 | 得分 | 分析 | 得分 | 分析 | |
| | | | | | | | | | | | |
| 教师 | 指导语 | | 师幼互动 | | 课件使用 | | 个别指导 | | 活动创新 | | 合计分值 |
| | 2 分 | | 8 分 | | 5 分 | | 5 分 | | 5 分 | | 25 分 |
| | 得分 | 分析 | 得分 | 分析 | 得分 | 分析 | 得分 | 分析 | 得分 | 分析 | |
| | | | | | | | | | | | |
| 幼儿 | 兴趣 | | 操作 | | 自主选择 | | 合作交流 | | 任务完成 | | 合计分值 |
| | 3 分 | | 5 分 | | 6 分 | | 6 分 | | 5 分 | | 25 分 |
| | 得分 | 分析 | 得分 | 分析 | 得分 | 分析 | 得分 | 分析 | 得分 | 分析 | |
| | | | | | | | | | | | |
| 软件 | 内容选择 | | 动画设计 | | 交互性 | | 层次性 | | 重难点设计 | | 合计分值 |
| | 3 分 | | 5 分 | | 5 分 | | 6 分 | | 6 分 | | 25 分 |
| | 得分 | 分析 | 得分 | 分析 | 得分 | 分析 | 得分 | 分析 | 得分 | 分析 | |
| | | | | | | | | | | | |
| 综合评价 | | | | | | | | | | | 总分 |

　　当然，许多研究者提出了诸多教学软件的评价指标体系和评价操作框架，这些评价的思想和理念对于幼儿教育软件评价指标体系的构建都有一定的借鉴意义。例如，有一些研究者从软件的质量着手，探讨教育软件的质量评价方法，构建了幼儿教育软件评价指标体系。[①] 如表 5 - 4 所示，我们可以看到作者从学习性、科学性、技术性、艺术性与使用性等进行刻画，同时加入了对经济性的考虑。以此为代表的教育软件的评价指标体系有不少，但是模式基本上都是固定的，评价标准无从检验。

---

　　① 张家智、张家勇：《关于教育软件质量评价方法的探索》，《电化教育研究》2001 年第 4 期，第 68—70 页；钟柏昌：《学习软件质量评价》，《电化教育研究》2001 年第 5 期，第 57—62 页；朱三元等：《软件质量及其评价技术》，清华大学出版社 1990 年版。

**表 5 - 4**                           **钟柏昌质量评价标准体系**[①]

| 一级指标 | 二级指标 | 权重 | 优 | 良 | 中 | 差 | 极差 | 得分 |
|---|---|---|---|---|---|---|---|---|
| 学习性 0.40 | 1.1 学习目的明确，重点突出富有针对性 | 0.04 | | | | | | |
| | 1.2 学习内容客观正确、丰富充实、符合教学大纲要求 | 0.04 | | | | | | |
| | 1.3 学习环境适应自主学习的需要 | 0.06 | | | | | | |
| | 1.4 学习反馈及时、准确、详略得当 | 0.05 | | | | | | |
| | 1.5 学习内容的组织呈现符合人类思维习惯 | 0.05 | | | | | | |
| | 1.6 学习策略灵活多样，能适应学习者的学习水平和认知结构的变动，真正做到因材施教 | 0.06 | | | | | | |
| | 1.7 有主观题平分能力，学习结果的评价合理、公正、详细、有教育意义 | 0.05 | | | | | | |
| | 1.8 学习过程具有可逆性 | 0.05 | | | | | | |
| 科学性 0.10 | 2.1 模拟仿真符合常规、准确、真实 | 0.05 | | | | | | |
| | 2.2 程度模块层次合理，高内聚、低耦合 | 0.02 | | | | | | |
| | 2.3 说明字幕与各种标号准确、正规、清楚 | 0.03 | | | | | | |
| 技术性 0.20 | 3.1 正确性 | 0.02 | | | | | | |
| | 3.2 健壮性 | 0.03 | | | | | | |
| | 3.3 效率 | 0.03 | | | | | | |
| | 3.4 兼容性 | 0.02 | | | | | | |
| | 3.5 支持网络环境下的协作学习 | 0.04 | | | | | | |
| | 3.6 能识别书面和自然语言，具有语言生成和问题生成能力 | 0.03 | | | | | | |
| | 3.7 视听觉质量 | 0.03 | | | | | | |
| 艺术性 0.10 | 4.1 表现形式丰富多样，呈现方式新颖有趣 | 0.05 | | | | | | |
| | 4.2 讲究构图，用光合理，色彩搭配有表现力 | 0.05 | | | | | | |
| 使用性 0.10 | 5.1 界面友好，操作简单，有强有力的帮助系统 | 0.10 | | | | | | |
| 经济性 0.10 | 6.1 低投入高产出，即讲求效益 | 0.10 | | | | | | |
| 备注 | 1. 根据学习软件质量，在每一行的等级中选择适合等级打勾，填入相应分数于得分栏<br>2. 总分 = $(0.04X_{1.1} + 0.04X_{1.2} + \cdots + 0.1X_{5.1} + 0.1X_{6.1})$<br>3. 以上指标及权重适合于意义建构类学习软件的评价<br>4. 指标的具体内容请参考一级指标的分解与细化 | | | | 总 分 | | | |

----

① 钟柏昌：《学习软件质量评价》，《电化教育研究》2001 年第 5 期，第 62 页。

　　郭力平教授致力于幼儿教育软件评价的研究工作，他以美国的 Haugland / Shade 发展性软件评价标准为基础，汲取发达国家在幼儿教育软件评价研究方面的新经验。同时结合我国幼儿教育及软件应用的特点，总结出幼儿教育软件评价应从儿童的需要、教师的需要和软件的技术特征三方面综合考虑，修订了全美幼儿协会的幼儿教育软件的评价方法和发展适宜性评价标准。同时对 Kid Pix 软件和 Think in Things 1 进行了详尽的描述与评价，是目前国内比较科学的评价标准。

　　可以看出，我国的幼儿教育软件评价体系十分薄弱，在引介国外经验的同时，虽然也涌现出一些软件评测协会和学前教育网站，但是多数的评价组织出于开发者的申请或者某个活动的举行，受政府或者相关部门的邀请，临时成立的评价小组，信息更新相对滞缓，关于评价的描述也较少。

　　西方国家在软件评价的实施等方面积累了比较丰富的经验，尤其英美两国，其幼儿教育软件的评价研究经历了 30 年的发展历史。评价指标体系较为具体和深入，标准较为成熟和完善，评价项的精度要求高，对评价项的证据检验要求科学。不足之处在于视角单一，从评价受益者的角度看，过于局限于面向学习者、指导者的评价，面向决策者、开发者的幼儿教育软件评价研究相对薄弱，不利于软件的动态维护与整体体系内的良性循环发展；同时通常所评价的软件数量有限，不能全面及时地评价新出现的软件产品。

　　目前，国内还没有系统成型的国家标准为幼儿教育软件的选择提供依据，还没有形成自己的比较规范的评价体系，缺乏评价的理论依据，缺乏经过检验的可靠的评价工具，同时评价工作开展较晚，在评价指标和标准上还停留在对国外个别成果的引介与修订上。评价者基本来自于软件生产商、临时组建的专家小组或者学校的管理人员及教师，尚缺乏计算机技术人员、媒体制作人员、美工专家、教育心理学专家、一线教师、管理人员等各方面的合作力量。在这一方面，不管是与经过多年发展逐步规范和成熟的义务制基础教育阶段的软件评价工作的纵向比较，还是与西方国家相对成熟的幼儿教育软件评价体制的横向比较，我国目前的幼儿教育软件评价都存在有很大的差距。[①] 其中最需要迫切解决的

---

　　① 郑永柏：《中国教育软件发展的过去、现在和未来》，《中国远程教育》2001 年第 4 期，第 61—62 页。

问题便是评价指标体系和评价标准。这是当前幼儿教育软件发展最紧迫的一项任务。

研究幼儿教育软件评价标准还具有如下意义：

首先，有利于促进我国幼儿教育软件规范化发展。

由于缺乏相应的指导规范，我国幼儿教育软件市场较为混乱，基本处于一种无序无政府状态。由于教育软件带有强烈的意识形态色彩，其研制开发和出版发行均属国家行为，须经国家层面严格审核，才可进入市场和学校流通。然而，现在市场上出售的幼儿教育软件并非出自国家有关教育部门的审定，大量低质甚至是反教育的幼儿教育软件流向市场，无疑对儿童的身心健康发展存在着潜在的威胁。对企业而言，由于开发工作无章可循，开发质量、进度、效益得不到保障，经营上的短期行为较为突出，部分教育软件开发指导思想与现行教育政策相悖，恶意价格竞争也造成市场运营混乱，不少幼儿教育软件公司生存艰难。本研究基于幼儿教育软件评价指标国内外现状进行剖析，加入开发者的视角，以减少低水平的重复开发，保障幼儿教育软件的质量，对幼教软件行业的规范化管理也可起到一定的作用。

其次，有利于引导幼儿园教师与家长选择适当的幼儿教育软件。

随着教育软件在教学领域的应用日臻成熟，家用电脑的日益普及，很多幼儿园教师和家长已经意识到幼儿教育软件对于儿童发展所起的重要作用，对软件的关注程度和购买行为都逐渐增加。然而，面对市场上参差不齐的幼儿教育软件，幼儿园教师往往只能依赖直觉经验来选择幼儿教育软件，幼儿家长选择幼儿教育软件的盲目性则更大，这些并不理性的选择方式，致使某些幼儿教育软件的引入不但不能促进幼儿发展，反而成为一种危害。究其主要原因在于可供参考的幼儿教育软件选择标准较为贫乏，且鲜有相关政策与评价体系供人们辨别和使用。

第三，丰富我国幼儿教育软件评价理论成果。

我国幼儿教育软件评价尚处于起步阶段，幼儿教育软件评价的基本理论建设、相应评价体系与机制的建立和完善等工作都亟待开展。本研究在系统整理国外相对成熟的幼儿教育软件评价标准基础上，透视我国幼儿教育软件评价的现状，分析其中的问题与不足，以便构建适宜我国幼儿发展的教育软件评价指标体系，为我国本土化的幼儿教育软件评价理论的探索提供一定的线索，从而在一定程度上丰富我国幼儿教育软件评价的理论成果。

第四，有利于本土研究与国际先进水平接轨。

我国幼儿教育软件的发展经历了两个阶段：翻译与引进阶段，探索和实践阶段。固然，对发达国家幼儿教育软件的介绍和引荐能够填补国内相关研究的空白和不足，使该领域的研究者迅速了解新的研究成果，但是，如果一味地引入而不结合本国国情和幼儿发展水平与现状，就可能出现"洋食不化"的现象。因此，在前期吸收借鉴国外先进评价体系和模式的基础上，结合我国基本国情，探索出适宜我国长足发展的幼儿教育软件评价理论体系是最终的目标和诉求。

## 第二节　多维视角下幼儿教育软件质量模型的构建

### 一、多维对象的确立

人类社会中人们之间的一切相互行为、相互合作、相互冲突、相互欺骗、相互敌对、相互竞争、相互交易等所有互动行为都可以看作是人们之间的博弈，都可以用"博弈论"进行分析、说明和解释。[①] 那么，博弈论作为一般的分析方法，能否应用于幼儿教育软件的评价研究，应用于定位幼儿教育软件相关干系组织之间的关系呢？也就是说博弈论在改变了经济学家、社会学家的思维方式的同时，是否也能够作为一种评价研究的思维方式呢？

幼儿教育软件评价过程中不同群体的行为策略选择是动态的、相互影响和制约的博弈过程。在幼儿教育软件的整个生存周期中，教育软件相关人群间的利益博弈，形成了多种利益冲突和"囚徒困境"。基于博弈论的视角，我们进行多维视角下的幼儿教育软件质量模型构建。

从广义上讲，幼儿教育软件的质量不仅涉及技术问题、教育问题，而且是一个社会化的问题，因此，不能局限于技术层面和教育层面就技术革新和教育改革来评价幼儿教育软件，而应该从整个社会层面，从参

---

① 黄华伟：《社会历史的博弈论解读》，硕士学位论文，湘潭大学，2009年，第13页。

与幼儿教育软件生存周期的各社会主体的行为来进行研究。在幼儿教育软件的整个生存周期中，软件的质量是核心，围绕这一核心出现了多种群体，这些群体在幼儿教育软件的生存周期中各自扮演着不同的利益相关角色。诸如幼儿教育软件企业通过向幼儿园或者家庭出售软件获取利润，幼儿园或者家庭该选择何种软件，教师和学生则作为指导者和学习者，使用软件并对软件的优劣进行评价，在这环环相扣的利益之间，不可避免的会产生多种利益博弈。如果各自追求自身利益的最大化则将不利于幼儿教育软件的发展，面对不同群体间的利益博弈，如何处理组织之间的行为关系，达到利益的平衡是本研究的重点，笔者从博弈论的视角考虑，站在不同干系组织的利益角度，以期实现利益均衡。

为此，基于上述考虑，本研究对幼儿教育软件的相关干系组织有如下的界定：

开发者：是幼儿教育软件开发和设计的施动群体，一般指企业、厂商、开发机构或者一些幼教机构。开发者关注软件产品的生产过程。

决策者：是购买幼儿教育软件的施动群体，一般指幼儿园、家庭或者专门的软件决策机构。决策者关注的是软件的交付过程。

指导者：是幼儿教育软件传递教育信息的施动群体，一般指教师，特定教学情境下，也指幼儿。指导者关注的是软件产生的教学效益。

学习者：是幼儿教育软件传递教育信息的受动目标群体，一般指幼儿或者特定培训对象。学习者关注的是软件的学习效果。

## 二、面向开发者的幼儿教育软件价值

对开发者而言，幼儿教育软件的价值体现在软件属性的约束上，软件产品的生产过程直接影响到开发者的价值。开发者关注的是软件产品的质量以及生产成本，最终幼儿教育软件的价值体现在低投入、高质量以及前两者所带来的持续交付行为。我们依据教育软件生存周期的各个阶段，来分析幼儿教育软件评价过程中面向开发者的价值属性。

（一）幼儿教育软件的开发过程

一般软件的需求是确定的，用户只关心软件的使用条件与结论，不关心软件的内部结构和设计，而软件开发工作是由开发者自己完成，也就是说软件开发过程对用户来说是不可见的，是一个黑箱；对幼儿教育软件的开发来说，软件开发过程对于用户就不完全是黑箱，因为幼儿教育软件反映一定的教学规律、教学思想和教学过程，必须有学科人员和相关专家参加教学设计，设计符合幼儿学习特点和身心发展规律的交互界面和风格。

幼儿教育软件的基本开发过程是：根据幼儿园课程的整体属性来定位幼儿教育软件的架构特征；根据知识内容的性质特点来确定软件的展现形式；编写脚本；搜集素材；开发整理；测试实验；最后构成可由用户自行交互的完整的幼儿教育软件系统。在这整个过程中开发者不仅要对开发过程进行周密的计划，同时还要对成本作出估计与控制。

（二）幼儿教育软件生存周期

目前还没有关于幼儿教育软件生存周期的清晰模型，我们将沿用教育软件生存周期对幼儿教育软件的生存周期做一阐述，同时在部分阶段或者层面上稍做修改，以便于更适合幼儿教育软件的特性。

教育软件的生存周期（Educational Software LifeCycle）是指该教育软件产品从提出开发要求开始直到该软件报废为止的整个时期。归纳起来为六个阶段：环境分析、教学设计、系统设计、脚本编写、软件编写和使用评价等环节。[①] 我们根据幼儿教育软件的特殊性，将其分为五个阶段：总体计划阶段、教学设计阶段、功能实现阶段、集成测试阶段、教育实验阶段和运行维护阶段。如图5-1示：

1. 总体计划阶段

在这个阶段主要围绕一个问题展开：即需要做什么？一般是由幼儿教育软件的使用单位或者开发单位或者某机构提出开发要求之后，软件的开发者要进行调研与分析，明确软件项目的性质、目标和规模，以及要实现的目标、功能和总体任务，同时还要做出成本估算。包含四个项目：首先是教学内容选择，即对应的幼儿园课程，比如健康、语言、社会、科学、艺术中的某个；其次是总体需求分析，即是要通过确定的和隐含的用户需求确定总体的工作域；再次是可行性分析阶段，即在现有的资源与技术条件下能否实现开发目标；最后是详细开发计划，即根据所开发项目的规模、性能和目标来确定所需要的资源（一般包括，硬

---

① 方海光等：《教育软件工程》，中国铁道出版社2011年版，第8页。

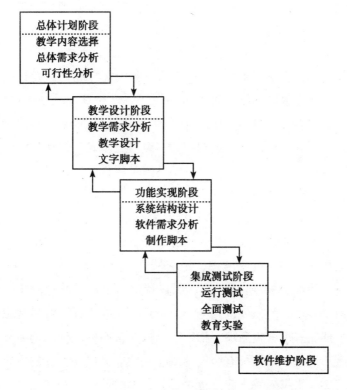

**图 5 - 1　幼儿教育软件开发过程**①

件、软件以及人力资源），除此之外开发者还要对项目的开发进度与费用做出精确估计。当然，必不可少的是编写《可行性报告》和《项目开发计划》。

2. 教学设计阶段

此阶段包含三个部分。首先是教学需求分析，即是教学对象的分析、教学内容的分析、教学目标的分析，有时也包含社会需要和社会环境等的因素。教学对象的分析就是分析指导者的学习特征、生理结构、年龄层次、原有认知结构等。教学内容的分析是根据教学的实际需要来确定教学软件的知识结构。教学目标的分析是由教学对象特征、教学内容分析而确立的要实现的教育功能。社会环境与社会需要的确定是以一定的调查研究为基础的，使需求分析具有一定的前瞻性；其次是教学设

---

① 参见 http://hi. baidu. com/szfgjy/item/09513ae/9f4cb9285b2d643f.

计，即运用系统观点与方法，以儿童认知发展与教育、心理学等理论为指导，根据教学目标、任务、对象、内容的分析为依据，合理组织和配置多种教学资源，把所有教学要素组合到一个优化的教学结构当中，以实现教学过程与教学结果的最优化。[①] 对软件各个部分和性能指标也要有一个明确的需求定义，如安全性、可靠性、可维护性、可移植性等；最后是文字脚本的编写，包括用户特征分析、教学目标描述、知识结构流程图等，在幼儿教育软件开发过程中脚本编写是基础，它是软件研究和开发工作中的一个重要环节，规范的幼儿教育软件脚本，对保证软件质量、提高软件开发效率，具有积极的作用。[②]

3. 功能实现阶段

此阶段包含三个部分。首先是软件需求分析，即在总体需求与教学设计的基础上从软件的角度来考虑，定义软件的功能需求、性能需求、环境需求（用户界面、软硬件接口）、用户特定需求以及其他需求；其次是系统结构设计，分为概要设计与详细设计，概要设计阶段通常在软件开发程序中排在需求分析后面，把需求分析所说明的软件功能用模块的形式描述出来，每个模块都有明确的意义和功能，概要设计的主要工作就是设计模块和组织模块。此外也包含数据库的设计。详细设计阶段依然是软件的逻辑设计，只是注意力从全局转移到了局部，把我们在概要设计里所划分出来的模块要实现的功能用相应的设计工具详细地描述出来，再转化成精确的、结构化的软件过程描述，它直接对应着下一步的程序代码编写。最后是编写代码，就是在机器上用计算机语言实现前面所设计的软件功能。

4. 集成测试阶段

测试包含对软件运行的测试以及对教育内容的测试，一般采用动态测试法，检查软件运行时的过程细节有无错误，功能上是否达到符合设计的要求。当然经过测试之后还要在实际的教学过程加以运用，可选取适当规模和特定用户的教学实验，在实验过程中收集反馈。

---

① 方海光：《教育软件价值评测研究》，博士学位论文，中国科学院成都计算机研究所，2006 年，第 63 页。

② 王竹檀：《多媒体教学软件文字脚本的编写》，《中国职业技术教育》2004 年第 8 期，第 22 页。

5. 软件维护阶段

在软件工程各阶段的活动中，软件维护是时间最长的，一般意义上从软件交付使用的那一刻开始，就正式进入软件维护阶段。软件维护的任务有四种类型：校正性维护、适应性维护、完善性维护和预防性维护。（题外话：在工业生产高度自动化的今天，软件出错可能导致整个的生产活动停滞，所以有的软件公司把软件的维护工作形象地称之为"救火"，很明显这种是属于校正性维护，无论一个软件公司多么有实力，技术储备多么雄厚，都无法回避"救火"的问题，但如果已经搞到三天"救火"四次的话，那该公司就要好好地反思一下自己了。①)

### 三、面向决策者的幼儿教育软件价值

幼儿教育软件的决策者是以幼儿园或者家庭为代表的群体，是幼儿教育软件购买行为的施动群体。对于决策者而言，教育软件的价值体现在投资和收益之间的动态关系约束上。决策者关注的是软件产品的可推广性、技术水平以及购买的方式，最终幼儿教育软件的价值体现在低投入、高收益上，也即是优化配置，提高效益。

目前我国幼儿教育软件的主要消费群体有两类：一是家庭用户，他们根据需要自由选择，自由购买软件供幼儿使用。另一类是幼儿园机构，他们根据相关的教育决策购买相应的软件产品供班级师生使用，是最主要的幼儿教育软件的消费群体。当然，大多时候一款幼儿教育软件总是在幼儿园开始推广流通之后，家长开始购买，即一种随动行为，所以学校市场对家庭市场有一定的影响力和先导性。

最终幼儿教育软件的开发目的落脚点是在于满足教育信息化的需求，不管是政府、市场还是教育信息化主管部门以及个人，对于这种需求的程度一直呈现正的增长趋势。对于幼儿教育软件的两个需求主体来说，资源投入都是一个重要的决策。比如，对于家庭主体来说，在软件购买行为中，随动性和盲目性更大一些，这些随动性的导致因素包括，幼儿园目前正在使用的软件、市场上吹捧的软件、其他幼儿家庭正在使用的软件，当然也有许多不可控的市场因素，比如说购买时交付双方的

---

① http://softtest.chinaitlab.com/jc/744206_4.html.

沟通等。对于学校主体（一般是幼儿园机构）来说，投资的决策往往需要更谨慎一些，一般需要根据地域性和学校实际的情况出发，通过多方的调查研究和分析比较，最终决策和交付，这种决策行为也是软件价值判断的长期建设行为。在这个过程中决策者面临的问题就是决策问题、资源利用问题以及效益提高问题。

（一）决策行为

1. 调研

对决策行为有重大影响的便是前期调研，一般分为市场调研和使用对象调研。传统的市场调研方式有客户体验调查方式，包括问卷调查和焦点小组讨论等，虽然能够获得比较详细的调查报告，也可以根据受访者的背景条件归纳出消费者背景信息，但由于技术和成本的局限，传统的调查方法存在一定的局限性。第一，成本因素会导致无法实现大样本采集。第二，调查周期长，时效性差。第三，调查结果掺杂人为情感因素。这些局限性导致市场调研的结果往往正多负少、不够深入。然而，负面评价对企业的影响比正面评价更重要，其意味着消费者需求尚未满足，企业有待改进提高的地方，也是市场调研的本质所在。因此，新兴的通过搜集网络数据中的各类客户体验、用户评价、微博、点评等相关信息进行分析的调研已逐步替代传统途径。市场部门所要做的就是设定关键词、搜索范围进行数据搜集，再根据搜集的信息进行分析，即可得到一份公正、客观、高效的市场调研报告。①

对使用对象的调研，也就是用户调研，可以是幼儿、教师，也包括家长等。可以搜集两方面的信息，首先对使用对象特征信息的搜集，比如幼儿，要结合幼儿的心理和生理特点，软件选择上就要突出操作上的易用性、适用不同年龄儿童的针对性、游戏性、娱乐性与交互性等。其次就是对于用户期望的调研，比如对于幼儿教师、幼儿家长，期望幼儿教育软件有哪些功能，通过使用能达到哪些目标。最后就是对于体验过的用户的调研，比如对于已经试用过的用户做问卷调查和访谈，得出幼儿教育软件的评价信息、改良信息以及用户关注的方面等。

---

① http：//zhidao.baidu.com/link？url = vsVdLmw4WEOsWFwUCB_ JO1phtRGd5EdNSgf9m ZsDySot733yOcaYbaZ8FHcyz4n-yqOJBpNSNMkzKg_ 8CLcBKa.

2. 影响决策的因素

分为两类消费群体展开：家庭主体与学校主体。

影响家庭为主体的消费者的购买行为主要因素有，家庭自身因素、社会因素、企业和产品因素等。家庭的自身因素包括消费者的自身经济状况（一般指收入），消费者的经济状况会强烈影响消费者的消费水平和消费范围，并决定着消费者的需求层次和购买能力；家庭的社会因素主要指相关的社会群体对家庭购买行为的影响，如其他家庭、学校、工作单位、社会团体等，一般家庭的购买行为都是一种有很大倾向性的随动行为；企业和产品因素，如产品的质量、价格、包装、品牌和企业的促销活动、营销渠道等。

影响学校为主体的消费者的购买行为主要因素有，学校环境、社会环境、产品信息等。学校环境主要是指幼儿园的现有条件与需求，比如从经济角度来说，投入多少；从信息角度来说，学校有没有掌握大量的信息决定决策；从制度角度来说，要符合国家相关法律法规。社会环境对学校决策有着诸多的影响，一般政府、教育主管部门对决策行为有较大的影响力。产品信息包括产品的质量、性能、品牌等。

不管是哪种主体消费者，一般购买行为都不是突然发生的，在交付发生之前，一般决策者会有思维活动或者行为来保证产品的满意程度。即使是已经发生交付行为之后，决策者还会进一步的研究产品的性能与质量特征。通常，一个完整的交付过程分为明显的五个阶段：即需求定位、信息搜集、评估选择、购买决定与购后评估。

需求定位是决策者决策行为的第一个阶段。决策者要认识到自己需要某种功能的软件产品，这建立在前期调研的基础之上，许多因素都可以使决策者认识到自身需求。比如对于幼儿园消费主体来说，要结合学前教育改革的方向、教育信息化的指导、教师的需要、幼儿的需要等。

信息搜集是决策者认清需求之后，对所需软件的信息采集工作。信息的外部来源有多种，公共来源、商品来源、购物指南、相关推介等。比如，公共来源，包括政府或者教育信息化相关部门的决策产品或者推荐产品等，也包括某些软件评价组织的好评软件，或者报纸杂志以及广告介绍和推广的软件。

评估选择也就是决策者根据某种标准所作出的限定范围内的软件产

品或者品牌的选择，这个过程在购买决定之前，是直接决定了交付行为成功与否的关键。一般这个过程包含了一些决定性的因素，决定性因素是一个不稳定性因素。比如，对于家庭主体的交付方来说，软件产品的种类和决策者的感觉、生活方式、态度、需求等都能影响到最终的交付结果。

决策者在经过信息搜集和评价选择之后会做出交付行为，当然，软件产品交付完成之后，决策者的决策过程还没有终止，因为在最终使用软件产品的过程中，决策者会以交付前期望的标准来检查和衡量软件产品的质量和性能。

（二）投资与收益

在目前的经济学或者教育学类著作中，没有专门对"幼儿教育软件投资"的界定，在勒希斌编著的《教育经济学》中认为教育投资是一个国家或地区，根据教育事业发展的需要，投入教育领域的人力、物力和财力资源，以货币形式表现的全部费用总和，或者说是指用于教育、培训后备劳动力和专门人才，以及提高现有劳动力智力水平的人力和物力的货币表现。[①] 根据上述对资源概念的理解，幼儿教育软件投资是指为幼儿信息化教育事业发展所提供的资源、服务的总称。

幼儿教育软件产品的选择本质上是一种幼儿教育投资活动，从经济学的角度，为幼儿提供对学习和发展有益的软件产品不仅具有公共效益，也具有个体效益。因此，作为软件产品的决策者，如何选择可行的教育软件产品，以期节约成本和提高投资的利用率成为一个价值追求方向。决策者需要关注各方面的资源消耗和收益情况，了解软件产品的基本功能、经济学特征、价值实现条件，并预期其带来的价值效益，不但要熟悉相关国家和地区的法规政策，更要掌握优化配置和分析的理论方法。

纵观国内外学前教育信息化发展的趋势，幼教机构的软件资源投入应重点放在提高教师的信息素养和加强教学建设方面，既要克服资源闲置现象，提高设备的应用效率，又要发掘对提高教师效率和促进幼儿进步真正有益的软件资源，使资源发挥最大效益，并给家庭等随动的行为带来有益的影响。

---

① 勒希斌：《教育经济学》，人民教育出版社 2009 年版，第 113 页。

用周国平的话来说："人生中一切美好的事情，报酬都在眼前。"幼儿教育软件的投入便是如此，尽管对于幼儿教育软件价值的收益难以进行量化的描述，但其为教师、幼儿以及社会带来的总体效益是不言而喻的。下面从教师收益、幼儿收益、学校收益和社会收益四个方面来说明幼儿教育软件成本的收益。

教师教学收益包括教师劳动强度的减弱和教学效率的提高，传授知识变得容易，教师身心受益，同时随着教学软件的普及使用，教师的信息化素养提高，也迎合了社会对于信息化教育的需求，此外教师再学习的过程也是对于终身学习的号召的积极响应。

幼儿收益包括幼儿学习积极性的提高，学习兴趣的浓厚，创造力和团队合作精神的增强，注意力和意志力的塑造，依据幼儿的年龄段特点，符合身心发展的适宜性软件，无疑减少了孩子们听课的疲劳感，激发了接受能力，使其具有成就感。

学校作为幼儿教育软件的交付方，前期（尤其是在启动阶段）投入成本必定巨大，幼儿教育投资不可能为了追求效益不计成本，效益大于成本，就是学校的收益模式，当然这种收益往往不一定直接体现为经济收益，以幼儿认知知识为教育效果的主要指标的提升，以幼儿数量产出为辅助指标的增加，都是学校收益的重要组成部分。

关于公共财政投资幼儿教育的成本和社会效益的研究也表明，幼儿教育投资是社会回报率最高的一种财政投资，政府对幼儿教育投资的社会收益远大于成本，幼儿教育投资是一种非常合算的公共财政投资。幼儿教育软件的投资决策在信息化教育的背景下进行，关注了幼儿教育目标的指向，对于学前事业的发展和整个教育改革都有重要的意义。

### 四、面向指导者和学习者的幼儿教育软件价值

幼儿教育软件的指导者一般是教师，但在某些特定教学情境下也指学生，对于指导者而言，幼儿教育软件的价值体现在软件对工作效率的约束上。[①] 通过前期对幼儿教育软件在教学场景中的使用情况的调查可

---

① 方海光：《我国教育软件价值评测研究》，博士学位论文，中国科学院成都计算机研究所，2006 年，第 32 页。

知，教师对幼儿教育软件使用问题的普遍反映都指向了软件的可用性方面，大多数教师关注的是软件使用过程中对其工作带来的效益和效率，也是其价值目标的体现。

幼儿教育软件的学习者一般指幼儿，是教育信息的目标群体，软件的设计、开发、利用、管理和评价最终都以幼儿的需要为出发点和落脚处。对于幼儿而言，软件的价值体现在对幼儿适宜性发展所带来的影响上，软件所包含的思想和内容是否能支持其认知学习规律和心理特征，是否有益于其适宜性发展。学习者直接接受的是软件产品的教育过程，因此，对教育内容和教育效果的合理控制是此阶段提高软件价值的手段。

同时，指导者和学习者作为相对立的施动和受动群体，构成了幼儿教育软件的整个教学过程，有共同的学习理论和教学理论作为支撑。自20世纪50年代学习理论经历了行为主义、认知主义和建构主义为主的三个发展阶段，也见证了计算机从个人计算机到媒体计算机再到超媒体网络三个阶段。信息技术应用于教育的过程，是不同阶段的计算机技术与学习理论充分融合和发展的过程。[1] 各种学习理论对教育软件发展深有影响。例如，随着学习理论的发展，教育软件逐渐从机器教学为指导发展到以建构主义理论为指导的阶段，正是因为建构主义强调以学习者为中心，显然以前两种学习理论指导的教育软件已不再适宜学习者的意义建构，此情形下教育软件的设计呈现出一些新的特征，即是在设计教学过程时充分考虑了儿童学习的自主性、学习活动的建构性、学习过程的交互性、学习资源的开放性、学习评价的多元性，主张把教育软件作为建构型学习环境的一部分，作为促进思维的有效手段。[2] 在建构主义学习理论的指导下，幼儿教育软件已不单单是一种教学工具，而应该是支持幼儿全面知识建构和智慧发展的载体。

基于行为主义、认知主义、建构主义的学习理论对幼儿教育设计的指导作用，得出遵循学习规律的幼儿教育软件一般具有四个方面的属性：首先在幼儿教育软件的内容选择上，注重教育内容的单元定义和引

---

[1]　郭力平：《信息技术与早期教育》，华东师范大学出版社2007年版，第61页。

[2]　同上书，第67页。

用的准确性；在软件的架构设计方面，强调知识结构和内容演化的关联性；在情景建构方面，强调群体协作和个体学习环境的定制；在软件交互方面，强调学习者的参与和内容的互动关系；[①] 把学习理论作为软件功能属性约束的理论基础，使面向指导者和学习者的幼儿教育软件的价值关联到软件开发。

幼儿教育软件教学是指导者和学习者之间的双向活动，在活动过程中会呈现出一定的教学特征。

第一，教学是一个信息传递过程，教师作为信息传播的施动群体，要首先充分了解幼儿教育软件的操作与实施，清楚软件的优势与不足，并根据教学活动特点和学习主题的需求，设法找到能优化教学的最佳途径。

第二，用于教学的幼儿教育软件的设计必须有适宜的学习理论作为指导，不仅要强调儿童的主动建构，也要根据指导者、活动内容以及媒体等多种变量的特点灵活的设计。

第三，教学过程要充分考虑教师、儿童、教材和教学软件的和谐统一，要充分考虑到面向指导者和学习者的幼儿教育软件的价值约束不仅体现在指导者的教学效率的提高、演示效果的增强，更应该是促进儿童主动探索与学习的认知工具和情感激励工具。

第四，要有丰富的、涵盖儿童五大领域（健康、语言、社会、科学、艺术）的教学资源。

第五，在某些情境下，尤其在家庭教育场景中，幼儿作为指导者出现。

### 五、模型构建及要素定义

（一）几种主要模型的质量观

比较经典的至今仍常见的软件质量模型分别是：MaCall（1977）、Boehm（1978）、ISO/IEC9126：1991（1991）、ISO/IEC9126：2001

---

① 方海光：《我国教育软件价值评测研究》，博士学位论文，中国科学院成都计算机研究所，2006 年，第 47 页。

（2001）等。[1] MaCall 模型的贡献在于提出了软件质量属性与软件度量之间的关系；Boehm 模型提出了软件质量特性的层次结构；ISO/IEC9126：1991 提出的质量模型已趋近完善，包含六个质量特性及下属子特性和相应度量；ISO/IEC9126：2001 是在 ISO/IEC9126：1991 模型的基础上提出，增加了一些子特性，其模型结构并未发生改变。

从以上各个模型的主要结构得知，几乎所有模型都把软件质量看做一个多维度的概念。[2] 在很大程度上，各个模型指标在分类上有一定的一致性，基本上都依据 Gavin's 的软件质量框架为蓝本，对用户角度、开发者角度、产品角度以及价值观角度都有所反映。我们也能从这些角度上看出在多大程度上，质量模型能够实现面向各个角度的价值。表5－5 列出集中主要质量模型的质量观点对比。

**表 5－5　　　　几种经典质量模型的质量观点对比[3]**

| 几种经典模型 | 用户角度 | 开发者角度 | 产品角度 | 价值观角度 |
| --- | --- | --- | --- | --- |
| McCall | Y | | Y | |
| Boehm | Y | | Y | Y |
| Dunm | Y | Y | | |
| ISO/IEC9126 | Y | Y | Y | |
| Grady | Y | Y | Y | |

（二）幼儿教育软件质量模型

基于 MaCall（1977）、Boehm（1978）、ISO/IEC9126：1991（1991）、ISO/IEC9126：2001（2001）等模型的基本思想和质量观点，构建出多角度多要素的"幼儿教育软件质量模型"。该质量观点立足于从开发者、决策者和用户的角度，软件的开发者和决策者通过合同进行产品交付和规约，软件产品的开发者通过具体的设计、开发过程定义软件的功能特性，软件产品的决策者通过相关服务了解软件的可维护性等

---

① B. Wong, R. Jeffy, A Framework for Software Quality Evaluaiton, Proeddings of the Fourth International Conference, PROFES, 2002, pp. 103—108.

② Luigi Buglione, Alain Abran, QEST nD: n-dimensional extension and generalization of a software performance measurement model, Advances in Engineering Software33（2002）1—7.

③ 参见赵雪峰《用应用通软件质量评价指标体系研究》，博士学位论文，浙江大学，2005 年，第 25 页。

质量要素，用户通过产品运行明确软件的有效性、易用性等要素。

　　质量模型把软件产品的质量分为三个方面：产品生产、产品交付和产品运行。产品生产方面反映了软件产品的功能特征，体现了软件的思想和组织架构，我们从功能性、可靠性、可移植性来定义软件生产的质量要素，其中经济原理也是产品生产要关注的，影响产品质量的重要因素；产品交付方面反映了软件产品交付过程与软件产品有关的质量要素，定义为可维护性，如是否便于更正错误等，这是一个权值很大的质量因素，另外也包括相应的服务支撑；产品运行方面反映了与产品运行有关的环境、用户等因素，质量要素定义为：有效性、易用性，另外幼儿教学特性是不同于其他软件质量模型的重要方面，如图 5 - 2 所示。

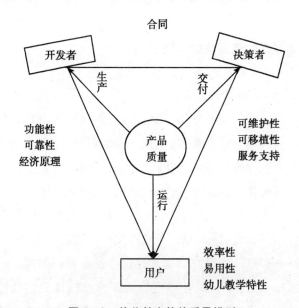

**图 5 - 2　幼儿教育软件质量模型**

（三）模型要素定义

　　幼儿教育软件质量模型从与软件质量相关的过程出发，定义了影响软件质量的产品属性，诸如，功能性、可靠能、有效性等，这些属性是比较高层的因素，可以通过一些低层的标准来度量。对幼儿教育软件模型中的质量要素给出如下的定义：

　　功能性：提供了满足用户需求的相应功能和能力。

　　可靠性：在规定的时间约束内，完成产品功能的能力。

可移植性：从一个运行环境迁移到另一个运行环境的灵活度。

可维护性：运行过程中，纠错的难易程度。

效率：软件资源的使用效率，包括运行时间特性和资源有效性。

易用性：在指定使用条件下，产品被理解、学习、使用和吸引用户的能力。

同时这些要素都是经验证过的，① 软件系统在一个方面的质量高低并不依赖于另一方面的质量高低，也不影响另一方面的质量高低，要素相互之间具有独立性，因此该质量模型的要素定义是合理的。

## 第三节　幼儿教育软件评价指标体系初步构建

### 一、指标体系构建面临的问题

（一）指标体系构建原则及过程

幼儿教育软件评价指标体系的建构应遵循教育评价指标体系构建的一般原则。不同的研究者在教育评价指标体系设计原则上达成了一致的共识，一般认为在评价体系的构建过程中应遵循本质性、方向性和一致性、可测性、可比性和相互独立性等原则。本质性原则指指标所能反映的评价对象的基本的、主要的、切合实际的方面；② 方向性和一致性原则是指评价目标是教育目标的某一个特定方面的规定和具体体现，因此评价指标体系要和总体的教育目标和评价目标一致，同时下一层的指标与上一层的指标一致；③ 可测性原则是指评价指标体系中最低层次的指标要用可操作化的语言加以界定，它所规定的内容应该能直接测量，以获得明确的结论；④ 可比性原则要求评价指标必须反映出评价对象的共同属性，反映评价对象属性中共同的东西；独立性原则是指同一个层次的指标之间各自独立，不能存在因果关系，指标间不能相互重叠和包

① Gillies AC. *Software Quality-Theory and Management*, ChaPman&Hall, 1992.

② 吴钢：《现代教育评价教程》，北京大学出版社 2008 年版，第 99 页。

③ 程书肖：《教育评价方法技术》，北京师范大学出版社 2007 年版，第 56 页。

④ 王景英：《教育评价学》，东北师范大学出版社 2005 年版，第 56 页。

含，不能由这一个指标导出另一个指标。①

在幼儿教育软件质量的评价过程中，评价指标体系的构建至关重要，它体现着不同评价对象背后的价值取向，影响着评价信息的搜集和最后的综合评价结论。本研究中的"幼儿教育软件评价指标体系"包括"指标体系"和"评价标准"两个部分组成。设计过程可采用分解评价目标、头脑风暴、理论推演、案例研究等方法。本研究采用分解评价目标的方法初步拟定评价指标，具体做法是把幼儿教育软件质量的总目标分解为次级目标（或称作一级指标），再将次级目标分解为二级目标。依此，由高到低逐层级进行，越往下一级的指标越具体明确，直至分解为可直接观察或者测量、操作的最低层级目标为止。

（二）指标体系构建应考虑的几对关系

幼儿教育软件评价指标系研究从属于教育评价研究领域，其评价的对象——幼儿教育软件具有自身的典型特征，因而在构建指标体系时首先要梳理一般性教育评价标准与特殊性教育评价标准的关系，其次是面向各个评价对象的评价标准及其关系。

1. 一般性评价标准与特殊性评价标准的关系

特殊性评价标准反映幼儿教育软件的质量，它们对幼儿教育软件在多大程度上符合幼儿教学特征在质和量两方面做出判定。一般性评价标准反映了所有教育软件都应具备的质量标准，它们主要针对教育软件是否符合教学规律带来有效教学的基本要求做出判定。因此，在指标体系中各级指标的分解及相应评价标准的制定，俱应考虑一般性规定和特殊性规定的结合，协调"幼儿教学特性"与"有效教学"评定的关系。

2. 面向各个评价对象的评价标准及其关系

根据幼儿教育软件的质量模型，针对幼儿教育软件评价主体多元化的特征，各个评价对象的评价标准要相互独立，防止指标体系中出现重复、矛盾和偏颇的现象，且评价主体之间是按照一定的联系组织的，同时根据用户特点对指标体系的标准进行合理的分类和细化。

面向开发者的幼儿教育软件评价，是在开发过程对软件质量进行保障，软件属性约束体现在功能性、可靠性，同时要遵循经济原理。功能性

① 程书肖：《教育评价方法技术》，北京师范大学出版社 2007 年版，第 58—59 页。

的下层指标为：适合性、准确性、完整性、互操作性，可靠性的下层指标为：成熟性、容错性、易恢复性。经济性体现在对软件成本的控制。

面向决策者的幼儿教育软件评价，是在交付软件产品的过程中，对软件产品的质量进行确认，软件属性约束体现在可维护性、可移植性等，同时要有必要的服务支持系统。可维护性的下层指标为：易分析性、稳定性、易改变性、易测试性，可移植性的下层指标为：适应性、易安装性。服务支持表现在，帮助文档、及时反馈用户咨询、补丁和升级服务等。

面向指导者的幼儿教育软件评价，是在使用软件产品的过程中，对软件效益进行评估，软件属性约束体现在有效性、易用性等方面，同时要遵循幼儿教学的特性。有效性的下层指标为：运行高效、科学合理，易用性的下层指标为：易理解性、易学习性、易操作性。幼儿教学特性表现在对教学需要的支持。

面向学习者的幼儿教育软件评价，是在软件产品传递教育信息被接受的过程中，对软件效益进行评估。软件属性约束体现在对学习内容和过程的约束上。国家教委早期的教育软件评审组织制定的教育软件评价有功能性、方便性、商品化程度和程序设计技巧性四个方面。后来的《中小学教学软件评价标准及说明》从教学性、技术性、文档资料三个方面评价教学软件。近些年较有代表性的 CIETE 全国多媒体教育软件大赛奖从教育性、科学性、技术性、艺术性和实用性等各方面对教育软件进行评价，还有 K12 中小学教育教学网推出的从科学性、教育性、技术性、技术性四个方面进行评价。《3—6 岁儿童学习与发展指南》则以促进幼儿体、智、德、美各方面的协调发展为核心的思想。① 笔者从中得到启示，将幼儿教育软件的评价标准从科学性、学习性、艺术性和适宜性四个方面来刻画。同时依据苏姗·霍兰德和谢德制定的 Haugland/Shade 发展适宜性软件评价标准，幼儿教育软件评价时应遵循如下的十条指标：年龄适宜性、儿童控制、清晰的指导性、可延伸的复杂性、操

---

① http：//www.edu.cn/xue_ qian_ 779/20121016/t20121016_ 856526_ 1. shtml. 2 – 12 – 12 – 10，2012 – 12 – 1.

作的独立性、无暴力性、过程导向性、技术特征、模拟真实性和可变换性。①

（三）评价标准可操作性策略探讨

教育软件评价指标体系包括两种类型的指标，一是可通过判断得到的指标，另一个是需要测量得到的指标。在教育和心理的评价测量中，有些指标因为难以被观察到，所以十分不易于描述或者度量。同时对某一指标，在不同的评价对象的认知里可能代表不同的含义，为此，需要对指标的解释上更明确一些，并且通过行为进行推断，其中最便捷的方法就是给该指标所涉及的术语下定义，以便于评价者有统一的参考标准。② 同时幼儿教育软件评价指标体系的设计必须要与国际/国家/行业/企业等标准规范一致，要贯彻国家的教育方针政策，遵循教育理论和教学规律。

## 二、评价指标体系的初步构建与内涵分析

（一）幼儿教育软件评价的目的

教育软件评价试图把握价值主体与价值客体之间的联系，其灵魂体现在评价的目的上。由于幼儿教育软件的直接价值主体是幼儿和教师，教学需要就是确定评价目的的起点。因此，幼儿教育软件评价以促进幼儿发展、改善教师教学、促进教师专业成长、提高教学效益和教学效果为目的。在该评价目的的统摄下，幼儿教育软件评价指标体系将发挥以下的职能：第一，甄别幼儿教育软件教学质量，判定幼儿教育软件在促进幼儿发展上发挥的价值，为教学决策者提供评价服务，这是评价指标体系的工具价值。第二，通过提供教学活动的反馈信息，便于教师调节和改进教学活动，使教学活动有效持续地进行，这是评价指标体系的导向价值。第三，评价活动在本质上是一个心理建构的过程，其核心问题是价值问题，单一主体的评价机制上将某一种价值观视为唯一正确的选项，并强加于其他评价主体，

---

① Susan W. Haugland, Elma A. Ruiz. Empowering Children with Technology: Outstanding Developmental Software for 2002. *Early Childhood Education Journal*, 2002, 30（2）: 125—132.

② ［美］吉尔伯特·萨克斯：《教育和心理的测量与评价原理》，王昌海等译，江苏教育出版社 2002 年版，第 182—183 页。

显然是不足取的，[①] 因此要考虑多元评价主体，综合开发者、决策者等价值干系人的利益追求，这是评价指标体系的伦理价值。为此，在本研究中对学科领域专家、学科教学人员、软件开发人员、决策人员等群体意见展开调查，以期在指标体系构建中纳入不同评价主体的观点，以群体性评价帮助指导个体评价分析幼儿教育软件。

（二）评价指标体系的初步设计

基于上述幼儿教育软件评价的目的，以及评价指标体系可操作性的要求，在现有的不同的教育软件评价指标体系的基础上，[②] 结合幼儿教育软件质量模型，初步构想幼儿教育软件评价指标体系，如表5-6所示。

表5-6　　面向多维对象的幼儿教育软件评价指标体系初步构建

| 维度 | 一级指标 | 二级指标 | 标准描述 |
|---|---|---|---|
| 开发者 | 功能性 | 准确性<br>完整性<br>适合性<br>互操作性 | 在预定环境下，软件满足设计规格说明和用户预期目标的程度，它要求软件设计本身没有错误<br>为某一目的而保护数据，避免它受到偶然或有意的破坏、改动或遗失的能力<br>软件产品为指定的任务和用户目标提供一组合适功能的能力<br>软件与其他系统进行交互的能力 |
| | 可靠性<br>经济性 | 成熟性<br>容错性<br>易恢复性<br>软件成本 | 软件产品为避免软件内部的错误扩散而导致系统失效的能力（主要是对内错误的隔离）<br>软件防止外部接口错误扩散而导致系统失效的能力（主要是对外错误的隔离）<br>系统失效后，重新恢复原有的功能和性能的能力<br>降低投入成本，提高质量 |
| 决策者 | 可维护性<br>可移植性<br>服务支持 | 易分析性<br>稳定性<br>易改变性<br>易测试性<br>适应性<br>易安装性<br>帮助文档<br>及时反馈用户<br>咨询、补丁<br>和升级服务 | 软件提供辅助手段帮助开发人员定位缺陷产生的原因，判断出修改的地方<br>软件产品避免由于软件修改而造成意外结果的能力<br>软件产品使得指定的修改容易实现的能力<br>软件提供辅助性手段帮助测试人员完成其测试意图<br>软件产品无需作相应变动就能适应不同环境的能力<br>尽可能少的提供选择，方便用户直接安装<br>文本内容清晰可读<br>方便的在线答疑系统，或者在线帮助功能<br>当有更新时，提醒下载和安装，修复系统漏洞 |

①　崔允漷：《有效教学》，华东师范大学出版社2009年版，第258页。

②　张家智、张家勇：《关于教育软件质量评价方法的探索》，《电化教育研究》2001年第4期，第68—70页；郭力平：《幼儿教育软件的评价研究》，《幼儿教育》（教育科学）2009年第1、2期，第20—25页。

续表

| 维度 | 一级指标 | 二级指标 | 标准描述 |
|---|---|---|---|
| 指导者 | 易用性<br>有效性<br>教学特性 | 易理解性<br>易学习性<br>易操作性<br>吸引性<br>运行高效<br>科学合理<br>教学性 | 软件交互给用户的信息时，要清晰，准确，且要易懂，使用户能够快速理解软件<br>软件使用户能学习其应用的能力<br>软件产品使用户能易于操作和控制它的能力<br>独特的、有吸引力的设计<br>软件处理特定的业务请求所需要的响应时间和资源消耗<br>遵循一定的认知逻辑与教学规律<br>支持教学需要；符合课程标准 |
| 学习者 | 科学性<br>学习性<br>艺术性<br>适宜性 | 清晰的指导性<br>模拟真实性<br>儿童控制<br>可延伸的复杂性<br>过程导向性<br>独立的操作性<br>可变换性<br>技术特征<br>年龄适宜性<br>无暴力性 | 口语指令；简单准确的指导；图片选择<br>简单，模型可靠；提供与现实情境相对应的具体事物<br>行动者不是反应者；儿童自定步调；可以退出；试误<br>适宜准入点；清晰学习序列；教师明确的指导<br>过程第一，结果第二；发现学习，非技能训练；内在动机<br>儿童首次接触软件之后，不再需要成人参与<br>提供物体和情景，以观察变化过程和结果<br>色彩鲜明；声音逼真；形象生动；安装简便；运行<br>现实意义的概念；与特定年龄段的幼儿经验相吻合<br>不包含暴力特征和动作；体现社会价值 |

　　幼儿教育软件评价指标体系由三个层级构成：首先是四个维度，分别是开发者、决策者、指导者、学习者；其次是 13 个一级指标，34 项二级指标，针对二级指标给出了若干具体的评价标准阐释及其内涵。

　　面向软件的开发者，幼儿教育软件评价指标体系体现了幼儿教育软件产品的功能和性能，保障软件产品的质量，同时降低成本投入；面向决策者的幼儿教育软件评价指标体系，体现了购买价值判断和软件产品的服务支撑等；对于软件的指导者，幼儿教育软件评价指标体系体现了对不同教学过程、教学策略的支持和指导者工作效率的增强等软件产品的可用性特征；对于软件的学习者来说，幼儿教育软件评价指标体系体现了软件产品遵循幼儿认知发展规律和学习特性，依据发展适宜性的要求实现功能架构。

　　一级指标的设立依据来源于幼儿教育软件质量模型中对不同对象的软件质量属性的规约，有"功能性"、"可靠性"、"可维护性"、"可移植性"、"有效性"、"易用性"、"科学性"、"学习性"、"艺术性"和

"适宜性"，同时综合考虑了"软件成本"、"服务支持"、"教学特性"，合起来共 13 个一级指标，这些指标从幼儿教育软件的生存周期出发，贯穿始终，基本涵盖了各个评价对象的主要信息。

　　一级指标"功能性"下涵盖了"适合性"、"准确性"、"完整性"、"互操作性"四个二级指标；一级指标"可靠性"下涵盖了"成熟性"、"容错性"、"易恢复性"三个二级指标；一级指标"可维护性"下涵盖了"易分析性"、"稳定性"、"易改变性"、"易操作性"四个二级指标；一级指标"可移植性"下涵盖了"适应性"、"易安装性"两个二级指标；一级指标"有效性"下涵盖了"运行高效"、"科学合理"两个二级指标；一级指标"易用性"下涵盖了"易理解性"、"易学习性"、"易操作性"、"吸引性"四个二级指标。四个二级指标其设立的依据是 ISO 9126 软件质量模型①的二十七个子特性，以及赵雪峰《通用软件质量评价指标体系研究》② 中通用软件质量模型的提炼，是一级指标的直接衡量标准。

　　一级标准"经济性"下涵盖二级指标"软件成本"，即是依据软件开发过程中的经济性原理控制成本；一级指标"服务支持"下涵盖二级指标"帮助文档"、"及时反馈用户咨询"、"补丁和升级服务"，依据软件产品的支持服务，体现问题解决与方案；一级指标"教学特性"下涵盖"教学性"二级指标；一级指标"科学性"下涵盖"清晰的指导性"、"模拟真实性"、"儿童控制"三个二级指标，一级指标"学习性"下涵盖"可延伸的复杂性""过程导向性"、"独立的操作性"三个二级指标、一级指标"艺术性"下涵盖"技术特征"、"可变换性"两个二级指标、一级指标"适宜性"下涵盖"年龄适宜性"、"无暴力性"两个二级指标，这十个二级指标是依据 Haugland/Shade 发展适宜性软件评价标准制定。

　　（三）评价指标的内涵分析

　　依据幼儿教学特点和评价思想，同时结合幼儿教育软件质量模型，得出上述的幼儿教育软件评价指标体系，如表 5 - 6 所示。笔者列出对

---

　　① http：//www. myexception. cn/other/1210714. html. 2013 - 02 - 04，2013 - 12 - 1.
　　② 赵雪峰：《通用软件质量评价指标体系研究》，硕士学位论文，浙江大学，2005 年，第 48 页。

一级指标和二级指标的描述标准与详细内涵：

●功能性：指软件产品是否满足了客户的需求，其二级指标的属性，有以下的解释。

准确性：在预定环境下，软件满足设计规格说明和用户预期目标的程度，即在预定环境下能正确地完成预期功能，它要求软件设计本身没有错误。此指标容易理解，在实际的软件应用中也常遇到，例如训练幼儿计算能力类型软件，对精度上有要求。

完整性：也称为安全性，为某一目的而保护信息和数据，避免它受到偶然或有意的破坏、改动或遗失的能力。对未经授权的人使用软件或数据的企图，系统能够控制或者禁止的程度。可以从两个方面理解，一是防止未经授权的人或系统访问信息，二是保证得到授权的人或系统能正常访问相关信息。常表现在，用户验证、用户权限管理和系统数据的保护上。在幼儿教育软件开发时对此项要求并不高，但是在某些特定场合下却是必需的。因此此项在初步构建时保留。

适合性：软件产品所提供的功能是用户需要的，以及用户所需要的功能软件产品已提供。不合适的软件，比如，在医疗系统上如果有一款可供娱乐的游戏，试想医生一边给病人看病一边玩游戏会造成什么样的后果呢。同理，在幼儿教育软件系统需求分析时要把握哪些功能是适合的。

互操作性：软件与一个或者多个周边其他系统进行信息交互的能力。例如，运行在 Windows 操作系统上的软件产品与运行在 Linux 系统上的软件产品进行通信，数据的发送方和接收方应该有能读出对方特有数据格式的能力，然后在运行界面上显示同等功能。

●可靠性：是指软件系统是否能够在一个稳定的状态上一直满足可用性。其二级指标及其解释如下。

成熟性：软件产品为避免软件内部的错误扩散而导致系统失效的能力，主要是对内错误的隔离。例如，模块 A 更改了某参数，但没考虑到某参数同时被模块 B 调用，由于模块 B 并未作相关更改，结果使得模块 B 的相关功能失效。

容错性：软件防止外部接口错误扩散而导致系统失效的能力，主要是对外错误的隔离。例如：应用软件产品在操作过程中需操作一个文件，但由于此文件已遭破坏，而缺少容错处理，结果执行文件操作时，软件崩溃。

易恢复性：系统失效后，重新恢复原有的功能和性能的能力，体现在对原有功能恢复的程度和速度上。最典型的例子是，我们常遇到Windows 系统不响应操作的情况，只好按重启键或者关掉电源重新开机，这种情况下，当前保存的数据就丢失了，系统重启后能正常进入系统就是易恢复性的一种体现。

●经济性：较低的投入，较高的质量。在软件开发过程中降低软件成本，节约材料，实现同等的质量。

●可维护性：是衡量对已经完成的软件进行调整需要多大的努力，其下属指标及解释如下。

易分析性：指软件提供辅助手段帮助开发人员定位缺陷产生的原因，判断出修改的地方的能力，例如 Windows 的事件查看器（eventvwr），把执行错误的软件代码的轨迹、状态进行记录。

稳定性：指软件系统在长时间连续工作环境下能否一直正常工作的能力，一般体现在不出错，无异常情况等。稳定性一般与资源效率紧密相连，软件持续工作时间越长，内存资源占有越多，系统稳定性越差，最后可能导致系统崩溃。

易改变性：软件产品的缺陷修复容易被实施，体现软件的高内聚低耦合的设计，为未来可能的变化留有扩充的余地，才会有较好的、易改变的能力。

易测试性：从测试的角度，软件提供辅助性手段帮助测试人员完成其测试意图的难易程度。越难测试的软件，其存在的风险越大。

●可移植性：是衡量软件系统是否能够方便地部署到不同的运行环境中的能力，它有如下的子特性及解释。

适应性：软件产品无需作任何相应变动就能适应不同运行环境的能力，其中的运行环境一般指操作系统平台、数据库平台、硬件平台等。我们常遇到这样的情况，某应用软件原来在 Windows XP 操作系统上运行，后来移植至 Windows 7 操作系统上运行，针对这种平台的变化，软件系统应有相应的适应性。

易安装性：指平台变化后，软件被安装的难易程度，应提供尽可能少的选择，方便用户直接安装，或者尽可能少的用户参与，多一些自动安装过程。

•服务支持：体现在帮助、升级等相关服务上，二级指标及解释如下。

帮助文档：文本内容清晰可读，且对于初次接触软件的人来说，能大体了解软件的功能与性能。

及时反馈用户咨询：方便的在线答疑系统，或者在线帮助功能，使用户的咨询能得到及时的反馈。

补丁和升级服务：当有更新时，提醒下载和安装，修复系统漏洞。

•有效性：这里指软件系统在各场景下完成用户指定的业务请求所需的响应时间、资源消耗情况以及逻辑上的合理性。体现软件产品的性能。具体的子属性及解释如下。

运行高效：比如我们在微博上发表谈论，点击"提交"之后，一般都需要等待几秒钟，然后跳转至成功页面，那么这个等待的时间可以理解为系统响应的时间；资源消耗，一般像是 CPU 占有率、宽带通信占有率等，如果切换过程中速度较慢，则可能是资源占有方面没有处理好。

科学合理：遵循一定的认知逻辑与教学规律，对幼儿教学软件来说，系统应该具备幼儿的常规认知水平和经验水平。

•易用性：是衡量用户使用软件时付出的努力的程度。其中，我们经常掷到的易用性就是可用性的一个重要方面，指软件产品易于学习和使用，可减轻作业负担，提高工作效率等，具体可从以下几方面进行理解。

易理解性：软件交互给用户的信息时，要清晰，准确，且要易懂，使用户能够快速理解软件系统当前的真实状态，并指导其进一步的操作。较为典型的例子是某网站的登录页面，如 163 免费邮登录界面，在输入用户名和密码后，登录框提示"用户名或密码错误"，这样给出的就是不明确的信息，很容易误导用户，因为用户并不能准确知道是两者之中哪一个错了，或者是都错了，只能反复尝试验证，最终可能会遭遇尝试次数超限而失败。

易学习性：软件使用户能学习其应用的能力。比如软件系统提供的相关辅助手段，在线帮助，或者鼠标跟随菜单的提示，或者是帮助手册，大多数 Windows 程序都有默认的 F1 快捷键弹出帮助内容。

易操作性：软件产品使用户能易于操作和控制它的能力，基本不需要额外的专门学习。比如，常用功能不要太深，返回桌面较为快捷，操作较为简单，路径较短（不要有太多个"下一步"）。

吸引性：指软件系统的某些独特的让用户眼前一亮的属性，包括交互界面等，比如颜色的设置上更易于接受，声音的提示更让人舒心，同时能自行选择和设置某些功能。

●教学特性：指软件产品能与现有的教学目标一致，是幼儿学习的深度延伸。

教学性：支持教学需要；符合课程标准。

●科学性：在软件的评价中将指标以"清晰的指导性"、"模拟真实性"、"儿童控制"来体现，具体解释如下。

清晰的指导性：受经验水平和发展阶段的限制，幼儿的读写与演算能力十分有限，因此幼儿教育软件应尽量避免为幼儿提供过多的文本说明、推演过程等，必要时可用口语指令或者直觉图标来实现，且这些指导应言简意赅、易于理解、语气亲切、方便记忆。

模拟真实性：幼儿教育软件应为幼儿提供一个认识世界的窗口，它所提供的具体事物、形象等应能与现实生活实际情景相对应，模型要有真实感，避免刻意的歪曲或者模拟现实，儿童可能被误导。同时儿童操作的过程和结果与现实世界的情景应当相一致，使儿童获得在现实生活中无法体验的经验。

儿童控制：儿童是操作软件的主体，控制交互过程。曾有研究者，[1]对比了"儿童控制电脑"和"系统控制"两种环境下儿童的学习效果，发现前者使儿童更加积极和出色地完成任务。儿童控制能够对自己的操作行为形成最直接的体验，让幼儿明了整个因果过程。

●学习性：具体到软件评价中用"可延伸的复杂性"、"过程导向性"、"独立的操作性"等二级指标体现，解释如下。

---

[1]　Buckleitner W. The relationship between software design and children's engagement. *Early Education and Development*, 2006, 17（3）：489—505.

可延伸的复杂性：软件系统应为儿童提供一定的难度空间或者难度梯度。一般来说，软件设计应从易到难，才能有助于儿童产生探索的欲望，随着儿童的技能掌握，软件应增加复杂性和难度。此外，可延伸的复杂性还指对不同年龄段、发展水平存在差异的幼儿来说，提供符合逻辑的学习序列，同时对儿童知识迁移等的培养也很重要。

过程导向性：注重发现式学习而非技能训练，强调在使用软件的过程中促进幼儿的求知欲，培养发现、探索问题的能力，而不是重复性的练习。注重儿童内在动机的塑造，提倡有兴趣的、快乐的、积极的学习过程，强调过程第一，结果第二。

独立的操作性：Calvert① 等的有关软件使用效果的研究表明，儿童独自操控计算机的方式较成人陪伴参与的方式更有利于提高儿童的关注水平，软件使用的效果最佳，因此，适宜的幼儿教育软件应尽量减少幼儿操作过程中成人的指导，当然这绝不意味着不需要成人的帮助，两者并不矛盾，支持的时机和方式选择最为重要。

•艺术性：指表现与欣赏，感受与创造，以二级指标"技术特征"、"可变换性"来体现，具体解释如下。

技术特征：首先要求交互界面友好，在视觉上和听觉上都要考虑迎合幼儿的特点，不仅是学习工具，同时能得到快乐的体验以及美的感受。其次要求运行快捷，操作规则幼儿容易掌握，且不必花费时间等待软件响应。再次，要考虑输入设备与幼儿年龄的适配性，鼠标的大小、鼠标的使用方法，键盘是否适宜使用等。

可变换性：幼儿教育软件应提供可变化的场景和现象，且在设计上要生动、形象、直观，确保幼儿能看到、听到、感受到事物的变化过程。如在一些教育软件中，儿童可以观察蝴蝶的成长过程、蚕的生长、蝌蚪变青蛙等现实难以观测到的情景。

•适宜性：是与幼儿身心状况、动作发展、生活习惯与生活能力相适应的要求，在评价中将以幼儿的"年龄适宜性"、"无暴力性"体现，具体如下。

---

① Calvert S, Strong B, Gallagher L. Control as an engagement feature for young children'sattention to and learning of computercontent. *American Behavioral Scientist*, 2005, 48（5）：578, 588.

　　年龄适宜性：幼儿教育软件所提供的学习内容与特定年龄阶段的幼儿的经验一致，而不是要求幼儿适应软件的特定要求，只有如此，幼儿教育软件才能与幼儿园课程目标一致，成为促进幼儿健康全面发展的力量。可以从软件采用的教育内容和教育方法上来说该软件是否具备年龄适宜性。从内容上，软件提供的活动内容是否贴近幼儿相应年龄段的学习和生活，是否与该年龄段幼儿的发展水平相匹配，可以支持和促进幼儿哪方面的发展，是否吸引儿童的注意力，是否有一定的循序渐进性。从教育方法上，主要看软件系统所采用的教育方法是否符合幼儿的认知特点和教育规律。

　　无暴力性：幼儿在使用教育软件的过程中，某些虚拟的暴力行为可能对儿童带来某方面的迁移和模仿行为，儿童体验了虚拟暴力的过程，却无法体验到暴力行为的后果，这些十分不利于儿童的健康发展，因此，合格的幼儿教育软件应排斥暴力倾向的人物和场景，应成为促进幼儿情感、价值观和社会性发展的工具。

## 第四节　幼儿教育软件评价指标体系的探讨与修订

### 一、研究目的与方法

#### （一）研究目的

　　德尔菲法又称作专家咨询法，是一种反复主观判断评价方法，充分利用相关专家的知识和经验，从指标的重要性的角度，通过多位专家的独立的反复判断，获得相对客观的信息、意见和建议。该方法操作上简单快捷，适用于多学科交叉的大量指标的筛选和定性研究，在构建综合的评价指标体系中被广泛运用。它本质上是一种反馈匿名函询法。其大致流程为：征得专家小组同意后，对要预测的问题进行整理、归纳、统计；再匿名反馈给专家，再次征求意见；再集中，再反馈，直至获得较为一致的意见。在这个过程中被征询意见的专家采用匿名发表意见，专家之间不可互相讨论，不发生横向联系，避免专家意见向少数影响大的专家意见趋同。

　　基于文献研究构建的面向多维对象的幼儿教育软件评价指标体系框

架，并不完善、合理、正确和适当，还需要借助专家的既有知识和经验对初构的指标体系进行筛选、修订、改正和检验，以获得良好的专家效度。本研究把幼儿教育软件生存周期的相关干系人视为专家，在评价指标体系的修订中纳入他们的观点，以便使评价指标体系从幼儿园、幼儿、决策方、开发法的实际情况出发，并结合各自的实际需要，建立了由学科领域专家、决策人员、软件开发人员、教学设计人员四类人员组成的专家咨询小组，该小组包含上述四类人员共 20 人。

（二）问卷设计与处理方法

本研究的专家咨询共进行两轮。研究者根据"面向多维对象的幼儿教育软件评价指标体系"的初构框架，形成本研究第一轮发放问卷"面向多维对象的幼儿教育软件评价指标体系专家咨询问卷"的依据。以下针对两轮专家的咨询问卷作出说明如下：

【第一轮专家咨询问卷】内容说明如下：

（1）问卷简介：向本问卷的不同领域的专家说明本研究的研究目的、测试方式、填写说明以及预计回收问卷的时间，恳请专家支持填写问卷，并表达诚挚的谢意。

（2）《面向多维对象的幼儿教育软件评价指标体系框架》初稿的内涵在问卷中作为说明，使专家理解《面向多维对象的幼儿教育软件评价指标体系框架》初稿的构建过程、内涵以及层级框架，以便专家在填写问卷之前，有完整的体系概念。

（3）问卷主体部分设计：分别列出了四个维度，各个维度的一级、二级指标与评价标准、评分等级，请专家对 34 项评分标准的适合程度——"3 分——适合"、"2 分——修改后适合"、"1 分——不适合"做出评定，对评价标准或者指标认为有无必要修改、增加或者删除以及其他建议和意见，提供"修改意见"一栏，恳请专家给予宝贵意见和建议。

【第二轮专家咨询问卷】内容说明如下：

第一轮专家咨询问卷回收后，研究者根据专家们的评分以及提供的宝贵意见，综合相关文献，进行第一阶段指标及评价标准的增删与修订，之后，对第一阶段的问卷内容进行修订。形成第二阶段的专家咨询问卷。

第二轮专家咨询调查问卷，将呈现出第一阶段专家咨询问卷专家们的评分和意见，以及基于一般性描述统计分析的平均数、标准差和变异数，作为专家们重新判断的参考。在第二阶段的问卷中，恳请专家对修正后的33项指标及其标准做出评定，同样提供"修改意见"栏，供专家们填写修改意见。

两阶段对问卷采取 EpiData 数据录入，SPSS16.0 进行数据处理。

（三）专家咨询的实施

本研究基于幼儿教育软件生存周期的各个环节及幼儿教育软件相关利益博弈群体的综合考虑，从教学设计人员、软件开发人员、学科领域人员、决策人员四大领域选择了20位人员作为本研究专家，借助专家的意见，通过两轮专家咨询的实施，进一步完善面向多维对象的幼儿教育软件评价指标体系的构建。

本研究参与专家咨询问卷调查的四类人员的粗略信息为：

教学设计人员：从事教学设计的工作者，以大学中从事《教学设计》教学的教授为代表，拟抽取5人。

软件开发人员：比如开发者洪恩，是软件系统的研制者。拟抽取研制教育软件的知名专家5名作为代表。

学科领域人员：指与幼儿教育软件评价相关的教育技术人员与学前教育学人员等。本研究中以学前教育学教授5名为代表。

决策人员：包括购买软件的决策单位或个人，本研究中以幼儿园5名园长作为代表接受咨询。

## 二、第一轮专家咨询结果分析与讨论

本轮研究自2013年12月11日起至2013年12月15日止，以电子邮件方式向15位专家发送问卷，并于12月19日对5位幼儿园园长进行现场发放问卷并现场回收。至12月23日下午共收回有效问卷17份，回收率为85%。以下将呈现专家咨询调查问卷的统计结果与意见，并结合意见对幼儿教育软件评价指标体系进行修正。

（一）评价指标体系结构与指标意见分析

幼儿教育软件评价指标体系共包含四个维度，13个一级指标，34个二级指标，以及标准的描述，共34项评价标准。对此结构、各个维度专家学者均表示认同，未提出任何意见，本研究将维持原结构和维度不变。

　　指标的必要度可从集中度 F（即专家对该指标评价适合度或者描述的符合度的平均值（M）、离散度 D（即专家对该指标评价适合度或描述符合度的分散程度，可以用标准差表示）、变异系数 V（即离散程度与集中程度的比值）等三个方面的数据信息进行判断；集中度、离散度和变异系数都是指标必要性在某一方面的体现，集中程度越高，离散程度越低，变异系数越小，则指标必要度越高。[①] 由于变异系数为离散程度与集中程度的比值，所以集中度和离散度是必要度的主要评判依据。当然存在这样的情况，对某一指标适合度专家一致评分很低时，其集中度很小，离散程度也很小，但并不代表指标的适合程度高，此时应根据集中度做出判断。

　　根据问卷回收结果，经指标必要度分析，删除三项评价标准，新增四项评价标准，合并两项评价标准，并修改若干评价标准。

　　（二）各指标、评分标准的统计结果与意见分析

　　1. 面向开发者维度统计结果与意见分析

　　专家意见的集中度通过专家对评价标准的适合度判断的平均数来描摹，经统计发现，"开发者"维度下所有评价标准平均分的平均值为 2.73，且均大于 2.25（3 分量表的百分之七十五等级值）；从离散度看，各评价标准的标准差在 0—0.71 之间，所有评价标准的标准差的值均小于 1，表明专家的意见比较集中。由于平均值和标准差都反映指标的平均变化，有时这两者表示的结果可能不完全一致，这时就需要使用变异系数来进行判断，变异系数为标准差与平均数的比值，体现专家对指标或者评级中标准的评价协调程度。可以看出，所有评价标准的变异系数的值均在 0—0.27 之间，数值均较小，反映了整个专家组成员对开发者维度下的指标评价的协调程度较高。综上所述，专家组统一这些一级、二级指标及评价标准对该维度的必要性。

---

　　① 李远远：《基础粗糙集的指标体系构建及综合评价方法研究》，博士学位论文，武汉理工大学，2009 年，第 40—42 页。

　　此外，专家们也认为，有些评价标准须加以修改。根据专家组的意见，在开发者维度删除了 t2（完整性）、t8（经济性）评价标准，修改了 t1（适合性）、t3（准确性）、t4（互操作性）评价标准的表述方式。t2 二级指标为"完整性"，解释为"为某一目的而保护数据或信息"，其原设计目的是为避免数据受到偶然或者有意地破坏、更改或者遗失的能力，对未经授权的人使用软件或者数据的企图，系统能够进行控制或者禁止的程度，多位专家（n = 31.2%）认为"完整性的概念表述不太清晰"，且认为该类评价指标在航空航天类软件产品中要求较普遍，对幼儿教育软件而言，该指标不太适宜。有专家指出，t8（经济性）中的表述，软件成本与质量是矛盾的，也有专家指出标准描述很难衡量；此外，该评价标准在开发者维度的所有题项中平均数的值为最小（2.44），标准差（0.63）和变异数（0.26）的值为最大，表明专家对该指标同意程度最低、意见的离散程度最高、意见的协调程度最差，经综合考虑删除 t8。也有专家指出 t4"互操作性"二级指标的名称指代不准确，因为是从外文"Interoperability"翻译的词汇，所以难免会差强人意，在此将"互操作性"改为"互用性"。专家对指标意见的集中度、离散度、协调度，对部分评价标准的修改意见，以及依据专家意见所做的系列修改情况如表 5 - 7。

　　2. 面向决策者维度统计结果与意见分析

　　经过统计，从集中度来看，面向决策者维度下所有评价标准的平均值为 2.78，且均大于 2.25；从离散度来看，各评价标准的标准差在 0—0.62 之间，且所有评价标准的标准差的值均小于 1，表明专家的意见较为集中；从评价标准的变异系数来看，所有评价标准的变异系数值均在 0—0.24 之间，且数值很小，说明整个专家组对"决策者"维度下的指标评价协调程度较高。综上意见所述，专家们同意这些一级指标、二级指标及其标准对"决策者"维度的必要性。

　　此外，专家们也认为，有些评价标准须加以修改，依据专家们的意见，在"可维护性"指标下将"易分析性"与"易改变性"合并为"易调整性"；将"适应性"和"易安装性"合并为"兼容性"；对"稳定性"、"及时反馈用户"、"易测试性"指标标准的表述方式做了相应的修改，如表 5 - 8 所示。

**表5－7　　　　开发者维度修改意见统计分析表（第一次专家咨询）**

| 一级指标 | 二级指标 | 原题号 | 评价标准修改意见分析 | 平均数 | 标准差 | 变异系数 | 新题号 | 依专家意见所作的修改 |
|---|---|---|---|---|---|---|---|---|
| 功能性 | 适合性 | t1 | 软件产品所提供的功能是用户需要的<br>＊适合性不代表用户的需要 | 2.81 | 0.40 | 0.14 | t1 | 用户需要的功能软件产品已提供 |
| | 完整性 | t2 | 为某一目的而保护数据或信息<br>＊概念解释与表述不一致；含义不太清晰；对幼教软件并不适用；与其他二级指标相比显得过细；建议去掉或作出修改 | 2.56 | 0.51 | 0.20 | | 删除 |
| | 准确性 | t3 | 满足设计规格说明和用户预期目标的程度<br>＊概念表述语解释不一致；对指标体系缺乏界定 | 2.81 | 0.40 | 0.14 | t2 | 软件产品在预定的环境下能正确地完成预期功能 |
| | 互操作性 | t4 | 与一个或者多个周边其他系统进行信息交互的能力<br>＊二级指标名称不准确；对信息交互能力定位是否不够具体 | 2.75 | 0.45 | 0.16 | t3 | 互操作性改为"互用性"<br>不同的计算机系统、网络、操作系统和应用程序一起工作并共享信息的能力 |
| 经济性 | 软件成本 | t8 | 在软件开发过程中降低成本，提高质量<br>＊质量与成本是矛盾的；修改为采用合适的技术降低成本；这个标准很难度量，建议去掉 | 2.44 | 0.63 | 0.26 | | 删除 |

3. 面向指导者维度统计结果与意见分析

经过统计，从集中度来看，"面向指导者"维度下所有评价标准的平均值为2.71，且均大于2.25；从离散度来看，各评价标准的标准差在0.34—0.64之间，所有评价标准的标准差的值均小于0.1，表示专家意见比较集中。从变异系数来看，所有评价标准的变异系数值在0.11—0.26之间，反映出整个专家组对"指导者"维度下的评价标准协调程度高。综上所述，专家们同意这些一级指标、二级指标及评价标准对指导者维度的必要性。

**表 5 - 8　　　　决策者维度修改意见统计分析表（第一次专家咨询）**

| 一级指标 | 二级指标 | 原题号 | 评价标准修改意见分析 | 平均数 | 标准差 | 变异系数 | 新题号 | 依专家意见所作的修改 |
|---|---|---|---|---|---|---|---|---|
| 可维护性 | 易分析性 | t9 | 定位缺陷产生的原因，判断出修改的地方的能力 *显得无法度量；谁来分析，指代不明 | 2.63 | 0.50 | 0.19 | t7 | 合并 改为"易调整性" 软件产品的缺陷修复、新版本升级容易被实施 |
| | 易改变性 | t11 | 软件产品的缺陷修复容易被实施 *修改为易调整性；与易恢复性有重叠 | 2.69 | 0.48 | 0.18 | | |
| | 稳定性 | t10 | 长时间连续性工作环境下能否一直正常工作的能力 *软件会不会出现此种情况；文字描述不够准确，简洁 | 2.75 | 0.58 | 0.21 | t8 | 软件系统在长时间练习型工作环境中不出错，无异常的能力 |
| | 易测试性 | t12 | 软件提供辅助性手段帮助测试人员完成其测试意图 *是否解释的有必要 | 2.81 | 0.40 | 0.14 | t9 | 软件帮助测试人员完成测试意图的难易程度 |
| 可移植性 | 适应性 | t13 | 软件产品无需作任何相应变动就能适应不同运行环境的能力 *文字描述不准确；与易安装性有某种程度的重复 | 2.88 | 0.34 | 0.12 | t10 | 合并为"兼容性" 软件产品能运行于不同的系统平台 |
| | 易安装性 | t14 | 平台变化后，软件被安装的难易程度 *修改为兼容性；安装或者部署 | 2.63 | 0.62 | 0.24 | | |
| 服务支持 | 帮助文档 | t15 | 文本内容清晰可读 *幼儿教育软件需要考虑帮助文档吗 | 2.88 | 0.50 | 0.17 | t11 | 文本内容清晰可读；语音提示清晰友好 |
| | 及时反馈用户咨询 | t16 | 方便的在线答疑系统，或者在线帮助功能 *考虑单机版非在线的情况；修改为提供实时反馈 | 2.81 | 0.40 | 0.14 | t12 | 提供实时用户反馈 |

　　此外，亦有部分（n = 37.5%）专家提出，"教学特性"指标略显得单薄，可设置 2—3 个二级指标。根据专家意见，并考虑评价指

标体系构建的"相互独立性"与"本质性"原则，增加二级指标"针对性"、"科学性"，其中"科学性"来自于对"有效性"中"科学合理"二级指标的修订。另有专家（n＝50％）指出"吸引性"评价指标归于"易用性"指标实属不妥，同时从该指标的得分情况来看，平均数最低，标准差和变异系数最高，表明其集中程度低，离散程度和变异却很高。综合专家们的意见，删除 t23（吸引性）。同时依据专家们的意见将"有效应"改名为"效率"，将二级指标"运行高效"分解为"时间特性"和"资源利用性"来代替。同时依据专家意见修订了"易理解性"、"易学习性"等评价标准的表述方式，详见表 5 – 9 所示。

表 5 – 9　　　指导者维度修改意见统计分析表（第一次专家咨询）

| 一级指标 | 二级指标 | 原题号 | 评价标准修改意见分析 | 平均数 | 标准差 | 变异系数 | 新题号 | 依专家意见所作的修改 |
|---|---|---|---|---|---|---|---|---|
| 有效性 | 运行高效 | t18 | 处理特定的业务请求所需要的响应时间和资源消耗 *概念的表述语解释不一致；响应时间和资源消耗与平台有关 | 2.69 | 0.60 | 0.22 | t14 | "有效性"改为"效率" "运行高效"分解为"时间特性"、"资源利用性" |
| | | | | | | | | 时间特性：软件处理特定的业务请求所需要的响应时间 |
| | 科学合理 | | | | | | t15 | 资源利用性：软件处理特定的业务请求所消耗的系统资源 |
| | | t19 | 遵循一定的认知逻辑与教学规律 *不属于有效性；是一个描述词，不适合做评价指标；文字描述不精确；不够具体 | 2.56 | 0.63 | 0.25 | | 删除 |
| 易用性 | 易理解性 | t20 | 清晰，准确，且要易懂，使用户能够快速理解软件 *指向不明 | 2.81 | 0.40 | 0.14 | t16 | 软件交互给用户的信息要清晰、准确、易于用户理解 |
| | 易学习性 | t21 | 软件使用户能学习其应用的能力 *解释不明确 | 2.88 | 0.34 | 0.12 | t17 | 用户为学习软件应用所花费的努力程度 |
| | 吸引性 | t23 | 独特的、有吸引力的设计 *不仅仅是设计上的吸引；可适当合并；二级指标名称不准确；不归属易用性 | 2.63 | 0.50 | 0.25 | t19 | 改名为"直观性" 布局合理，功能简单 |

续表

| 一级指标 | 二级指标 | 原题号 | 评价标准修改意见分析 | 平均数 | 标准差 | 变异系数 | 新题号 | 依专家意见所作的修改 |
|---|---|---|---|---|---|---|---|---|
| 教学特性 | 教学性 | t24 | 支持教学需要；符合课程标准<br>*仅有一个指标，显得单薄；此部分偏弱；应适当加二级指标 | 2.63 | 0.50 | 0.19 | t20 | 改名为"教育性"，增加两个指标"针对性"、"科学性" |
| | | | | | | | | 教学性：支持教学需要；符合课程标准 |
| | | | | | | | t21 | 针对性：针对某一教学需要，设计无庞杂 |
| | | | | | | | t22 | 准确性：概念表述的准确性；认知逻辑的合理性 |

4. 面向学习者维度统计结果与意见分析

经统计，从专家集中度来看，"学习者"维度下评价标准的平均分值为 2.82，且均大于 2.25；从离散度来看，各评价标准的标准差在 0.34—0.54 之间，所有评价标准的标准差的值均小于 1，表明专家意见比较集中。由于所有评价标准的变异系数值在 0.11—0.20 之间，反映整个专家组对"学习者"维度下的指标评价的协调程度较高。综上所述，专家们同意这些一级指标、二级指标及评价标准对"学习者"维度的必要性。

此外，亦有专家提出，"独立的操作性"与"儿童控制"两个概念是重复的，应加以合并，依据外文文献的分析两者在概念上略有区别，笔者将在标准叙述上加以修改，进行区分；"艺术性"指标下的"技术特征"是否应对"技术"和"艺术"加以区分，依据专家意见，增加一级指标"技术性"，将"技术特征"归于"技术性"指标下，同时将原"艺术性"指标下的"技术特征"修订为"艺术效果"；另有一些指标名称与对应描述不贴切的情况，依据专家意见将表述方式一一作了修改，详见表 5-10。

**表 5 – 10　　学习者维度修改意见统计分析表（第一次专家咨询）**

| 一级指标 | 二级指标 | 原题号 | 评价标准修改意见分析 | 平均数 | 标准差 | 变异系数 | 新题号 | 依专家意见所作的修改 |
|---|---|---|---|---|---|---|---|---|
| 适宜性 | 无暴力性 | t26 | 不包含暴力特征和动作；体现社会价值<br>*体现社会价值不合适；是否要考虑群体参与，感情表达等 | 2.88 | 0.34 | 0.12 | t24 | 排斥有暴力倾向的形象和情景，提供促进幼儿情感、价值观和社会性的场景和形象 |
| 科学性 | 清晰的指导性 | t27 | 口语指令；简单准确的指导；更多的图片选择<br>*名称不准确，叙述不当 | 2.81 | 0.40 | 0.14 | t25 | 改为"指导的清晰性"避免过多的文本说明与推演过程，口语指令与直觉图标应简单、亲切、易于记忆 |
| | 模拟的真实性 | t31 | 简单，模型可靠；提供与现实情境相对应的具体事物<br>*叙述不当 | 2.81 | 0.40 | 0.14 | t26 | 提供的具体事物、形象要与现实生活情境相对应，避免刻意的歪曲 |
| | 儿童控制 | t28 | 儿童是操作软件的主体，自定步调，控制交互过程<br>*是否与"独立操作性"有重叠 | 2.88 | 0.34 | 0.12 | t27 | 儿童是操作软件的主体，自定步调，控制交互过程 |
| 学习性 | 过程导向性 | t32 | 过程第一结果第二；发现学习非技能训练；内在动机<br>*描述过于复杂 | 2.75 | 0.45 | 0.16 | t28 | 注重发现式学习，而非技能训练；强调过程第一，结果第二 |
| | 独立的操作性 | t29 | 儿童首次接触软件之后，减少成人参与<br>*是否与"儿童控制"重合 | 2.81 | 0.40 | 0.14 | t29 | 减少儿童操作过程中成人的指导，选择好指导的时机和方式 |
| | 可延伸的复杂性 | t30 | 为儿童提供一定的难度空间或者难度梯度<br>*延伸并不代表难度增大；名称是否合适 | 2.81 | 0.40 | 0.14 | t30 | 软件设计应从易到难，提供一定的难度空间或梯度 |
| 技术性 | 技术特征 | t33 | 色彩鲜明；声音逼真；形象生动；安装简便；运行快捷；打印；保存<br>*"技术"与"艺术"的区分；两者有重叠；分开描述 | 2.75 | 0.45 | 0.16 | t31 | 运行快捷；输入设备适配；有打印、保存功能 |
| 艺术性 | 艺术效果 | 新增 | | | | | t32 | 界面友好；色彩鲜明；声音逼真；形象生动 |
| | 可变化性 | t34 | 提供物体和情景，以观察变化过程和结果<br>*评价表述指向不明 | 2.81 | 0.40 | 0.14 | t33 | 提供现实难以观测到的变化的场景和形象 |

### 三、第二轮专家咨询结果分析与讨论

第二轮专家意见咨询问卷自 2013 年 12 月 25 日以电子邮件发送给 14 位专家，至 2014 年 1 月 4 日共回收有效问卷 9 份，回收率 64%。以下将详细呈现第二轮专家意见咨询的调查结果，并结合专家意见对评价指标体系进行修改。

第二轮专家意见咨询包括四个维度，13 项一级指标，33 项二级指标及评价标准。笔者根据专家问卷的回收结果，得出专家对指标适合度评价的平均分、标准差和变异系数的数值全面优于第一轮专家问卷意见咨询结果。总平均分为 2.90，说明了第二轮专家问卷的意见趋于一致。在原指标体系基础上，依据专家意见，修订了十条标准描述，删除了两条二级指标及其对应描述，最后得到的指标体系包含 11 个一级指标，31 个二级指标。

1. 面向开发者维度统计结果与意见分析

总体来说，专家对指标适合度评价的平均分、标准差和变异系数的数值全面优于第一轮专家问卷意见咨询结果。从集中程度看，面向开发者维度下所有评价标准平均分的平均值提高到 2.91，且均大于 2.25；从离散程度来看，各评价标准的标准差较第一轮专家问卷缩减到 0—0.44 之间，表明专家意见非常集中。同时，所有评价标准的变异系数较第一轮专家问卷缩减到 0—0.16 之间，反映出整个专家组对面向开发者维度下的指标评价协调程度较第一轮问卷有了进一步提高。综上所述，专家们同意这些一级指标、二级指标及评价标准对一级指标的必要性。

此外，另有专家指出"适合性"评价标准描述的修改依然不太妥当，且改变后的说法显然外延变大，依据专家意见修改为"软件产品所提供的功能是用户必需的"。还有专家指出"互用性"评价指标描述的指代不明，依据专家意见在原来描述的基础上加上限定"软件产品"。另有一位专家指出第一轮专家问卷中针对"软件成本"的"经济性"原则，是必须要考虑的因素，面向不同的对象有研发成本、测试成本或用户使用成本等，但在此考虑到其不易度量的特征，在指标体系中不再体现。

经第二轮专家意见咨询，对指标及其评价标准的修改意见分析和处理情况，详见表 5 - 11。

**表5-11　　　开发者维度修改意见统计分析表（第二轮专家咨询）**

| 一级指标 | 二级指标 | 原题号 | 评价标准修改意见分析 | 平均数 | 标准差 | 变异系数 | 新题号 | 依专家意见所作的修改 |
|---|---|---|---|---|---|---|---|---|
| 功能性 | 适合性 | t1 | 用户需要的功能软件产品已提供 | 2.78 | 0.44 | 0.16 | t1 | 保留<br>修订为：软件产品所提供的功能是用户必需的 |
| | 准确性 | t3 | 软件产品在预定的环境下能正确地完成预期功能 | 2.89 | 0.33 | 0.12 | t2 | 保留 |
| | 互用性 | t4 | 不同的计算机系统、网络、操作系统和应用程序一起工作并共享信息的能力 | 2.78 | 0.44 | 0.16 | t3 | 保留<br>修订为：软件产品在不同的计算机系统、网络、操作系统和应用程序一起工作并共享信息的能力 |
| 可靠性 | 成熟性 | t5 | 为避免软件内部的错误扩散而导致系统失效的能力 | 3.00 | 0.00 | 0.00 | t4 | 保留 |
| | 容错性 | t6 | 为避免软件外部的错误扩散而导致系统失效的能力 | 3.00 | 0.00 | 0.00 | t5 | 保留 |
| | 易恢复性 | t7 | 系统失效后，重新恢复原有的功能和性能的能力 | 3.00 | 0.00 | 0.00 | t6 | 保留 |

2. 面向决策者维度统计结果与意见分析

专家对指标适合度评价的平均分、标准差和变异系数的数值全面优于第一轮专家问卷意见咨询结果。面向决策者维度下所有评价标准平均值的平均数较第一轮专家咨询问卷结果增大到2.90，且均大于2.25；从离散程度看，各评价标准的标准差较第一轮专家咨询结果缩小到0—0.44之间，表明整个专家组意见非常集中。同时，所有评价标准的变异系数值较第一轮专家咨询结果进一步减小到0—0.16之间，反映出整个专家组对面向决策者的指标评价协调程度较第一轮专家咨询意见有进一步的提高。综上所述，专家们同意这些一级指标、二级指标及评价标准对一级指标的必要性。

此外，另有专家指出"帮助文档"评价标准描述的修改依然不太完善，依据专家意见修改为"帮助文本切适，提示清晰友好"。

经第二轮专家意见咨询，对指标及其评价标准的修改意见分析和处理情况，详见表5-12。

**表 5 - 12    决策者维度修改意见统计分析表（第二轮专家咨询）**

| 一级指标 | 二级指标 | 原题号 | 评价标准修改意见分析 | 平均数 | 标准差 | 变异系数 | 新题号 | 依专家意见所作的修改 |
|---|---|---|---|---|---|---|---|---|
| 可维护性 | 易调整性 | t7 | 软件产品的缺陷修复、新版本升级容易被实施 | 2.89 | 0.33 | 0.12 | t7 | 保留 |
| | 稳定性 | t8 | 软件系统在长时间连续性工作环境中不出错，无异常的能力 | 3.00 | 0.00 | 0.00 | t8 | 保留 |
| | 易测试性 | t9 | 软件帮助测试人员完成测试意图的难易程度 | 2.78 | 0.44 | 0.16 | t9 | 保留 |
| 可移植性 | 兼容性 | t10 | 软件产品能运行于不同的系统平台 | 3.00 | 0.00 | 0.00 | t10 | 保留 |
| 服务支持 | 帮助文档 | t11 | 文本内容清晰可读；语音提示清晰友好 | 2.78 | 0.44 | 0.16 | t11 | 保留修订为"帮助文本切适，提示清晰友好" |
| | 及时反馈用户咨询 | t12 | 提供实时用户反馈 | 2.89 | 0.33 | 0.12 | t12 | 保留 |
| | 补丁和升级服务 | t13 | 当有更新时，提醒下载和安装，修复系统漏洞 | 3.00 | 0.00 | 0.00 | t13 | 保留 |

3. 面向指导者维度统计结果与意见分析

专家对指标适合度评价的平均分、标准差和变异系数的数值全面优于第一轮专家问卷意见咨询结果。面向指导者维度下所有评价标准的平均值的平均数较第一轮专家咨询问卷结果增大到 2.90，且均大于 2.25；从离散程度看，各评价标准的标准差较第一轮专家咨询结果缩小到 0—0.50 之间，表明整个专家组意见非常集中。同时，所有评价标准的变异系数值较第一轮专家咨询结果进一步减小到 0—0.16 之间，反映出整个专家组对面向指导者的指标评价协调程度较第一轮专家咨询意见有进一步的提高。综上所述，专家们同意这些一级指标、二级指标及评价标准对一级指标的必要性。

此外，另有专家指出"时间特性"与"资源利用率"与计算机本身的性能指标有所关联，评价指标的描述上显得模糊易混淆，据此对描述上略作修改。也有专家指出"直观性"与"易理解性"、"易学习性"、"易操作性"不在同一维度上，且"直观性"的提法不太适合，依专家意见，删除该条指标；除此之外"易学习性"的概念太过抽象和宽泛，据此将此修改为"易掌握性"。还有专家指出"教学性"的描述中"符合课程标准"表述不准确，该专家指出幼儿园没有规范成体的课程标准，笔者通过查阅相关资料发现，我国颁发过《幼儿园暂行教学纲要》、《幼儿园教育纲要》等类似教学标准，各省市幼儿园也有其相应的课程标准或者教学要求。依专家意见，在此更改为"符合课程要求"。

经第二轮专家意见咨询，对指标及其评价标准的修改意见分析和处理情况，详见表 5 - 13。

**表 5 - 13　　指导者维度修改意见统计分析表（第二轮专家咨询）**

| 一级指标 | 二级指标 | 原题号 | 评价标准修改意见分析 | 平均数 | 标准差 | 变异系数 | 新题号 | 依专家意见所作的修改 |
|---|---|---|---|---|---|---|---|---|
| 效率 | 时间特性 | t14 | 软件处理特定的业务请求所需要的响应时间 | 2.65 | 0.50 | 0.19 | t14 | 保留<br>修订为"软件执行其功能时响应和处理时间" |
| | 资源利用率 | t15 | 软件处理特定的业务请求所消耗的系统资源 | 2.89 | 0.33 | 0.12 | t15 | 保留<br>修订为"软件执行其功能时消耗的资源数量" |
| 易用性 | 易理解性 | t16 | 软件交互给用户的信息要清晰、准确、易于用户理解 | 3.00 | 0.00 | 0.00 | t16 | 保留 |
| | 易掌握性 | t17 | 用户为学习软件应用所花费的努力程度 | 2.78 | 0.44 | 0.16 | t17 | 保留<br>修改为"易掌握性" |
| | 易操作性 | t18 | 软件产品使用者能易于操作和控制它的能力 | 3.00 | 0.00 | 0.00 | t18 | 保留 |
| | 直观性 | t19 | 布局合理，功能简单 | 2.89 | 0.33 | 0.12 | t19 | 删除 |
| 教育性 | 教学性 | t20 | 支持教学需要；符合课程标准 | 2.89 | 0.33 | 0.12 | t19 | 保留<br>修订为"支持教学需要；符合课程要求" |
| | 针对性 | t21 | 针对某一教学需要，设计无庞杂 | 3.00 | 0.00 | 0.00 | t20 | 保留 |
| | 准确性 | t22 | 概念表述的准确性；认知逻辑的合理性 | 3.00 | 0.00 | 0.00 | t21 | 保留 |

**4. 面向学习者维度统计结果与意见分析**

专家对指标适合度评价的平均分、标准差和变异系数的数值全面优于第一轮专家问卷意见咨询结果。面向指导者维度下所有评价标准的平均值的平均数较第一轮专家咨询问卷结果增大到 2.89，且均大于 2.25；

从离散程度看，各评价标准的标准差为0—0.71之间，表明整个专家组意见整体集中，在个别标准上有所分歧。同时，所有评价标准的变异系数值为0—0.27之间，反映出整个专家组对面向指导者的指标评价协调程度较高。综上所述，专家们同意这些一级指标、二级指标及评价标准对一级指标的必要性。

此外，另有专家指出"指导的清晰性"指标描述不太精准，依专家意见作出修改。也有专家指出二级指标"可变换性"与一级指标"艺术性"的关系不太明朗，显然这是由于指标命名不当造成的，从"艺术性"的内涵可知，它是表现与欣赏，感受与创造的一种活动，这里将"可变化性"修订为"可观测性"。另外，部分专家认为"儿童控制"与后面的"独立的操作性"依然有概念重复之嫌，且放在一级指标"科学性"下不太适合，根据专家意见，将其删除。也有专家指出"技术特征"的描述中"包含保存、打印功能"不太适合，更多体现的是软件的功能，不是软件技术特征，据此，进行修订，去掉"包含保存、打印功能"。

经第二轮专家意见咨询，对指标及其评价标准的修改意见分析和处理情况，详见表5－14。

**表5－14　面向学习者维度修改意见统计分析表（第二轮专家咨询）**

| 一级指标 | 二级指标 | 原题号 | 评价标准修改意见分析 | 平均数 | 标准差 | 变异系数 | 新题号 | 依专家意见所作的修改 |
|---|---|---|---|---|---|---|---|---|
| 适宜性 | 年龄适宜性 | t23 | 软件提供的学习内容与特定年龄阶段的幼儿的经验一致 | 3.00 | 0.00 | 0.00 | t22 | 保留 |
| | 无暴力性 | t24 | 排斥有暴力倾向的形象和情景，提供促进幼儿情感、价值观和社会性的场景和形象 | 3.00 | 0.00 | 0.00 | t23 | 保留 |
| 科学性 | 指导的清晰性 | t25 | 避免过多的文本说明与推演过程，口语指令与直觉图标应简单、亲切、易于记忆 | 2.78 | 0.44 | 0.16 | t24 | 保留<br>修订为：指令尽量图标化；亲切；易于记忆 |
| | 模拟的真实性 | t26 | 提供的具体事物、形象要与现实生活情境相对应，避免刻意的歪曲 | 2.89 | 0.33 | 0.12 | t25 | 保留 |
| | 儿童控制 | t27 | 儿童是操作软件的主体，自定步调，控制交互过程 | 2.67 | 0.71 | 0.27 | t26 | 删除 |

续表

| 一级指标 | 二级指标 | 原题号 | 评价标准修改意见分析 | 平均数 | 标准差 | 变异系数 | 新题号 | 依专家意见所作的修改 |
|---|---|---|---|---|---|---|---|---|
| 学习性 | 过程导向性 | t28 | 注重发现式学习，而非技能训练；强调过程第一，结果第二 | 3.00 | 0.00 | 0.00 | t26 | 保留 |
| | 独立的操作性 | t29 | 减少儿童操作过程中成人的指导，选择好指导的时机和方式 | 3.00 | 0.00 | 0.00 | t27 | 保留 |
| | 可延伸的复杂性 | t30 | 软件设计应从易到难，提供一定的难度空间或梯度 | 3.00 | 0.00 | 0.00 | t28 | 保留 |
| 技术性 | 技术特征 | t31 | 运行快捷；输入设备适配；有打印、保存功能 | 2.67 | 0.71 | 0.27 | t29 | 保留<br>修订为：运行快捷；输入设备适配 |
| 艺术性 | 艺术效果 | t32 | 界面友好；色彩鲜明；声音逼真；形象生动 | 3.00 | 0.00 | 0.00 | t30 | 保留 |
| | 可观测性 | t33 | 提供现实难以观测到的变化的场景和过程 | 2.78 | 0.67 | 0.24 | t31 | 保留<br>修订为"可观测性" |

## 四、专家意见综合讨论

本研究从幼儿教育软件生存周期的各个环节及幼儿教育软件相关利益博弈群体的综合考虑，建立了由教学设计人员、软件开发人员、学科领域人员、决策人员四大领域共计 20 人组成的专家咨询小组。专家咨询共分为两轮进行，第一轮专家意见咨询实测时间为自 2013 年 12 月 11 日起至 2013 年 12 月 15 日止，以电子邮件方式向 15 位专家发送问卷，12 月 19 日对 5 位幼儿园园长进行现场发放问卷并现场回收。至 12 月 23 日下午共收回有效问卷 17 份，回收率为 85%。第二轮专家意见咨询问卷自 2013 年 12 月 25 日以电子邮件发送给 14 位专家，至 2014 年 1 月 4 日共回收有效问卷 9 份，回收率 64%。

（一）整体修改情况简述

初构面向多维对象的幼儿教育软件评价指标体系由四个维度，14 项一级指标，35 项二级指标及其标准描述构成，每个维度下包含 1—4 个一级指标，每项一级指标下包含 1—4 个二级指标，每项二级指标再试拟若干个评价标准。笔者将第一次专家咨询问卷的意见结果，删除三项评价标准，新增四项评价标准，合并两项评价标准，并修改若干评价标准。

形成的第二次专家咨询问卷包含四个维度，13个一级指标、33个二级指标及其标准描述。笔者通过对第二轮专家咨询问卷的回收结果的统计分析，删除两项二级指标，修订了十项评价标准的描述，并对个别一级指标的说法进行了修订。此时，专家意见的集中度、离散度和变异系数三项评价指标得到了进一步的优化，体现出专家们意见已达到了高度的共识。最后经专家意见构建的"面向多维对象的幼儿教育软件评价指标体系"包含四个维度，13项一级指标，31项二级指标，31条标准描述。

（二）幼儿教育软件评价指标体系层级结构

本研究经两次专家意见咨询，在充分考虑专家意见的基础上修订完成的"面向多维对象的幼儿教育软件评价指标体系"的层级结构如图5-3所示。

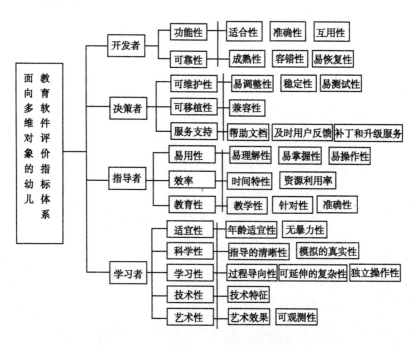

图5-3　幼儿教育软件评价指标体系层级结构图

（三）依专家咨询意见建构的幼儿教育软件评价指标体系

依专家意见确定的幼儿教育软件评价指标体系如表5-15。

表 5 –15　　　幼儿教育软件评价指标体系（依专家意见确定）

| 维度 | 一级指标 | 二级指标 | 标准描述 |
|---|---|---|---|
| 开发者 | 功能性 | 适合性 | 软件产品所提供的功能是用户必需的 |
| | | 准确性 | 软件产品在预定的环境下能正确地完成预期功能 |
| | | 互用性 | 软件产品在不同的计算机系统、网络、操作系统和应用程序一起工作并共享信息的能力 |
| | 可靠性 | 成熟性 | 为避免软件内部的错误扩散而导致系统失效的能力 |
| | | 容错性 | 为避免软件外部的错误扩散而导致系统失效的能力 |
| | | 易恢复性 | 系统失效后，重新恢复原有的功能和性能的能力 |
| 决策者 | 可维护性 | 易调整性 | 软件产品的缺陷修复、新版本升级容易被实施 |
| | | 稳定性 | 软件系统在长时间连续性工作环境中不出错，无异常的能力 |
| | | 易测试性 | 软件帮助测试人员完成测试意图的难易程度 |
| | 可移植性 | 兼容性 | 软件产品能运行于不同的系统平台 |
| | 服务支持 | 帮助文档 | 帮助文本切适，提示清晰友好 |
| | | 及时反馈用户咨询 | 提供实时用户反馈 |
| | | 补丁和升级服务 | 当有更新时，提醒下载和安装，修复系统漏洞 |
| 指导者 | 易用性 | 易理解性 | 软件交互给用户的信息要清晰、准确、易于用户理解 |
| | | 易掌握性 | 用户为学习软件应用所花费的努力程度 |
| | | 易操作性 | 软件产品使用户能易于操作和控制它的能力 |
| | 效率 | 时间特性 | 软件执行其功能时响应和处理时间 |
| | | 资源利用率 | 软件执行其功能时消耗的资源数量 |
| | 教育性 | 教学性 | 支持教学需要；符合课程要求 |
| | | 针对性 | 针对某一教学需要，设计无庞杂 |
| | | 准确性 | 概念表述的准确性；认知逻辑的合理性 |
| 学习者 | 适宜性 | 年龄适宜性 | 软件提供的学习内容与特定年龄阶段的幼儿的经验一致 |
| | | 无暴力性 | 排斥有暴力倾向的形象和情景，提供促进幼儿情感、价值观和社会性的场景和形象 |
| | 科学性 | 指导的清晰性 | 指令尽量图标化，亲切、易于记忆 |
| | | 模拟的真实性 | 提供的具体事物、形象要与现实生活情境相对应，避免刻意的歪曲 |
| | 学习性 | 过程导向性 | 注重发现式学习，而非技能训练；强调过程第一，结果第二 |
| | | 独立的操作性 | 减少儿童操作过程中成人的指导，选择好指导的时机和方式 |
| | | 可延伸的复杂性 | 软件设计应从易到难，提供一定的难度空间或梯度 |
| | 技术性 | 技术特征 | 运行快捷；输入设备适配 |
| | 艺术性 | 艺术效果 | 界面友好；色彩鲜明；声音逼真；形象生动 |
| | | 可观测性 | 提供现实难以观测到的变化的场景和过程 |

## 第五节　　幼儿教育软件应用价值评价及测试

### 一、基本评价方法

目前国内外对幼儿教育软件的评价工作采取的形式主要还是以某个权威的机构决策者解答问卷，或者给出评分为主，且一般采用总结性评价的手段，评价者可操作的评价方法比较单一，评价工作显得十分偏颇。而实际上具体评价工作不像理论研究一样，能够深入、全面和具体有针对性地进行，在此种情形下，如何保证评价工作在实用基础上保持客观、公正，也是一个值得探索的问题。

教育软件的具体评价方法，一般采用形成性评价与总结性评价相结合的方法。总结性评价是任一软件产品必须经历的最终产品可用性和有效性的价值判断，一般采用学期结束时的测试，试用一段时间之后的调查问卷等形式来评测，显然这是不够的，因为教育情景是复杂而庞大的，应以长期的不断的反馈来进行评价和改进。形成性评价就显得尤为重要，在评价的过程中不断地给予评价的客体意见指导与信息反馈，最终达到有利的使用环境或者用户期望的目标。国外也有学者给出了采用教师自我评价的方法，设计适合教师进行自我教学设计软件的评价量表。[1]

评价者的选择，对于幼儿教育软件评价结果的权威性、科学性以及客观有效性，都有至关重要的影响。目前，在国外的一些权威评价机构中，参与幼儿教育软件评价的人员除了领域的专家、经验丰富的一线教师以外，还有教学设计人员、软件工程师、教育心理学家、媒体专家以及幼儿园的管理人员。近年来，关于幼儿在使用的过程中更有直接的接触经验，提出幼儿应作为软件的评价者，从而如何指导幼儿参与到评价活动中来也越来越受到研究者的重视。[2] 另外，对于一个特定的幼儿教育软件进行评价需要多少评价者，才能保证评价的客观合理，也是目前

---

[1] Herring, Donna F., Charles E., Wilson, Janell D., Multimedia Software Evaluation Form For Teachers. *Education*, 2005. 126（1）：100—110.

[2] Linda J. Wilson. Children as reviewers. *Childhood Education*, 1998, 74（04）：250—252.

讨论的比较多的问题，美国的 Robert A. Reiser 和 Harald W. Kegelmann 就此对美国 18 个软件评价组织进行调查问卷，结果多数评价组织未给出明确的答案，极少数研究者回答至少要有三人，但对于三人的意见如何处理，也未给出确定的说明。

## 二、权值的确定

指标权重是一个表示该指标重要程度和贡献率大小的数字指标。[①] 用多维度的指标体系对幼儿教育软件进行综合评价时，各个维度的不同指标对评价总体的重要程度一般是不一样的，这一点在调查各个领域的专家（教学设计人员、软件开发人员、学科领域人员、决策人员四大领域）对指标重要程度的观点中得到印证。因此，在对幼儿教育软件进行综合评价时，必须对指标赋予不同的权重系数。同一组评价项目数值，不同的权重系数，会导致截然不同甚至相反的评价结论，合理确定权重对幼儿教育软件评价有着重要的意义。权重不仅体现了评价者对幼儿教育软件应用价值评价中单项指标重要程度的认识，也体现了幼儿教育软件应用价值评价中单个项目评价能力或者说是区分度的大小。

权值计算的定量，一般基于对专家或者被研究者的问卷调查数据，所采用的方法一般有层次分析法、专家估测法、加权统计法、频数分析法。本研究中采用频数分析法来计算。随机选取 100 位评价者，对其对幼儿教育软件应用价值评价过程中指标重要性的认知编制调查问卷。

共计发放 100 份问卷，回收 96 份，有效 92 份，有效率为 96%，下面从四个维度分别计算幼儿教育软件价值评价指标的权值。

第一步：以 67%（2/3）为界限，若选择"重要"、"非常重要"、"极为重要"的比例合计小于 67%，则删除该指标。由表 5 - 16 知，5 个指标累计比例均大于 67%，均应保留。

第二步，把不重要赋值为 1，有点重要赋值为 2，重要赋值为 3，非常重要赋值为 4，极为重要赋值位 5，若仅选择重要及以上数据进入统计，则这三种选项的权重分别为：3/（3 + 4 + 5）= 0.25；4/（3 + 4 + 5）= 0.33；5/（3 + 4 + 5）= 0.42。

---

① 霍力岩：《学前教育评价》，北京师范大学出版社 2013 年版，第 159 页。

**表5-16 开发者维度幼儿教育软件价值评价指标重要性的评价结果**

| 指标 | 重要性评价 | | | | | 重要及以上（%） | 权重 |
|---|---|---|---|---|---|---|---|
| | 不重要 | 有点重要 | 重要 | 非常重要 | 极为重要 | | |
| 1. 提供的功能是用户必需的 | 0 | 6 | 34 | 22 | 30 | 93 | 0.23 |
| 2. 能正确执行和完成预定功能 | 2 | 4 | 30 | 32 | 24 | 93 | 0.23 |
| 3. 在不同系统间能信息交互和共享 | 2 | 8 | 54 | 16 | 12 | 89 | 0.19 |
| 4. 有避免出错而导致失效的能力 | 6 | 16 | 38 | 24 | 8 | 76 | 0.17 |
| 5. 出错后能进行自我恢复 | 2 | 14 | 46 | 20 | 10 | 83 | 0.18 |

第三步，计算每个指标的权重。指标1的权重 = （34×0.25+22×0.33+30×0.42）/｛（34×0.25+22×0.33+30×0.42）+（30×0.25+32×0.33+24×0.42）+（54×0.25+16×0.33+12×0.42）+（38×0.25+24×0.33+8×0.42）+（46×0.25+20×0.33+10×0.42）+（32×0.25+30×0.33+10×0.42）｝=28.4/123.4=0.23

同理，指标2的权重 = （30×0.25+32×0.33+24×0.42）/145.5=0.23

指标3的权重 = （54×0.25+16×0.33+12×0.42）/123.4=0.19

指标4的权重 = （38×0.25+24×0.33+8×0.42）/123.4=0.17

指标5的权重 = （46×0.25+20×0.33+10×0.42）/123.4=0.18

参照上述的计算过程，可得到面向决策者维度的指标项目权重。

**表5-17 决策者维度幼儿教育软件价值评价指标重要性的评价结果**

| 指标 | 重要性评价 | | | | | 重要及以上（%） | 权重 |
|---|---|---|---|---|---|---|---|
| | 不重要 | 有点重要 | 重要 | 非常重要 | 极为重要 | | |
| 1. 升级易实现，缺陷易修复 | 0 | 18 | 36 | 24 | 14 | 80 | 0.15 |
| 2. 长时间工作无异常、不出错 | 0 | 14 | 38 | 26 | 12 | 85 | 0.15 |
| 3. 其可用性、功能性易于测试 | 0 | 20 | 42 | 22 | 8 | 78 | 0.14 |

| 指标 | 重要性评价 | | | | | 重要及以上 （%） | 权重 |
|---|---|---|---|---|---|---|---|
| | 不重要 | 有点重要 | 重要 | 非常重要 | 极为重要 | | |
| 4. 能运行于不同的平台 | 4 | 18 | 38 | 20 | 12 | 76 | 0.14 |
| 5. 帮助文档切适 | 4 | 14 | 32 | 32 | 10 | 80 | 0.15 |
| 6. 实时用户咨询反馈 | 0 | 22 | 38 | 22 | 10 | 76 | 0.14 |
| 7. 补丁和升级服务 | 4 | 20 | 32 | 20 | 16 | 74 | 0.14 |

**表 5－18 指导者维度幼儿教育软件价值评价指标重要性的评价结果**

| 指标 | 重要性评价 | | | | | 重要及以上 （%） | 权重 |
|---|---|---|---|---|---|---|---|
| | 不重要 | 有点重要 | 重要 | 非常重要 | 极为重要 | | |
| 1. 信息易于用户理解 | 0 | 14 | 20 | 30 | 28 | 85 | 0.14 |
| 2. 易于用户学习和掌握 | 0 | 6 | 24 | 34 | 28 | 93 | 0.15 |
| 3. 易于用户操作和控制 | 0 | 14 | 28 | 12 | 28 | 85 | 0.10 |
| 4. 响应快捷、处理速度快 | 2 | 18 | 44 | 22 | 8 | 78 | 0.11 |
| 5. 资源消耗程度低 | 0 | 10 | 34 | 30 | 18 | 89 | 0.10 |
| 6. 支持教学目标与课程需要 | 2 | 12 | 36 | 20 | 22 | 85 | 0.13 |
| 7. 设计有针对性、无庞杂 | 2 | 12 | 34 | 28 | 18 | 85 | 0.13 |
| 8. 概念精确、逻辑科学 | 0 | 4 | 28 | 34 | 26 | 96 | 0.15 |

**表 5－19 使用者维度幼儿教育软件价值评价指标重要性的评价结果**

| 指标 | 重要性评价 | | | | | 重要及以上 （%） | 权重 |
|---|---|---|---|---|---|---|---|
| | 不重要 | 有点重要 | 重要 | 非常重要 | 极为重要 | | |
| 1. 学习内容与年龄阶段吻合 | 0 | 6 | 22 | 22 | 42 | 93 | 0.12 |
| 2. 不包含暴力、种族和色情内容 | 0 | 12 | 22 | 28 | 40 | 87 | 0.12 |
| 3. 指令亲切、易于记忆 | 0 | 0 | 30 | 40 | 22 | 100 | 0.12 |

续表

| 指标 | 重要性评价 | | | | | 重要及以上（%） | 权重 |
|---|---|---|---|---|---|---|---|
| | 不重要 | 有点重要 | 重要 | 非常重要 | 极为重要 | | |
| 4. 模拟真实情景、避免刻意歪曲 | 6 | 8 | 38 | 32 | 8 | 85 | 0.10 |
| 5. 发现式学习，非技能训练 | 0 | 6 | 42 | 26 | 18 | 93 | 0.10 |
| 6. 幼儿独立操作、减少成人参与 | 0 | 18 | 32 | 26 | 16 | 80 | 0.10 |
| 7. 难易梯度得当 | 8 | 10 | 36 | 16 | 22 | 80 | 0.10 |
| 8. 输入设备切适 | 2 | 20 | 42 | 12 | 16 | 76 | 0.08 |
| 9. 界面友好，色彩鲜明、声音逼真、形象生动 | 0 | 22 | 36 | 20 | 14 | 76 | 0.08 |
| 10. 提供肉眼难以观测的变化过程 | 0 | 16 | 38 | 28 | 10 | 83 | 0.10 |

## 三、评价过程

根据幼儿教育软件评价指标体系（见表 5－15），给出幼儿教育软件应用价值的评价过程的具体描述。即由幼儿教育软件的评价者决定被评价项目的权重值，也就是项目的重要程度（0 表示不重要，10 表示非常重要），然后根据表项填写评分级别（0 表示软件没有达到此项要求，10 表示软件十分完善、达到目标要求），根据计算公式计算出最终的评价结果得分，详细过程如表 5－20 至 5－23 所示。

表 5－20　　　　　　　　　维度一应用价值

| 描述 | 评分（0—10） | 权重 |
|---|---|---|
| 1. 提供的功能是用户必需的<br>2. 能正确执行和完成预定功能<br>3. 在不同系统间能信息交互和共享<br>4. 有避免出错而导致失效的能力<br>5. 出错后能进行自我恢复<br>*Score*1 | $V11$<br>$V12$<br>$V13$<br>$V14$<br>$V15$ | $W11$<br>$W12$<br>$W13$<br>$W14$<br>$W15$ |
| | $\sum\limits_{i=1}^{5} V_{1i} \times W_{1i}$ | |

**表 5 - 21**　　　　　　　　　　　　　维度二应用价值

| 描述 | 评分（0—10） | 权重 |
|---|---|---|
| 1. 升级易实现，缺陷易修复 | V21 | W21 |
| 2. 长时间工作无异常、不出错 | V22 | W22 |
| 3. 其可用性、功能性易于测试 | V23 | W23 |
| 4. 能运行于不同的平台 | V24 | W24 |
| 5. 帮助文档切适 | V25 | W25 |
| 6. 实时用户咨询反馈 | V26 | W26 |
| 7. 补丁和升级服务 | V27 | W27 |
| Score2 | | |
| | $\sum\limits_{i=1}^{7} V_{2i} \times W_{2i}$ | |

**表 5 - 22**　　　　　　　　　　　　　维度三应用价值

| 描述 | 评分（0—10） | 权重 |
|---|---|---|
| 1. 信息易于用户理解 | V31 | W31 |
| 2. 易于用户学习和掌握 | V32 | W32 |
| 3. 易于用户操作和控制 | V33 | W33 |
| 4. 响应快捷、处理速度快 | V34 | W34 |
| 5. 资源消耗程度低 | V35 | W35 |
| 6. 支持教学目标与课程需要 | V36 | W36 |
| 7. 设计有针对性、无庞杂 | V37 | W37 |
| 8. 概念精确、逻辑科学 | V38 | W38 |
| Score3 | | |
| | $\sum\limits_{i=1}^{8} V_{3i} \times W_{3i}$ | |

**表 5 - 23**　　　　　　　　　　　　　维度四应用价值

| 描述 | 评分（0—10） | 权重 |
|---|---|---|
| 1. 学习内容与年龄阶段吻合 | V41 | W41 |
| 2. 不包含暴力、种族和色情内容 | V42 | W42 |
| 3. 指令亲切、易于记忆 | V43 | W43 |
| 4. 模拟真实情景、避免刻意歪曲 | V44 | W44 |
| 5. 发现式学习，非技能训练 | V45 | W45 |
| 6. 幼儿独立操作、减少成人参与 | V46 | W46 |
| 7. 难以梯度得当 | V47 | W47 |
| 8. 输入设备切适 | V48 | W48 |
| 9. 界面友好，色彩鲜明、声音逼真、形象生动 | V49 | W49 |
| 10. 提供肉眼难以观测的变化过程 | V410 | W410 |
| Score4 | | |
| | $\sum\limits_{i=1}^{10} V_{4i} \times W_{4i}$ | |

最终该幼儿教育软件应用价值评价的得分为（$\sum_{i=1}^{4} Score_i / 4$）×100%，可以参考的结果解释如下：

90%—100%为软件十分完善，能满足各方需求；

80%—89%为软件有一定帮助，可以被接受；

70%—79%为软件还有一些不足，不能符合要求；

60%—69%为用户很难采用；

60%以下为软件不合格，未通过测试。

### 四、实例测试

本节内容主要是运用幼儿教育软件应用价值评价的计算过程，选择两个随机评价者，选取国内外的两款经典幼儿教育软件，其中国外的幼儿教育软件是采用其他评价指标评价过的软件，进行评价的实例记录和量化分析比较，以及指标体系间的横向比较。

（一）DAZZLE DRAW 软件

图 5 - 4　DAZZLE DRAW
开始界面

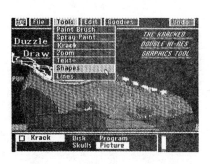

图 5 - 5　DAZZLE DRAW
运行界面一

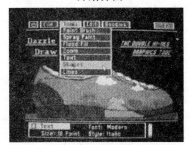

图 5 - 6　DAZZLE DRAW
运行界面二

图 5 - 7　DAZZLE DRAW
运行界面三

表 5 – 24　　　　　苏珊·霍兰德 **DAZZLE DRAW** 软件评价过程

| | | DAZZLE DRAW |
|---|---|---|
| *Total Score*: | 6.0 | |
| *Cost*: | $ 69.95 | |
| *Publisher*: | Broderbund Software | |
| *Description*: | With sixteen brilliant colors, Children draw, paint, spray-Paint, fill, stretch, shrink, cut-paste, And mix colors using a mouse, joystick, Or Koala pad. | |
| *Comment*: | A simplified menu area would make using this software less confusing to young children. | |
| Criteria | Rating | Characteristics |
| Age Appropriate | 0 | Realistic presentation of concepts |
| Child Control | 1 | Actors not reactors; children set pace; can escape |
| Clear Instructions | 0 | Verbal instructions; simple and precise directions; picture choices |
| Expanding Complexity | 0 | Low entry, high ceiling; learning sequence is clear; teaches powerful ideas |
| Independence | 0 | Adult supervision not needed after initial exposure |
| Process Orientation | 1 | Process engages, product *secondary*; discovery learning, not skill drilling; intrinsic motivation |
| Real-World Model | 1 | Simple, reliable model; concrete representations; objects function |
| Technical Features | 1 | Colorful; uncluttered realistic graphics; animation; loads and runs quickly; corresponding sound effects or music; sturdy disks |
| Trial and Error | 1 | Children test alternative responses |
| Transformations | 1 | Objects and situations change; process highlighter |

　　DAZZLE DRAW 软件为苏珊·霍兰德在其 *Developmental Evaluations of Software for Young Children*[①] 一书中评价过的软件，详见如下过程。

　　根据苏姍·霍兰德的设计思想，累积总分为 10 分，7 分以及 7 分以上的软件为发展适宜性软件，此款软件为非发展适宜性软件。

　　按照本研究的幼儿教育软件应用价值评价，其过程为：

---

① Susan W. Haugland, Daniel D. Shade. *Developmental Evaluations of Software for Young Children*. Canada: Delmar Publishers In., 1990: 41.

维度一各项得分与总分：

**表 5 - 25**　　　　　　　　**维度一应用价值**

| 描述 | 评分（0—10） | 权重 |
|---|---|---|
| 1. 提供的功能是用户必需的 | 8 | 0.23 |
| 2. 能正确执行和完成预定功能 | 9 | 0.23 |
| 3. 在不同系统间能信息交互和共享 | 9 | 0.19 |
| 4. 有避免出错而导致失效的能力 | 8 | 0.17 |
| 5. 出错后能进行自我恢复 | ·6 | 0.18 |
| *Score*1 | | |
| | 80.6% | |

维度二各项得分与总分：

**表 5 - 26**　　　　　　　　**维度二应用价值**

| 描述 | 评分（0—10） | 权重 |
|---|---|---|
| 1. 升级易实现，缺陷易修复 | 8 | 0.15 |
| 2. 长时间工作无异常、不出错 | 9 | 0.15 |
| 3. 其可用性、功能性易于测试 | 7 | 0.14 |
| 4. 能运行于不同的平台 | 6 | 0.14 |
| 5. 帮助文档切适 | 5 | 0.15 |
| 6. 实时用户咨询反馈 | 2 | 0.14 |
| 7. 补丁和升级服务 | 2 | 0.14 |
| *Score*1 | | |
| | 56.8% | |

维度三各项得分与总分：

**表 5 - 27**　　　　　　　　**维度三应用价值**

| 描述 | 评分（0—10） | 权重 |
|---|---|---|
| 1. 信息易于用户理解 | 8 | 0.14 |
| 2. 易于用户学习和掌握 | 8 | 0.15 |
| 3. 易于用户操作和控制 | 9 | 0.10 |
| 4. 响应快捷、处理速度快 | 9 | 0.11 |
| 5. 资源消耗程度低 | 6 | 0.10 |
| 6. 支持教学目标与课程需要 | 6 | 0.13 |
| 7. 设计有针对性、无庞杂 | 6 | 0.13 |
| 8. 概念精确、逻辑科学 | 7 | 0.15 |
| *Score*1 | | |
| | 74.2% | |

维度四各项得分与总分：

表 5 – 28　　　　　　　　　　维度四应用价值

| 描述 | 评分（0—10） | 权重 |
|---|---|---|
| 1. 学习内容与年龄阶段吻合 | 5 | 0.12 |
| 2. 不包含暴力、种族和色情内容 | 9 | 0.12 |
| 3. 指令亲切、易于记忆 | 6 | 0.12 |
| 4. 模拟真实情景、避免刻意歪曲 | 7 | 0.12 |
| 5. 发现式学习，非技能训练 | 8 | 0.10 |
| 6. 幼儿独立操作·减少成人参与 | 7 | 0.10 |
| 7. 难易梯度得当 | 8 | 0.10 |
| 8. 输入设备切适 | 5 | 0.08 |
| 9. 界面友好，色彩鲜明、声音逼真、形象生动 | 8 | 0.08 |
| 10. 提供肉眼难以观测的变化过程 | 6 | 0.10 |
| *Score*1 | | |
| | 71.8% | |

最终该幼儿教育软件应用价值评价的得分为（$\sum\limits_{i=1}^{4} Scorei/4$）× 100% = 70.9%，根据解释结果，得出此款软件基本符合要求，还有一些不足。

对比苏姗·霍兰德的评价结果和过程，不难发现两者评价的角度与考虑的基本因素不同，因此分值上有差异，但是最终结果还是表现出一定的趋同性。

（二）WaWaYaYa 学说话软件测试

出版商：创新科技

产品描述：2—5 岁儿童综合能力培养，提高儿童语言应用能力。

图 5 – 8　WaWaYaYa 学说话
开始界面

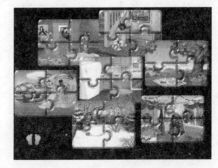

图 5 – 9　WaWaYaYa 学说话
运行界面一

评论：不符合幼儿年龄特征、形象设计粗糙、声音质量低劣、画面不清晰、可学习性不强。

图 5－10　WaWaYaYa 学说话　　　　　图 5－11　WaWaYaYa 学说话
运行界面二　　　　　　　　　　　　退出界面

各维度的各项得分与总分，详见表 5－29 至 5－32。

表 5－29　　　　　　　　　　　　维度一应用价值

| 描述 | 评分（0—10） | 权重 |
|---|---|---|
| 1. 提供的功能是用户必需的 | 9 | 0.23 |
| 2. 能正确执行和完成预定功能 | 9 | 0.23 |
| 3. 在不同系统间能信息交互和共享 | 10 | 0.19 |
| 4. 有避免出错而导致失效的能力 | 8 | 0.17 |
| 5. 出错后能进行自我恢复 | 6 | 0.18 |
| *Score*1 | | |
| | | 84.8% |

表 5－30　　　　　　　　　　　　维度二应用价值

| 描述 | 评分（0—10） | 权重 |
|---|---|---|
| 1. 升级易实现，缺陷易修复 | 8 | 0.15 |
| 2. 长时间工作无异常、不出错 | 8 | 0.15 |
| 3. 其可用性、功能性易于测试 | 7 | 0.14 |
| 4. 能运行于不同的平台 | 6 | 0.14 |
| 5. 帮助文档切适 | 0 | 0.15 |
| 6. 实时用户咨询反馈 | 0 | 0.14 |
| 7. 补丁和升级服务 | 0 | 0.14 |
| *Score*1 | | |
| | | 42.2% |

表 5 – 31　　　　　　　　　　　　　维度三应用价值

| 描述 | 评分（0—10） | 权重 |
| --- | --- | --- |
| 1. 信息易于用户理解 | 6 | 0.14 |
| 2. 易于用户学习和掌握 | 8 | 0.15 |
| 3. 易于用户操作和控制 | 9 | 0.10 |
| 4. 响应快捷、处理速度快 | 9 | 0.11 |
| 5. 资源消耗程度低 | 5 | 0.10 |
| 5. 支持教学目标与课程需要 | 4 | 0.13 |
| 6. 设计有针对性、无庞杂 | 5 | 0.13 |
| 7. 概念精确、逻辑科学 | 5 | 0.15 |
| *Score*1 | | |
| | | 63.5% |

表 5 – 32　　　　　　　　　　　　　维度四应用价值

| 描述 | 评分（0—10） | 权重 |
| --- | --- | --- |
| 1. 学习内容与年龄阶段吻合 | 7 | 0.12 |
| 2. 不包含暴力、种族和色情内容 | 8 | 0.12 |
| 3. 指令亲切、易于记忆 | 9 | 0.12 |
| 4. 模拟真实情景、避免刻意歪曲 | 8 | 0.12 |
| 5. 发现式学习，非技能训练 | 8 | 0.10 |
| 6. 幼儿独立操作、减少成人参与 | 7 | 0.10 |
| 7. 难易梯度得当 | 6 | 0.10 |
| 8. 输入设备切适 | | 0.08 |
| 9. 界面友好，色彩鲜明、声音逼真、形象生动 | 5 6 | 0.08 |
| 10. 提供肉眼难以观测的变化过程 | 6 | 0.10 |
| *Score*1 | | |
| | | 74.2% |

　　最终该幼儿教育软件应用价值评价的得分为（ $\sum_{i=1}^{4} Score i / 4$ ）× 100% = 66.2%，根据解释结果，得出此款软件并不符合幼儿使用特征，用户很难采用。

　　总而言之，我国幼儿教育软件评价标准的建设工作仍然"在路上"。它是一项长期性任务，相关研究仍需进一步深入。我们任重而道远，需要持续关注，不断加大研究力度，从而为促进我国幼儿教育软件发展与学前教育信息化进程尽自己的绵薄之力。

附 录

# 全国幼儿园网站绩效评估指标体系①

| 一级指标 | 二级指标 | 三级指标 | 指标解释 | 评分点 | 考核得分 |
|---|---|---|---|---|---|
| 网站的栏目内容（70分） | 园务公开（12分） | 幼儿园概况 | 图文并茂的学校基本情况介绍 | 更新度、完整性 | |
| | | 机构设置 | 相关领导介绍及分管工作；内部机构设置情况、负责人及联系方式；师资队伍 | 更新度、完整性 | |
| | | 公示公告 | 包括上级教育行政部门和相关部门发布的文件、通知等信息，幼儿园工作的公示公告（招生计划、招生章程、学杂费收费、每周膳食、健康检查等），其他重要事项的公告等 | 更新度、内容丰富性、数量与年增长率 | |
| | | 动态新闻 | 包括省市县与教育相关的重要活动、会议、领导讲话等新闻摘编，幼儿园活动及班级活动新闻报道具有文字、图片、视频等不同格式的新闻 | 覆盖度、实时性、规范性 | |
| | | 发展计划 | 与《国家中长期教育改革和发展规划纲要》相适应的年度工作计划、学期工作计划、学科工作计划、教研组工作计划等 | 更新度 | |
| | | 政策法规 | 与教育相关的政策、法规、规章及文件等 | 更新度、完整性 | |
| | | 热点专题 | 针对教育重点和热点，幼儿园布置的阶段性、重点工作，包括突发公共事件的预防、发生和处置情况 | 针对性、内容深度 | |
| | 网上办事（8分） | 网上办事 | 具有学籍管理、网上备课、在线测试、网上招生、家园联系、在线咨询等网上办事功能。能够实现网上办事指南、表格下载、在线申报、在线查询等全流程办理服务 | 网上办事项目数量、办事参与人次 | |
| | | 网上查询 | 页面显著位置设立幼儿及家长登录入口，能及时查询幼儿在园的相关信息，包括成绩查询、获奖查询、视频图片查询、图书资料检索查询等功能 | 及时性、准确性。提供查询用户名及密码 | |
| | 家园互动（10分） | 园长信箱 | 在页面显著位置设立园长信箱 | 问题回复的时效性、有效性 | |

---

① http：//dzzz. e21. cn/conten. php? acticle_ id = 4231&magazine_ id = 19.

| 一级指标 | 二级指标 | 三级指标 | 指标解释 | 评分点 | 考核得分 |
|---|---|---|---|---|---|
| 网站的栏目内容（70分） | 家园互动（10分） | 交流平台 | 利用即时通讯技术、视频会议技术等搭建家长与教师之间的交流平台 | 家长参与度 | |
| | | 咨询服务 | 围绕幼儿园教育工作设置网上调查、意见征集、心理咨询等栏目 | 公众参与量、回复及时性 | |
| | 保教内容（40分） | 共享资源 | 开通网上共享教育资源中心或提供与相关资源网站的接口 | 便捷度 | |
| | | 本地教育资源 | 建立网上本地资源平台，展示幼儿园教师开发研制的各种保教资源，展示师生参加相关竞赛活动所制作的作品，为教师提供资源上传平台，便于资源交流、发布及应用 | 学科丰富、索引规范、资源交流与发布便捷度 | |
| | | 班级主页 | 开设班级主页，及时发布课程内容、保教活动、幼儿表现等信息。教师可通过网络进行电子备课、网络授课、信息发布，幼儿或家长可利用网站进行网上学习、交流、信息上传等 | 内容丰富性、网友参与度 | |
| | | 个人空间 | 为教师和幼儿提供个人空间（博客），展现教师教育经验、展示幼儿成长经历 | 内容丰富性、网友参与度 | |
| | | 保教研究 | 设有特色课程、教学成果、科研课题方面栏目，开展网上教研，展示课题成果，反映各级教育部门组织的教学评估等 | 成果丰富性、管理动态化 | |
| 网站的表现形式（10分） | 界面设计（5分） | 整体风格与创造性 | 有统一的色彩风格和主色调，版面设计美观大方清新，展现当地教育特色风采 | 结构合理性、色调美观程度 | |
| | | 网页布局 | 网页栏目、内容布局合理；内容层级复杂度适当，能反映学校主体工作 | 分类合理性、页面层次逻辑性 | |
| | | 页面层次 | 具有首页、频道页、各级栏目页、专题页、正文页等不同层级页面全部形式 | 层次是否分明 | |
| | 功能设计（5分） | 相关链接 | 实现与相关教育系统及国内外知名教育网站的链接 | 链接数量，无死链、无错链 | |
| | | 导航 | 站内外各栏目有清晰的导航栏，提供网站地图或使用帮助；提供重要服务和栏目使用说明 | 清晰度 | |
| | | 信息的检索 | 在显著位置提供搜索引擎；提供按标题、内容的关键字检索等多样化的搜索方式；搜索结果的准确程度、支持时间、相关度排序能突显重点信息 | 搜索便捷度、搜索准确度 | |

续表

| 一级指标 | 二级指标 | 三级指标 | 指标解释 | 评分点 | 考核得分 |
|---|---|---|---|---|---|
| 网站的运行与管理（15分） | 规章制度建设（4分） | 安全制度 | 制定网络安全制度、负责人明确 | 提供电子版 | |
| | | 审核制度 | 制定信息、资源发布审核制度、负责人明确 | 提供电子版 | |
| | | 应急预案 | 制定突发事件应急预案、负责人明确 | 提供电子版 | |
| | | 用户制度 | 制定用户管理规章制度、负责人明确 | 提供电子版 | |
| | 网站的运行与维护（6分） | 管理机构 | 幼儿园主要领导分管负责，成立专门的网站运行维护组织机构，由网络管理员负责日常的维护 | 提供人员名单 | |
| | | 人员资质 | 由专业技术人员负责网站的技术维护；人员接受过相关业务技术培训，并具备网络管理、网站制作、网站编辑等相关专业技术资格证书 | 提供资格证书复印件 | |
| | | 软硬件的管理与维护 | 有防止数据被侵入或破坏措施的软件技术措施；有灾难恢复措施；后台程序、数据库定期进行升级维护；定期进行计算机病毒防治和打操作系统漏洞补丁 | | |
| | | 页面的响应速度 | 主页或者网页的响应时间迅速；关键搜索模块的响应时间迅速 | 从教育网、公共网访问 | |
| | | 网站的稳定性 | 主要是指网站服务器的稳定性，具体表现为网站没有出现无法打开和打开网页错误的情况 | | |
| | | 信息的安全 | 对有害信息及时处理、上报；定期进行数据备份；对有害信息有完整的信息追寻机制及相应的应对机制 | 处理及时性、有无信息疏漏 | |
| | 网站影响力（5分） | 网站的日均访问量 | 首页提供访问量统计功能，统计网站每天平均访问量、日均点击率、日均访问独立用户数、用户平均访问停留时间 | Alexa 排名 | |
| | | 搜索引擎的出现率 | 以该网站名为关键词，在搜索引擎（百度、谷歌等）搜索的结果情况 | 搜索条目数、准确性 | |
| 网站个性特色描述（5分） | | | 请填写有个性化、原创性，能体现本校自身特色的栏目、专题 | 拟定简短文字说明 | |

# 后　记

我国学前教育领域自发将信息技术引入幼儿园始于 20 世纪 90 年代。之后随着信息技术在教育领域的迅速普及，以及信息技术之于儿童发展价值认识的深入，国家层面开始有意识推进信息技术在幼儿教育中的应用。教育部—IBM KidSmart "小小探索者" 项目就是其中的典型代表。学前教育信息化进程中，幼儿教育软件无疑扮演着重要的角色。然而从总体上看，虽然我国幼儿教育软件数量上发展迅速，但质量却不容乐观。如何有效指导幼儿教师与家长合理地选择应用幼儿教育软件，如何有效指导幼儿教育软件公司设计开发符合幼儿身心健康发展规律的幼儿教育软件是我国学前教育信息化进程中亟待解决的问题。

我和我的团队近几年一直关注学前教育信息化这个特殊的研究领域，其中包括幼儿教育软件相关的研究。本书是教育部人文社科青年基金项目 "幼儿教育软件发展适宜性评价研究" 的成果，也是我和我的团队近几年共同致力于该领域研究的阶段性成果。全书具体分工如下：第一章：蔡建东、陈升远；第二章：蔡建东、张慧芳、张守宇；第三章：张慧芳；第四章：蔡建东、袁媛；第五章：张媛。张媛对部分参考文献进行了梳理校对，蔡建东对全书进行了统稿。

本书主要是对幼儿教育软件评价的概念、理论、典型机构、运行机制、评价标准等方面的研究。具体内容主要是梳理国外发达国家在这几个方面的经验做法与学术思想，并尽可能结合国内实际情况考虑这些问题在本土化方面的启示，其中，在评价标准问题上本书在引介的同时还结合发展适宜性理念和软件评价的思想进行了一些理论和实践上的探讨。应该说，在我国学前教育信息化研究起步时期，此类研究是必经的阶段。但这种以引介为主的研究在内容的完整性和深刻性上具有明显的"初级阶段"特征。很多问题仍需要深入研究。另外，由于作者水平有限，我们对书中一些问题的理解可能会存在不足，也恳请读者批评指正。

最后，本书的出版得到了河南大学教育科学学院领导的支持，中国社会科学出版社宫京蕾女士为本书辛勤而负责的工作也为本书增色不少。我们深表感谢！

蔡建东

2014 年 3 月